新时期
高校党建
路径探索

傅其林 / 主编

银 浩　成 春 / 副主编

图书在版编目（CIP）数据

新时期高校党建路径探索 / 傅其林主编. -- 成都：四川大学出版社, 2025. 4. -- ISBN 978-7-5690-7666-0

Ⅰ. D267.6

中国国家版本馆 CIP 数据核字第 2025UY0208 号

书　　名：	新时期高校党建路径探索
	Xinshiqi Gaoxiao Dangjian Lujing Tansuo
主　　编：	傅其林

选题策划：	张宏辉　蒋姗姗
责任编辑：	蒋姗姗
特约编辑：	张桐恺
责任校对：	周　颖
装帧设计：	墨创文化
责任印制：	李金兰

出版发行：	四川大学出版社有限责任公司
	地址：成都市一环路南一段 24 号（610065）
	电话：（028）85408311（发行部）、85400276（总编室）
	电子邮箱：scupress@vip.163.com
	网址：https://press.scu.edu.cn
印前制作：	四川胜翔数码印务设计有限公司
印刷装订：	成都金龙印务有限责任公司

成品尺寸：	170 mm×240 mm
印　　张：	13.75
字　　数：	250 千字

版　　次：	2025 年 5 月 第 1 版
印　　次：	2025 年 5 月 第 1 次印刷
定　　价：	69.00 元

本社图书如有印装质量问题，请联系发行部调换

版权所有 ◆ 侵权必究

扫码获取数字资源

四川大学出版社
微信公众号

序　言

党的二十大描绘了建设社会主义现代化强国的宏伟蓝图，党的二十届三中全会提出进一步全面深化改革、推进中国式现代化。二十届三中全会提出，中国式现代化是物质文明和精神文明相协调的现代化。必须增强文化自信，发展社会主义先进文化，弘扬革命文化，传承中华优秀传统文化，加快适应信息技术迅猛发展新形势，培育形成规模宏大的优秀文化人才队伍，激发全民族文化创新创造活力。要完善意识形态工作责任制，优化文化服务和文化产品供给机制，健全网络综合治理体系，构建更有效力的国际传播体系。教育强国、科技创新、人才强国是新质生产力建设的重要驱动力。高校作为教育、科技、人才建设的堡垒，其创新发展在中国式现代化建设中担当着重要的作用。高校事业的发展以党建为指引，党建与事业高水平融合、高质量发展引领着高校前进的步伐。在这样一个机遇与挑战并存的时代，高校及高校工作者尤其是各位党员同志肩负着重要历史使命，担当着促进国家富强和民族振兴的时代重任，应不负时代、不辱使命，砥砺前行，为党建工作的提质增效，为高校的创新发展贡献自己的一分力量。

四川大学文学与新闻学院，历史悠久，人才辈出。四川大学的中国语言文学是A+学科，当前承担了国家"十四五"哲学社会科学重大学术和文化工程《汉语大字典》修订工作。学院党委高度重视党建工作，以党建引领事业发展，按照学校党建工作总体部署，大力加强班子建设、组织建设和队伍建设，在务实创新上下功夫，注重党建工作实效，大力提升广大党员的思想素质、党性修养和党建工作者的党务工作能力，着力促进理想信念在党员心中的内化和深化，促进党建与事业的融合发展，促进文化传承与创新。从国家战略需求的角度出发，学院结合学科特点，高度重视文化传承与创新工作的开展，站在推动世界文明发展的高度展现中华文明的自强自信。学院党委紧密结合学科特色，发挥学科优势，以特色品牌活动为载体，融入中华优秀传统文化和中国特色社会主义现代化建设的内容，不断探寻数字人文的交叉路径，促进中华文化的全球传播与数字融合。

在党建与事业融合发展、党务工作及文化事业传承发展创新过程中，学院师生员工尤其是党员同志们有思考、有体会、有探索，学院党委决定出版论文集，为党员及师生们的探索和智慧搭建学习交流的平台。本书的出版，要感谢学院老师及同学们的积极参与，涓涓细流，汇集成海。希望本书能够引起更多的共鸣，吸引更多的参与者共同研究和实践高校党建的创新，为高校党建与事业融合发展、为中国式现代化建设提供更多的智慧和力量。

编者　傅其林
2024 年 7 月

目 录

论中华优秀传统文化蕴含全人类共同价值的理论、历史与现实	傅其林/1
开辟文化自信的历史研究	金惠敏/13
简论西方马克思主义与"世界文学"的理论趋向	高树博/17
古代文学课程思政的基本路径与党建意义	王 涵/29
将新时代中国精神融入高校党建的途径探索	成 春/35
新时代高校基层党建工作的"三三三"实践模式研究	贾瑞琪/40
新形势下文科研究生党建引领就业工作机制探索	郑 格/48
高校院系以高质量党建引领事业高质量发展的实践路径探索	陈 义/55
空间建构理论视域下红色文化传承与研究生思政教育的优化路径探索	雷子慧/62
新时代文科博士研究生党支部建设实践探析	黄书霞/70
中华优秀传统文化融入思想政治理论课的多重路径刍议	胡余龙/77
以高质量党建引领高质量科研团队建设	王 冉/83
创新党史故事在青年学生中的学习和传播策略	王思蕊/89
不忘初心使命,助力青年大学生成长	王俊波/97
以中国梦领航高校党建	徐嘉蕙/103
"国之大者"在高校党建中的引领作用探索	马艺珈/110
将理想信念教育浸润到大学生心中 ——浅析"时代楷模"对大学生的德育价值及提升路径	陈佳怡/116
以融媒体为载体促进高校学生党员先进性建设探索	田海威/122
研究生党员学长制在思想政治教育中的实践	宋政衡/127
一融双高,立德树人:高校"党建+"融合模式探索	田仕顺/132
人物、情境与内容:新时期高校如何创新开展党组织生活	王 孔/139

高校"一站式"学生社区建设中党建引领作用的发挥、挑战与突破　　袁　月/145

院系党组织推动创建党支部工作品牌的思考与实践　　王家奇/152

新时代背景下大学生党员先进性教育的途径探索　　舒美琪/159

在低年级本科生中发展党员的思考与实践

　　——以基层学生党支部干部视角展开　　王佳琪/165

扎根凉山，薪火相传：党的"二十大"精神引领下研究生支教团的

　　现实意义与发展道路　　王皓珂　张广权　郭嘉琛/172

四川大学红色专项类实践赛道的红色文化浸润路径

　　——基于2023年云南省德宏傣族景颇族自治州盈江县的青年实践

　　　调查　　吴翼菲/178

高校红色文化传承路径创新探索　　李祎薇　易　艳/185

探析红色文化精神涵养初心使命　　王一霖/192

数字化时代的高校党建实践路径探析　　杜睿瑶/203

基于党史创新传播的高校智慧党建研究　　康馨怡/209

论中华优秀传统文化蕴含全人类共同价值的理论、历史与现实

傅其林

摘　要：本文基于习近平总书记关于文化传承发展的重要论述，讨论中华优秀传统文化蕴含的全人类共同价值、可交往性逻辑和历史轨迹，以及新时代的价值凸显。从价值属性角度探讨中华优秀传统文化所具有的价值规范性和普遍性，从内容本质属性分析其人类的共同性；通过可交往的共享性，分析中华优秀传统文化的时间绵延与空间延展之交往逻辑，阐述中华文化价值的人类共享之历史性与可能性；从新时代的新格局与新趋势，审视中华优秀传统文化所蕴含的全人类共同价值的凸显。

关键词：中华优秀传统文化；全人类共同价值；可交往性

毫无疑问，关于中华优秀传统文化蕴含全人类共同价值的理论、历史与现实的问题是新时代中国文化研究的崭新课题。本文基于习近平总书记关于文化传承发展的重要论述，借助于马克思和恩格斯所提出的"世界文学"概念所蕴含的方法论，拟从中华优秀传统文化蕴含的共同价值、可交往性和新时代的价值凸显，来讨论中华文化对全人类共同价值的贡献，提出中华优秀传统文化蕴含全人类共同价值的理论思考，梳理其历史演进，分析其现实的状况。从价值属性角度探讨中华文化所具有的价值规范性和普遍性，并从内容本质属性分析其在全人类文明间的共同性，然后通过可交往的共享性，分析中华文化的时间绵延与空间延展之交往逻辑，阐述中华文化价值的人类共享之历史性与可能性，最后从新时代的新格局与新趋势审视中华优秀传统文化所蕴含的全人类共同价值的凸显。

一、习近平总书记关于中华文明的突出特性和文明交流互鉴的重要论述

在 2023 年 6 月 2 日，习近平总书记在文化传承发展座谈会上发表重要讲

话。他指出，中华优秀传统文化有很多重要元素，共同塑造出中华文明的突出特性。他创造性地概括出中华文明五个突出特性，即突出的连续性、突出的创新性、突出的统一性、突出的包容性和突出的和平性。习近平对中华文明五个突出的特性的理论概括，具有重要的世界观方法论意义，对深入研究中华传统文化蕴含的全人类共同价值的理论、历史与现实具有指导意义。

中华文明突出的连续性，使得中华优秀传统文化源远流长、永不间断；突出的创新性意味着它随时空而创新，具有进取精神和无畏品格，具有强大的时代生命力；突出的统一性表明强大的凝聚力和共同精神信念；突出的包容性意味着中华文明的交往性和开放性；突出的和平性意味着主张和平、合作与发展，注重世界秩序与规则的维护，看重全球文明交流互鉴，不搞文化霸权。这些特性的概括深刻揭示了中华优秀传统文化所蕴含的全人类共同价值的特性，指明了中华文化的强大生命力和广泛的传播力影响力。这在包容性和和平性方面更得到突出的表达。习近平指出："中华文明具有突出的包容性，从根本上决定了中华民族交往交流交融的历史取向，决定了中国各宗教信仰多元并存的和谐格局，决定了中华文化对世界文明兼收并蓄的开放胸怀。中华文明具有突出的和平性，从根本上决定了中国始终是世界和平的建设者、全球发展的贡献者、国际秩序的维护者，决定了中国不断追求文明交流互鉴而不搞文化霸权，决定了中国不会把自己的价值观念与政治体制强加于人，决定了中国坚持合作、不搞对抗，决不搞'党同伐异'的小圈子。"[①] 这清晰地表明，中华文明不是闭门造车、孤芳自赏，不是所谓的"党同伐异"、零和博弈，而是尊重多样、分享差异，"和而不同"，坚持文明对话与互鉴，从而具有世界的交往性和人类的普遍性。

中华文化博大精深，历史悠久，绵延一万余年，为人类文化做出了杰出贡献。在漫长历史的创造、积淀、传承与发展中，中华优秀传统文化凝集了诸多的全人类共同价值。这些共同价值既凝聚了中华民族的共同体意识，构成民族的心灵共同体，又对其他文化族群产生激发效果，回应人类共同的关切。在新时代，这些共同价值在人类生存与发展中显得尤其重要，也愈加显著。2015年9月习近平主席在第70届联合国大会一般性辩论时首次提出："和平、发展、公平、正义、民主、自由，是全人类的共同价值。"2022年10月，习近平总书记在中国共产党第二十次全国代表大会上的报告中指出："中华优秀传统文化源远流长、博大精深，是中华文明的智慧结晶，其中蕴含的天下为

---

① 《担负起新的文化使命 努力建设中华民族现代文明》，载《人民日报》，2023年6月3日。

公、民为邦本、为政以德、革故鼎新、任人唯贤、天人合一、自强不息、厚德载物、讲信修睦、亲仁善邻等，是中国人民在长期生产生活中积累的宇宙观、天下观、社会观、道德观的重要体现，同科学社会主义价值观主张具有高度契合性。我们必须坚定历史自信、文化自信，坚持古为今用、推陈出新，把马克思主义思想精髓同中华优秀传统文化精华贯通起来、同人民群众日用而不觉的共同价值观念融通起来，不断赋予科学理论鲜明的中国特色，不断夯实马克思主义中国化时代化的历史基础和群众基础，让马克思主义在中国牢牢扎根。"① 在论及人类命运共同体时，习近平强调："我们真诚呼吁，世界各国弘扬和平、发展、公平、正义、民主、自由的全人类共同价值，促进各国人民相知相亲，尊重世界文明多样性，以文明交流超越文明隔阂、文明互鉴超越文明冲突、文明共存超越文明优越，共同应对各种全球性挑战。"② 这表明，中华优秀传统文化蕴含着人类的共同价值，这些价值不仅与中国式现代化相适应，而且内在于马克思主义的价值追求，关乎人类命运共同体的价值构建。

习近平很重视文明交流互鉴的理论探索。他提出，文明交流互鉴是推动人类文明进步和世界和平发展的重要动力。此论断具有深厚的理论性、历史性和实践性。他对文明交流互鉴的认识涉及对文明和文化的本体论的追问。文明的多彩性、平等性、包容性是文明交流互鉴的价值、前提和动力。人类文明是多彩的，如同阳光有七种颜色，如《孟子·滕文公上》所云"物之不齐，物之情也"，又如陈寿《三国志》所云"和羹之美，在于合异"。人类文明多彩丰富的事实为人们提供了文明互鉴的价值。文明是平等的，人类文明因平等才有交流互鉴的前提。文明是包容的，人类文明因包容才有交流互鉴的动力。中华优秀传统文化之所以蕴含全人类共同价值，是因为它具有文明的多彩性、平等性和包容性，具有文明交流互鉴的价值、前提和动力，彰显了文明交流互鉴的基本规律，是人类文明交流互鉴的典范。习近平认为："中华文明是在中国大地上产生的文明，也是同其他文明不断交流互鉴而形成的文明。"③ 习近平关于文明交流互鉴的论述涉及中华文化与国外跨文化交往的历史事实，也融入他自身丰富而生动的世界文化体验。他说，汉代张骞于公元前138年和公元前119年两次出使西域，向西域传播了中华文化；唐代是中国历史上对外交流的活跃

---

① 习近平：《高举中国特色社会主义伟大旗帜 为全面建设社会主义现代化国家而团结奋斗——在中国共产党第二十次全国代表大会上的报告》，北京：人民出版社，2022年。
② 习近平：《高举中国特色社会主义伟大旗帜 为全面建设社会主义现代化国家而团结奋斗——在中国共产党第二十次全国代表大会上的报告》，北京：人民出版社，2022年。
③ 中共中央文献编辑委员会：《习近平著作选读》，第一卷，北京：人民出版社，2023年。

期，促进了中华文化远播世界，等等。其中有冲突、矛盾、疑惑、拒绝，但更多是学习、消化、融合、创新。在习近平看来，"当今世界，人类生活在不同文化、种族、肤色、宗教和不同社会制度所组成的世界里，各国人民形成了你中有我、我中有你的命运共同体"。① 他从世界文明体系中，从人类命运共同体构建的高度，从全球文明的视野理解文明交流互鉴，具有鲜明的理论性、思想性和政治性。

中华文明因交流而多彩，因互鉴而丰富，积淀了中华民族的集体记忆，也是人类记忆的重要组成部分。它蕴含了精神文化价值的普遍性和世界性，为全人类共同价值奠定了重要基础。习近平关于中华文明突出特性的概括以及关于文明交流互鉴的论述具有重要的意义，为中华优秀传统文化蕴含全人类共同价值的理论、历史与现实的讨论提供了世界观方法论。

二、中华优秀传统文化的价值属性命题

一般而言，价值是事物对人类主体的对象性关系，是客观性与主观性的辩证统一。一旦价值形成，就具有规范性和普遍性，从而对人类群体产生影响。以此而论，中华文化具有价值属性，它与人类构成了功用性的对象关系。从本质上说，中华优秀传统文化形成了三种主要的人类共同的功用性价值关系。

第一，是以求真为根本的认知性价值。追求认知性的真理是人类共同的价值。人类要存在与发展，必须不断探究宇宙、社会、人生的真理。卢卡奇指出："人本身生活在这样一个世界上，他致力于对这个世界摆脱开各种人的眼光而按其原来的面貌尽可能正确地加以认识。"② 中华优秀传统文化蕴含着丰富的真理性探索与追求，真理之精神是追求根本、根源、始基的精神。《周易》乾坤二卦是追问天与地之根本，探究宇宙自然之基，"元"则是大、是始、是原，《象》曰："大哉乾元，万物资始，乃统天。云行雨施，品物流行，大明终始。"③《道德经》追问道之本性，所谓"道可道，非常道；名可名，非常名。无名，天地之始，有名，万物之母"。佛经注重"救拔生死根本"，直达"真如"，"解如来真实义"，"了佛真实性"。《文心雕龙》第一篇则是《原道》，追问文之始源，"文之德"与"天地并生"，"肇自太极"。刘勰对文学本性的探索

---

① 中共中央文献编辑委员会：《习近平著作选读》，第一卷，北京：人民出版社，2023年。
② 卢卡奇：《审美特性》，北京：社会科学文献出版社，2015年。
③ 王弼，韩康伯：《周易正义》，上海：上海古籍出版社，1990年。

则是探树木之根本，水波之源泉，所谓《序志》所言"振叶以寻根，观澜而索源"。① 王国维《人间词话》探寻词之本，寻出境界概念，则曰："故能写真景物、真感情者，谓之有境界；否则谓之无境界。"② 可以说，认知性追求相关论述，在中华文化文献中俯拾皆是，既有仰观俯察也有普遍必然之理。求真的内涵包含了宇宙自然的实践与观察，人类社会群体的真相以及个体内在性情之真诚。这些认知性价值，蕴含着丰富的智慧，适用于人类社会发展与个体的生存。

第二，是以良善为目的的伦理政治价值。人是社会的群体的动物，人与人的关系构成伦理道德规范，形成权力分配关系，因而伦理政治是人类共同关注的核心命题。中华优秀传统文化以追求良善为目的，是人类共同追求和向往的目标。可以说，追求美好生活是共同的价值导向。中华文化蕴含的伦理政治是良善。儒家伦理道德所追求的"仁、义、礼、信"奠定了良善的重要基础，这些道德价值调节个体的欲望与理性，也规范个体与他者的人伦关系，还关乎着君王的"民本"的政治基础。中庸之道、和而不同、文质彬彬，是实践理性的，是个体生存之道、处事之道、治国之道。老子所谓"无为而治""上善若水"，释家所宣称的"慈悲""怜悯""平等正觉""善恶之道"等，皆注重善之品格。中国文学从本性上都是追求良善规避邪恶，从不同时空以不同之路径探索美好生活的可能性。这些崇尚良善的伦理政治价值无疑是人类的共同价值。

第三，是以自由为理想的审美文化精神，体现无用之大用。人类的存在往往受到现实的物质性、功利性、有限性的束缚，因而始终追求具有多种可能的自由境界。中华优秀传统文化蕴含着追求愉悦的丰富的自由精神，形成了具有审美性的文化形态，构建诗意栖居的精神家园，对人类的精神文化价值的探索做出了重要贡献。中华文化注重游之自由性与美之陶醉，追求愉悦之心性，为人类共同的审美价值做出了贡献。《论语》载有孔子游艺之雅致："志于道，据于德，依于仁，游于艺。""子在齐闻《韶》，三月不知肉味。曰：'不图为乐之至于斯也！'"老子"致虚极，守静笃"；庄子则尚"逍遥游"，"解衣盘礴"，"以神遇而不以目视，官知止而神欲行"。佛经中注重"清净""空寂""妙悟"，神秀之"心如明镜台"，慧能之"心为明镜台"。又如谢赫在《古画品录》中提出的"气韵生动"，陶渊明的"心远地自偏"，刘勰在《神思》中提出的"神与物游"，严羽《沧浪诗话》所谓"言有尽而意无穷"，叶燮《原诗》所谓"冥漠

---

① 刘勰：《文心雕龙》，北京：人民出版社，1958年。
② 王国维：《人间词话》，北京：人民文学出版社，1960年。

恍惚之境"。中国文学艺术对虚实相生、情景交融、意蕴幽微的意境的创造既形成了中华美学的独特性精神，又具有人类共同的审美价值性。

中华优秀传统文化之所以蕴含全人类共同价值，是因为它不仅具有人类追求的认知、伦理政治和审美自由精神等价值属性，而且逻辑地和历史地参与全人类共同价值的构建。这种构建基于中华文化的可交往性及其带来的开放性、包容性。

三、中华优秀传统文化的可交往性逻辑

中华优秀传统文化蕴含着价值共享的可交往性逻辑。中华文化不是故步自封，亦非夜郎自大，而是蕴含着交往对话的诸多可能性，其话语不是独白，而是考虑他者，具有主体间性的对话性。站在他者的角度进行思考，对自身进行检查反省，是中华文化交往性的关键点。不论是人与宇宙自然的往来，还是人与人的交往，抑或人与自身的反省，皆透视出可交往性的逻辑。

马克思、恩格斯所提出的"世界文学"概念具有逻辑方法论的意义，世界文学的形成是基于普遍的交往性，类似于康德关于美的可传达性的理解。在马恩看来，世界市场使商业、航海业和陆路交通得到了巨大的发展，这种发展又反过来促进了工业的扩展。同时，随着工业、商业、航海业和铁路的扩展，资产阶级也在一定程度上发展起来，是"生产方式和交换方式的一系列变革的产物"。"资产阶级，由于开拓了世界市场，使一切国家的生产和消费都成为世界性的了。""资产阶级，由于一切生产工具的迅速改进，由于交通的极其便利，把一切民族甚至最野蛮的民族都卷到文明中来了。"交通与交往形成了从民族性向世界性延伸的内在逻辑："过去那种地方的和民族的自给自足和闭关自守状态，被各民族的各方面的相互往来和各方面的相互依赖所代替了。物质的生产是如此，精神的生产也是如此。各民族的精神产品成了公共的财产。民族的片面性和局限性日益成为不可能，于是由许多民族的和地方的文学形成了一种世界的文学。"① 按照这种逻辑方法论，中华文化由于其可交往性而形成人类的共同价值。儒家思想最重"仁"，此字则是个体与他者之交往性的凝聚，许慎《说文解字》载，"仁，亲也。从人从二。"作为会意字的"仁"则是表达两人或多人之间的"密至"。段玉裁注曰："人也，读如人偶之人，以人意相人偶

---

① 中共中央马克思恩格斯列宁斯大林著作编译局：《马克思恩格斯文集》，北京：人民出版社，2009年。

也","以相人偶为敬也","人偶同位人偶之辞"。①

《论语》记载了孔子所看重的主体间交往的思想，尤其表现为"己所不欲，勿施于人"这一基本的交往准则。儒家之礼蕴含着交往性，"礼尚往来"成为常识，"好客""尚友"则是自古有之，寻觅知音、拥有朋友，是人生之乐。孔孟明确表达了这些思想。孔子说："有朋自远方来，不亦乐乎？"（《论语·学而》）孟子告诉万章说："一乡之善士，斯友一乡之善士；一国之善士，斯友一国之善士；天下之善士，斯友天下之善士。以友天下之善士为未足，又尚论古之人。颂其诗，读其书，不知其人，可乎？是以论其世也。是尚友也。"（《孟子·万章下》）中华文化的交往性使人之心智开阔，心在交往中被打开。《尚书·尧典》载，虞舜命夔典乐，以诗乐教胄子，以"诗言志"打开长子之心胸，"使正直而温和，宽厚而庄重，刚毅而不暴戾，简约而不傲慢"②。宋明理学则达到心之大，"不私其身"，"无我而后大"。③ 中华文化的话语在指向性方面多具有时空的世界性与逻辑的周全性，诸如"天""地""人""一切大众""诸天人民""普天之下""四海之内""大同""世界""千古""万世""周易""无不周遍""广宣流布"。汉译佛经有所谓法音普及无边界，诸天各共，"无数之众，悉共大会"④。这种开放的话语指向性与交往之诚信（言而有信）、平等性使中华文化具有广泛的对话性和普遍的交往性。

正是内含可交往性，中华优秀传统文化能够形成一个独特的文化体系与空间，既能够吸纳异质的文化元素，又能够面向他者，为他者提供共享的可能性，保持着自身的生命力与文化韧性。它在空间上形成了四层文化共享圈：一是中华民族内部的汉语言文化圈，二是中国多民族凝聚的中华文化圈，三是以中国为中心向朝鲜、韩国、日本、越南等辐射的亚洲汉文化圈，四是融入全球共享的世界性的文化共享圈。因此，从逻辑上看，可交往性使中华优秀传统文化成为人类共同的价值得以可能。

四、中华优秀传统文化交往的历史轨迹

中华优秀传统文化经久不衰，持续充满活力，形成了可交往性的历史轨迹。中华文化从起源伊始到当代不断实现其交往性与共同性，以各种方式和路

---

① 段玉裁：《说文解字注》，上海：上海古籍出版社，1981年。
② 孔安国，孔颖达：《尚书正义》，上海：上海古籍出版社，1997年。
③ 张载：《张子正蒙》，上海：上海古籍出版社，2000年。
④ 支娄迦谶：《佛说无量清静平等觉经》，上海：国光印书局，1935年。

径获得他者的理解与共享，在对话中创新，成为异域文化思想的激发元素与呼应者。可以说，一部中华文化史，就是一部中华文化与异域文化交往、交流、交融的历史，是一部逐步把自身价值演化为全人类共同价值的历史。

《穆天子传》载周穆王（约公元前 1026—约公元前 922 年）周游列国，至于西王母，与之彼此酬答，相互分享，彼此馈赠，美美与共。"吉日甲子，天子宾于西王母，乃执白圭玄璧以见西王母。"西王母也以礼回应。"西王母为天子谣。曰：白云在天，山陵自出，道里悠远，山川间之。将之无死，尚能复来。天子答之曰：予归东土，和治诸夏，万民平均，吾顾见汝。"① 自汉张骞凿空、丝绸之路形成，中华文化与西域文化交流频繁。在唐代，普遍的交往构建使中华文化成为人类文化价值的共同理想。日本学者遍照金刚所编撰的《文镜秘府论》则是一个典型的例子。空海深修汉文，深究《论语》，学《毛诗》《尚书》，受六朝至唐诗文及诗论之熏陶，后又随使入唐，寻道求法，承持慧果高僧衣钵，深度介入汉文学活动，这些跨文化的研习与交往奠定了《文镜秘府论》编撰的基础，以编撰中国早期诗论为主的著作成为日本文化的重要成果。卢盛江指出，《文镜秘府论》是日本汉诗学的第一部著述，深深地融入日本文化之中，它"千年来一直在日本流传，对日本文学与文化自然有着重要影响。它本身就成为日本汉诗学的重要著作。《文镜秘府论》在日本编撰和流传的过程，实际是《文镜秘府论》诗学和声韵学日本化的过程。"②

明清之际，西方传教士借海上丝绸之路打造了崭新的中西文化交通、交流、交往路径，沿着西学东渐之路，中华文化也向西方传播，成为欧洲启蒙运动的理性思想的价值认同。法国启蒙运动主将之一伏尔泰把中华文化置于人类历史文化的共同价值坐标之中。受传教士对中华文化的翻译、研究与传播的影响，伏尔泰高度认同孔子的儒家思想，其《风俗论》从人类理智的层面肯定了中国文化的独特性与悠久性，在艾田蒲看来，这意味着"世界历史始于中国史"③。伏尔泰指出，中国人"完善了伦理学，伦理学是首要的科学"。④ 可以说，在康熙、乾隆时代，在 18 世纪的欧洲，儒家思想融入欧洲启蒙运动的唯物主义与理性文化之中。

19 世纪末 20 世纪初，德国传教士、汉学家卫礼贤（Richard Wilhelm）深得中华文化之精髓，致力于译介中华典籍。其《易经》翻译在西方影响深远，

---

① 郭璞：《穆天子传》，北京：商务印书馆，1957 年。
② 卢盛江：《文镜秘府论研究》，北京：人民文学出版社，2013 年。
③ 艾田蒲：《中国之欧洲》，郑州：河南人民出版社，1992 年。
④ 伏尔泰：《风俗论》，北京：商务印书馆，2000 年。

认为此书"毫无疑问是世界文学（文献）中最重要的著作之一"①，其象征符号智慧在印度和欧洲也占据重要地位，其道论可以视为荣格意义上的人类原型，"不论其假设是否能适用于所有特殊情况，但是其基本概念包含着真理"。② 其子卫德明（Hellmut Wilhelm）在父亲翻译的《易经》第三版序言中所谈及的观点具有启发的意义："目睹父亲对《易经》的翻译重新面世，我异常兴奋，又颇为自豪。它得到广泛而持续的接受，这确证了父亲的坚定信念，他呼吁传播这种信念：当《易经》得到不仅中国特有的而且人类普遍的条件检验时，不仅得到中国特有的而且人类普遍的心智发展过程检验时，《易经》在中国思想史和思想系统中的巨大意义就会涌现。"③

在19世纪末与整个20世纪，西方现代性受到普遍质疑，欧洲文化遭遇严重危机。中华优秀传统文化融入现代西方文化视野，成为西方文化困境的有效选择，正如卫礼贤指出，"中国智慧成为现代欧洲的拯救者"。④ 儒家思想、道家思想都成为"拯救者"。不论是德国的海德格尔对老庄、禅宗的对话，还是捷克新马克思主义者伊万·斯维塔克（Ivan Svitak）受庄子所言庄周梦蝶悖论真理的激发，或者美国的马斯洛对道家文化的非目的性动机性的吸收，这些皆透视出中华文化的独特性与普遍性，这些跨文化阐释拓展了中华文化的人类价值普遍性。斯维塔克的代表著作《人及其世界》直接引述了《庄子·齐物论》庄周梦蝶的故事："昔者庄周梦为胡蝶，栩栩然胡蝶也，自喻适志与，不知周也。俄然觉，则蘧蘧然周也。不知周之梦为胡蝶与，胡蝶之梦为周与？周与胡蝶，则必有分矣。此之谓物化。"⑤ 他论述说："倘若马克思苏醒过来，依据他死后所建构的形象来界定他自己，那么他会发现自己处于庄周同样的情形。马克思，像两千年前的中国哲学家一样，会掌握悖论的真理问题。他会借助于现实的悖逆和悖论来掌握，因为他天赋极高，对世界中的自我和自我中的世界有清晰而精确的意识。"⑥ 匈牙利著名汉学家费伦茨·德盖伊（Ferenc Tokei，又

---

① Richard Wilhelm, "Introduction", in *I Ching or book of changes: The Richard Wilhelm translation*. England: Penguin Books, 2003.
② Richard Wilhelm, "Introduction", in *I Ching or book of changes: The Richard Wilhelm translation*. England: Penguin Books, 2003.
③ Hellmut Wilhelm, "Preface to the Third Edition", in *I Ching or book of changes: The Richard Wilhelm translation*. England: Penguin Books, 2003.
④ 卫礼贤：《中国心灵》，北京：国际文化出版公司，1998年。
⑤ 王先谦集解：《庄子》，上海：上海古籍出版社，2013年。
⑥ Ivan Svitak, *Man and His World: A Marxian View*. trans. Jarmila Vertrusky. New York: Dell Publishing Co., 1970.

译杜克义)在 20 世纪 60 年代的著作《中国 3—6 世纪文体论：刘勰诗体论》中借助于中西文论、美学的跨文化阐释从而发现了刘勰文学思想的普遍价值："刘勰不仅是中国文学理论最伟大的思想家，而且同时——更准确的说是因而中国文学史书写的奠基者，他把它提升到科学的高度。"①

五、中华传统文化的全人类共同价值性在新时代的凸显

中华优秀传统文化在价值层面具有人类的普遍的适应性、规范性与理想性，其以可交往性的逻辑与历史演化，不断从民族性向世界性进行现实的演化。这种情形长期被遮蔽被误解，甚至被贬低。在新时代，中华文化的全人类共同价值性得到前所未有的彰显。这可以从阐释、媒介大众化与文明互鉴三个方面来审视。

第一，深入阐释凸显中华优秀传统文化的现代性价值。价值是物与主体之间的利益性关系，阐释是把作为对象的中华文化和当代的阐释主体联系起来，构成一种有关意义的物我对话。因此，深入系统地阐释中华文化，意义之泉不断喷涌而出，传统在当代获得伽达默尔所谓的新视域（horizon），这样中华文化因现代性转换而获得人类价值的普遍性。对中华文化的阐释，绵延数千年。随着文献不断出土与整理、文献愈加准确之考辨、意义多样性与复杂性的阐释延伸，中华优秀传统文化在新时代已经积淀成一个博大精深的文化符号系统。这个系统既是传统的，又是现代的，既是民族的，也是世界的，不断演化为人类的共同价值，赋予人类生存与发展以启示意义。

第二，数字传媒推动中华优秀传统文化大众化。中华优秀传统文化借助于现代大众传媒进入普通人的生活空间。在新时代，媒介高度数字化、网络化，高密度的信息容量、瞬间便捷的速度以及数字化的生存状况，推动中华文化的存在方式与交往模式从物质性媒介向数字化传媒嬗变。因而传统的文化信息和文化价值无处不在，如盐溶于水，渗入日常生活，演化为当代生活实践的有机元素。借助于媒介散播的强大力量，中华文化的交往性得到前所未有的实现，既彰显中华文化在新时代中的生机活力，又获得人们普遍的价值认同。

中华优秀传统文化数字传媒化不仅意味着中华文化的传承，而且是对其的创造性转换、创新性发展，譬如 2018 年 5 月 18 日故宫博物院与凤凰卫视联合

---

① Ferenc Tokei, *Genre theory in China in the 3rd—6th centuries: Liu Hsieh's theory on poetic genres*. Budapest：Akadémiai Kiadó, 1971.

出品的《清明上河图3.0》把北宋画家张择端创作的物态的绘画精品转换为虚拟的沉浸式体验空间,激活并延伸了作品的审美体验。据报道,展演坐落于故宫较为中心的地带箭亭广场,展馆占地约1600平方米,以高科技4D球幕体验、360度环绕的全息立体空间还原长卷风貌。整个展演由《清明上河图》巨幅多媒体长卷、孙羊店沉浸剧场、虹桥球幕影院三个展厅,以及一个北宋人文体验空间组成,多维度、最大化地营造观展的沉浸感和互动性。从设备上看,巨幅多媒体长卷所采用的8K超高清八连屏是目前世界上最大的超高清液晶屏幕,长8.27米、高2.47米,最大分辨率可达到16K。从内容上看,30多位画师历时两年,全手工描线勾勒出814个人物、大小船只、车马树木等,无不分毫必见,线描稿超十万张,再一帧一帧串联重叠制作,"保证每一个人物每一个动作的神韵不被丢失,最大限度还原画作的质感与美感"。《清明上河图》从水墨绢本的皇家私藏到东北博物馆、故宫博物院馆藏,从高清版视觉化呈现到3D的动态展现,再到新时代融媒体与跨媒介的4D沉浸式体验,其审美价值借助于媒介技术不断延伸与拓展,从而更有效地实现其审美性的价值共享。可以说,由于数字媒介化,这幅"神品"之作大放光彩,成为当代精神领域的公共财产。

第三,文明互鉴实现中华优秀传统文化的价值共同性。在新时代,文明互鉴的理念与实践得到人们的普遍认同,人类文化的多样性在深入而直接的交流互鉴中愈加清晰。随着跨文化交往的频繁与深入,文化冲突、偏见与误解向文化共享转变,中华文化的价值得到众多文化族群的理解,从而实现从价值特殊性向价值普遍性与共同性转化。中华文化的跨文化阐释是文明互鉴的有效方式,是实现价值理解与认同的重要路径之一。其多语种的翻译同时是多文化的解释,其异域的研究阐释则是文化价值的开放与对话,其在世界文化系统之间的接受体验,则是文化价值的分享。在新时代,这些跨文化阐释更为突出,也更具有系统性和世界性。中华文化的价值共同性形成了跨文化的阐释共同体,而这个共同体又激活中华文化的价值魅力。中华文化借助于坚定不移扩大对外开放政策与人类命运共同体建构,通过国际中文教育、人际传播、互联网、翻译阐释等有效方式,深入接触异域文化系统,在彼此越来越直接的交流互鉴中展现人类心智的共同性与普遍性的独特贡献,在跨文化阐释中形成价值理解与价值共享的精神共同体。西方著名哲学家与美学家阿格妮丝·赫勒(Agnes Heller)参与中国学术交流、中西文明对话,与中国学者面对面进行论辩,以及融入日常生活,考察北京故宫、上海博物馆,四川具有儒家文化特征的武侯祠、蕴含中国佛教文化的峨眉山、彰显道家精神的青城山、突出古蜀文明的三星堆、金沙博物馆等文化景观。这些跨文化的交流互鉴深化了她对中华优秀传统文化的理解与认同,推动其从以往的审美想象与文化误解到现实学术共同体的转化,使她能够在真实的中华文化中找到"在家感"。[①]

综上所述,中华优秀文化是中国人的精神与智慧的体现,是中华民族的精神力量。它蕴含人类共同价值的理论基础在于其价值内涵的人类共同性和价值指向的可交往性。这在历史上得到具体的确证,具有漫长的历史轨迹和广阔的空间维度。在新时代,文明互鉴更为深入广泛、多元共生、理性智慧、平等互惠,中华文化所蕴含的全人类共同价值也愈加显著,更广泛地得到了不同文化背景中的人们所体验与认同。

[①] Fu Qilin, "Can we be at home? Agnes Heller and China", in *Thesis Eleven*, Aug 2021, Vol. 165 Issue 1, pp. 169-178.

开辟文化自信的历史研究

金惠敏

中国之和平崛起，进而参与全球治理，以中国智慧、中国方案、中国实力解决世界乃至人类普遍性问题，远不再是从前那种国际主义和浪漫主义的豪言壮语，而是切切实实地正在发生着的伟大历史事件。与经济、科技、军事和政治上大国地位之日益凸显的过程相呼应，从20世纪八九十年代在民间开始酝酿，到中央层面上2011年胡锦涛首开关注[①]，2016年习近平两次隆重阐述[②]，接着2017年在十九大开幕会上庄严昭告[③]，直到2022年二十大报告的重申和融贯，文化自信已经逐渐演变为现今政治宣传、学术研究和日常生活最活跃的话题之一。在四个自信之中，"文化自信"赫然荣居一席，而且与其他自信相比，被渥昤为"一个国家、一个民族发展中更基本、更深沉、更持久的力量"，攀升至从未有过的历史高度。[④]

文化自信是对自身的信心与骄傲，但"自""自身"又是什么呢？对此，习近平在十九大报告中有最新、最权威的表述。他指出，文化自信就是对于"中国特色社会主义文化"的自信，这种文化首先由两大成分构成：一是"中华民族五千多年文明历史所孕育的中华优秀传统文化"，二是中国共产党"领导人民在革命、建设、改革中创造的革命文化和社会主义先进文化"。然则更重要的是，这种文化绝不停留于一种观念或话语的形态，相反，它"植根于中国特色社会主义伟大实践"。[⑤] 由于其实践性品格，由于其"不忘本来、吸收外来""和而不同、兼收并蓄"，以及"尊重世界文明多样性""文明交流""文明互鉴""文明共存"而非"文明隔阂""文明冲突""文明优越"等基本原则，

[①] 胡锦涛：《在庆祝中国共产党成立90周年大会上的讲话》，载《人民日报》，2011年7月2日。
[②] 习近平：《在哲学社会科学工作座谈会上的讲话》，载《人民日报》，2016年5月19日；习近平：《在庆祝中国共产党成立95周年大会上的讲话》，载《人民日报》，2016年7月2日。
[③] 习近平：《决胜全面建成小康社会，夺取新时代中国特色社会主义伟大胜利——在中国共产党第十九次全国代表大会上的报告》，北京：人民出版社，2017年。
[④] 同上，第23页。
[⑤] 同上，第41页。

这样的文化当然也是"立足当代中国现实，结合当今时代条件"而"创造性转化、创新性发展"了包括外来文明成果在内的一切人类文明成果的，是本土文化的当代化，是外来文化的在地化，是作为话语的人类一切优秀文化的植根化和现实化。① 对此，《党的十九大报告辅导读本》讲得异常清晰："创造创新是文化的生命所在，是文化的本质特征。任何一个国家和民族文化的发展，都离不开继承传统和借鉴外来，更离不开创造性转化和创新性发展。凡是源远流长、历久弥新的文化，既渗透着历史基因又浸润着时代精神，既延续着本土文化的血脉又吸纳着外来文明的精华。"② 这即是说，如果就其来源而论，中国特色社会主义文化也一定是"我中有他""我中有异"的，当然此时的我中之他、我中之异已非先前之他、先前之异，它们因脱离其原先的语境而不再是其自身。它们获得了新的归属，即成为中国特色社会主义文化的有机组成部分。

文化自信事关国家命运、民族强盛，事关人类命运共同体的建构。换言之，文化自信既是中国的问题，也是世界的问题，甚至是全人类的问题。文化自信是显示一个国家软实力的核心标志，或简言之，文化自信即文化软实力。众所周知，"提高文化软实力，不仅关系到一个国家在世界文化格局中的地位，而且关系到一个国家的国际影响力、感召力、塑造力。"③ 被扭曲的文化自信（如文化民族主义）非但不是文化软实力，还是文化破坏力，必将误国误民，并殃及世界。职是之故，如何正确把握、熔铸和传扬我们的文化自信，便是一项亟待研究的政治课题和学术课题了。

作为一项关乎国家前途未来及其与世界关系的重大课题，文化自信已经得到了堪称全方位的研究，其内涵，其性质，其范围，其现实针对性，以及其具体实现措施，等等，基本上都有相应的学术成果产出。但相对说来，学界对于中国文化自信的历史，其坚实的脚印，其顽强的求索精神，其经验教训，尚缺乏足够的梳理、研究和评价。笔者认为，对于文化自信在中国相当长一段历史的考察应该提上学术研究的日程，这是一项具有填补学术空白意义的工程。不过，选择从历史角度研究文化自信，当然主要还不是着意于学术上的查缺补漏、补足空白，而更是基于如下认识：

其一，凡自信之确立，通常都表现为一个文化的和心理的过程，因而从历

---

① 习近平：《决胜全面建成小康社会，夺取新时代中国特色社会主义伟大胜利——在中国共产党第十九次全国代表大会上的报告》，北京：人民出版社，2017年，第23、25、59页。

② 刘奇葆：《推动社会主义文化繁荣兴盛》，载《党的十九大报告辅导读本》，北京：人民出版社，2017年。

③ 同上，第36页。

史角度观察和描述文化自信的发展轨迹，是由文化自信这一研究对象的特殊性所决定的。文化不同于理论或话语，它不是一种纯粹观念性的存在，而是落实和体现在日常生活实践，甚至无意识之中；它也不是精英性的，而必须在人民大众的土壤中生根、发芽、成长。这都需要一个濡化成俗的过程，不可能一蹴而就。然而文化一旦成型，就会变成一种根深蒂固的传统，代代相传，弦歌不绝。就此而言，所谓文化就表现和蕴含在传统之中，历史之中，在传统和历史中展开、显身。研究文化自信实乃研究作为一种传统、一种历史的文化自信。

其二，自1840年鸦片战争以来的"近现代"中国史实质上就是中西之间的交流和碰撞史。丝绸之路尽管古已有之，但由于没有一个强势"他者"的出现，古丝绸之路史基本属于中国政治、经济和文化的单向"传播"史、"外溢"史，是以"华"变"夷"史。严格说，彼时根本不存在所谓的中西"关系"史，因为西方对于中国无"关"紧要，非"命运共同体"之所"系"。只有自鸦片战争以来的中国史才是真正的中西"关系"史，西方对于中国才成为有意味、有影响的"他者"，因为这一他者不能以中华既有的认知框架予以整合，且对中华文化体系造成动摇，乃至颠覆，这时"文化自信"便作为一个问题出场了。"自"信乃是在与他者相遇之时所发生的对自身的质疑、反思和再确认。而如果说中西关系是一百八十余年来中国史的主轴和实质，那么文化自信就是这一时段中西文化关系史的核心内容，甚至也可以说，是这一时期全部中国史的精神内蕴。不了解文化自信的历史，就等于没有抓住这一时代的历史精神，近现代史研究就是缺乏灵魂的表面文章；反过来，研究文化自信而不将其置于近现代的整体历史之中，则将失去其历史的丰满和现实的针对性，或者，也可能沦为一种概念游戏。

其三，历史不是以理论的完满性前进，或者说，它总是以片面的方式前进。这意味着对于其时代而言，一种理论一方面是必须如此，必然如此，是适用的和正确的，而在另一方面，它也不可能是对过去的复制、照搬，而是有所丢弃，有所选择。但从长远来看，那些被筛选掉的理论并非永久性失效。当新的历史条件成熟，它们有可能会"枯木逢春"，重新焕发效能。我们永远不能轻视那些被历史所捐弃的东西，那可能是一次暂时的告别或雪藏。历史研究因而也可称其为一种打捞历史的研究：不是要复原历史，而是要从历史中寻找走向未来的灵感；历史的怀旧一定是面向未来的。对文化自信的历史研究即有从历史中汲取经验、继往而开来的考虑。诚然，历史学就是"历史"学，但终归也是"未来学"。这就是笔者主张研究中国文化自信之路的初衷所在。

文化自信是一个需要长期地、持续不断地进行研究的重大课题。只要世界以国家为单元、以文化为单元存在，只要世界是一种"星丛共同体"或"差异共同体"，就必然存在文化差异、文化身份、文化间性，因而"文化自信"的问题。相应地，文化自信研究也一定会作为一个课题长此持续下去。

令学界备受鼓舞的是，习近平总书记新近提出"文化主体性"概念，为我们指明了文化自信研究的新方向：第一，文化自信"就来自我们的文化主体性"，而此"文化主体性"乃是历史性地建构起来的，是"中国共产党带领中国人民在中国大地上建立起来的"，是在"与中华优秀传统文化相结合"之基础上建立起来的。这就是说，文化自信厚植于文化主体性建构的或近或远的历史纵深。但是，第二，回望历史，获得历史自信的力量，不是文化自信研究的终极目标，而是为了创造新的文化/文明新形态。习近平总书记告诉我们："对历史最好的继承就是创造新的历史，对人类文明最大的礼敬就是创造人类文明新形态。"具体言之，就是"创造属于我们这个时代的新文化，建设中华民族现代文明"。[1]

当代中国文化学者任重道远，我们需要"继往开来"，在"继往"中"开来"，在对文化自信跌宕起伏、波澜壮阔的历史的研究中，开出当今我们中华民族自身的文化主体性和文明新形态。

---

[1] 习近平：《在文化传承发展座谈会上的讲话》，载《求是》，2023（17）。

简论西方马克思主义与"世界文学"的理论趋向

高树博

摘　要：世界文学概念从诞生之初到今日成为焦点，其历史进程始终受到人类历史变迁和思维范式转移的影响。地缘政治意识和格局的演变作为约束条件，以或隐或现的方式使世界文学的研究范式和问题多样化、复杂化、非中立化。世界文学既折射着宏观的历史格局，也参与了形塑当代人类精神的系统工程。后马克思主义对世界文学的思考既以歌德和马克思的世界文学观为立足点，又充分吸收以前西方马克思主义的概念、方法、模型，从而提出了许多新命题、新观点，以致形成了世界文学的理论化新景观。由此，世界文学不再单纯是美学、语言形式问题，更与政治权力、经济结构、社会思潮、文化趣味等密切关联。在某种程度上，世界文学被再功能化。

关键词：世界文学；歌德；马克思主义；权力；民族文学

"世界文学"（Weltliteratur/World Literature）是当代西方人文学科中最重要且被频繁重新界定的术语和范畴之一。自 20 世纪 90 年代以来[①]，对世界文学概念进行理论性研究日益成为国际、国内学界的重要潮流。在此过程中，世界文学作为跨学科的核心问题，其必要性和价值似乎也愈加凸显。世界文学概念从诞生之初到今日成为焦点，其历史进程始终受到人类历史变迁和思维范式转移的影响。地缘政治意识和格局的演变作为约束条件，以或隐或现的方式使世界文学的研究范式和问题多样化、复杂化、非中立化。世界文学既折射着宏观的历史格局，也参与了形塑当代人类精神的系统工程。毫无疑问，中国文学和中国学者参与了世界文学理论的新建构。

一

众所周知，1827 年歌德创造性地使用了"世界文学"一词。尽管歌德对

---

① 王宁：《比较文学的危机和世界文学的兴盛》，载《中国比较文学》，2009（1）：24。

世界文学的描述似乎是碎片化的、不成体系的，然而当人们考察文学审美形式跨越地理和文化边界所经历的转变时，往往会不断回溯到他那里。与歌德不同，1848年马克思和恩格斯在《共产党宣言》中把物质生产的空前进步、资本的疯狂扩张，以及世界市场的形成作为世界文学时代到来的深刻动因。《共产党宣言》为后来的全球化理论奠定了基础。马恩与歌德的相同之处在于，都未对"世界文学"这个术语进行理论的界定和阐释。自此以后，世界文学研究在不同的方向和路径下展开。

对于那些堪称"世界文学"理论经典的代表，当今西方比较文学领域的不同选本、指南、著述的操作既有一致之处，又存在不少分歧，例如《劳特里奇世界文学指南》（*The Routledge Companion to World Literature*，2011，下简称"《指南》"）和《世界文学读本》（*World Literature: A Reader*，2013，下简称"《读本》"）这两本最通行的参考资料，在这方面就有所不同。《指南》的"历史维度"部分，介绍和分析了如下人物的世界文学观：歌德、雨果·梅茨（Hugo Meltzl）、勃兰兑斯、莫尔顿（Richard Moulton）、泰戈尔、迈耶（Richard Meyer）、阿尔伯特·杰拉德（Albert Guérard）、奥尔巴赫、钱钟书、艾田蒲（René Étiemble）、杜里申（Dionýz Ďurišin）、克劳迪奥·纪廉（Claudio Guillén）、萨义德①。《读本》则直接提供了不同理论家撰写的文本及其思考：歌德（1827）、马克思和恩格斯（1848）、梅茨（1877）、勃兰兑斯（1899）、莫尔顿（1911）、施特里希（1930）、杰拉德（1940）、奥尔巴赫（1952）、弗里德里希（1960）、库尔提乌斯（1963）、艾田蒲（1964）、乔治·斯坦纳（1979）、涅乌帕科耶娃（1973）、艾德礼（1986）、张隆溪（1992）、纪廉（1993）、杜里申（1993）②。《读本》最突出的是增加了马克思、恩格斯和俄国学者涅乌帕科耶娃。从中可知，西方学界已认识到中国思想对认识世界文学的意义。其他著述还提到哈钦森·麦考荣·波斯奈特（Hutcheson Macaulay Posnett）、高尔基、郑振铎、列昂·斯皮策（Leo Spitzer）、本雅明等学者③。如果将各个版本所遴选的人物综合起来，世界文学的概念史或者说研究史会更加清晰。马里亚诺·西斯金德（Mariano Siskind）认为，梅茨、勃兰兑斯、莫

---

① Theo D'haen, David Damrosch and Djelal Kadir. *The Routledge Companion to World Literature*. London and New York: Routledge, 2012, pp. ⅴ－ⅵ.

② Theo D'haen, César Dominguez and Mads Rosendahl, *World Literature: A Reader*, London and New York: Routledge, 2013, pp. ⅴ－ⅶ.

③ Theo D'haen, *The Routledge Concise History of World Literature*, London and New York: Routledge, 2012, pp. ⅴ－ⅵ.

尔顿、奥尔巴赫、弗里德里希、施特里希、库尔提乌斯、艾田蒲、纪廉、詹明信（Frederic Jameson）、莎拉·拉沃尔（Sarah Lawall）及其他批评家，为世界文学在学科体制内的发展做出了贡献，即他们"给作为知识实践、文集和人文教育的世界文学，增添了复杂性、历史具体性和可变性"①。然而，另一种情况也不容忽视：在20世纪后半期的欧美比较文学领域，世界文学概念也遭到了质疑，这既跟德国纳粹曾大力宣扬其世界文学意识形态有关，又因为民族主义始终对世界主义和世界文学怀着警惕甚至敌意。总体而言，学者们或侧重考察世界文学在民族文学传统中的作用，或以世界文学反思自己的民族文学在世界中的位置，甚至用世界文学省思比较文学和文学研究。②

自歌德以来，世界文学术语在世界各地广泛传播，世界文学的教学也在不同程度地实践，但人们对"何谓世界文学"的看法迥异，甚至对立。从历史上看，有几种流行的世界文学观。第一种定义认为，世界文学是世界上那些具有普遍性价值的"最好的文学"或"被认可的经典"，即"杰作论""经典论""伟大作品论"。这是一种等级式的文学价值观。第二种定义把世界上的所有文学都视为世界文学，而搁置"质量和影响问题"，即总和论。③ 还有一种是"看世界的多重窗口"论④。三种定义都非常简单明白，但都有自己的盲点，尤其"无法满足全球化时代的文化流通需求"⑤。更确切地说，全球化时代给定义世界文学提供了新的可能、条件和工具。近三十年来，西方学界在世界文学领域已出版不少代表性著述，它们在理论上和实践上大大丰富、深化了人们对世界文学的认知。如今，世界文学概念不再明晰、透明，不再是一个实体/目标/对象（object），不再是"少数经典或文本之海"⑥，而变成一个被众说纷纭所复杂化的"问题"。因此，关于世界文学的指向和范围，笔者无意追随某一种看法，相反是在各种含义的世界文学中，即在世界文学的广阔视野中对之进行考察。

---

① Mariano Siskind, *Cosmopolitan Desires: Global Modernity and World Literature in Latin America*, Evanston: Northwestern UP, 2014, p. 16.
② Theo D'haen, Ceésar Dominguez and Mads Rosendahl, *World Literature: A Reader*, Ibid., p. x.
③ Theo D'haen, Ceésar Dominguez and Mads Rosendahl, *World Literature: A Reader*, Ibid., p. xi.
④ 大卫·丹穆若什：《什么是世界文学？》，北京：北京大学出版社，2014年。
⑤ Theo D'haen, Ceésar Dominguez and Mads Rosendahl, *World Literature: A Reader*, Ibid., p. xi.
⑥ Theo D'haen, Ceésar Dominguez and Mads Rosendahl, *World Literature: A Reader*, Ibid., p. xi.

二

随着东欧剧变、苏联解体及冷战的结束,全球地缘政治格局发生了重大调整,世界文学也随之被重新定位。在 20 世纪 90 年代末期,部分比较文学学者对世界文学的兴趣明显增加。第三个千年伊始,复活世界文学的行动渐成潮流。在 21 世纪前二十年,世界文学术语产生了不少新的定义和意义、范围、方法论、组织结构和迫切的当代性,尤其是它被空前地(再)理论化和(再)概念化,而且反复被校准、重置、重绘。这些继承歌德与马恩传统的、规模化的理论探索,使文学研究在结构上围绕民族文学范畴展开世界文学对历史和现实的言说。尽管世界文学概念的复兴原因是多样的,但理论家们都把全球化的加速作为当代体验的背景和条件,而且它回应着新文化景观(以同质化与他异性之间的张力为标志)的要求。① 换句话说,全球化时代是最近的世界文学理论的宏观历史框架,是评估歌德及马恩遗产的公分母。大量的比较文学学者/文学比较主义者投身于复兴世界文学,他们生产的丰富理论成果也使世界文学日益卷入不同领域的学者。因此,今日的世界文学领域并非某个学科的专利,而是所有文学研究者共同协作的事业,甚至其他人文学科的学者也在积极介入。不可否认,比较文学或文学比较依然是默认的出发点。如此一来,不管是在方法论、思维框架方面,还是在话语范式、议题设置方面,今日的世界文学都呈现出多元混融和内外视角交叠的状态。可以说,世界文学研究远远超越了文学研究本身,或者说它比文学研究的范围更大。

德汉(Theo D'haen)明确指出,1994 年拉沃尔主编的《阅读世界文学:理论、历史、实践》(*Reading World Literature: Theory, History, Practice*)预示着对该主题的兴趣的回归②。1999 年法国学者帕斯卡尔·卡萨诺瓦(Pascale Casanova)出版了专著《文学世界共和国》(*La république mondiale des lettres*)。在新旧世纪之交问世的《文学世界共和国》,被国内外学者认为是"近三十年来国际文学评论界关于世界文学论述的一部富有创建的力作","深刻地转变了世界文学的观念,对该领域的研究方法进行了深入思

---

① Mariano Siskind, *Cosmopolitan Desires: Global Modernity and World Literature in Latin America*, Ibid., p. 16.
② Theo D'haen, *The Routledge Concise History of World Literature*, Ibid., p. 1.

考"。① 2000年意大利裔美国学者弗兰柯·莫莱蒂（Franco Moretti）在英国著名刊物《新左派评论》（*New Left Review*）发表《对世界文学的猜想》（*Conjectures on World Literature*）。2003年美国学者大卫·达姆罗什（David Damrosch）出版专著《什么是世界文学？》（*What Is World Literature?*）。达姆罗什、莫莱蒂和卡萨诺瓦的著述在世界文学的复兴过程中是最有影响的——当然绝不是唯一的，至少在北美学术圈，他们的著作如此频繁地被调用，以致被评价为"一劳永逸地设定了世界文学之争的参数"②。当然，三人的相关著述远不止此处所列。2004年克里斯托弗·普伦德加斯特（Christopher Prendergast）主编的《世界文学之争》（*Debating World Literature*）的出版，拉开了世界文学争论的序幕。2006年约翰·皮泽（John Pizer）出版了相对简短却"及时且重要"③的著作《世界文学的观念：历史和教学实践》（*The Idea of World Literature: History and Pedagogical Practice*）。在学术会议方面，2010年8月，第19届国际比较文学大会在韩国召开，其主要议题之一为"比较的世界文学"；2011年7月，"世界文学的兴起"国际研讨会在北京大学召开。这意味着世界文学研究的国际共同体逐步壮大。德汉撰写的《劳特里奇世界文学简史》甚至表明，总结世界文学历史的时机已经成熟。而《劳特里奇世界文学指南》《世界文学读本》以及《理论中的世界文学》等集体性成果的面世，持续推动着世界文学的扩张。与此同时，批判的声音开始传播，如E. 海奥特（E. Hayot）的《论文学世界》（*On Literary Worlds*，2012）和艾米利·阿普特（Emily Apter）的《反对世界文学：论不可译性的政治》（*Against World Literature: On the Politics of Untranslatability*）等。统而言之，在21世纪的第二个十年，西方的世界文学研究著述呈现出爆炸性增长，以致让人觉得疲于应付。尽管此处只开列了英文文献，但这并不代表世界文学是英美国家的游戏。事实上，其他国家的学者往往以英语为通用语介入世界文学，这也是世界文学研究本身的一部分。概而言之，21世纪初见证了围绕世界文学术语的研究的再兴和蓬勃发展。

中国学界也积极参与世界文学的复兴。《中国比较文学》杂志非常关注

---

① 高方：《世界文学与翻译的构建力量——卡萨诺瓦〈文学世界共和国〉评析》，载《中国翻译》，2017（4）：53。

② Stefan Helgesson, "Review of *An Ecology of World Literature: From Antiquity to the Present Day*", in *Comparative Literature Studies*, Vol. 54, No. 1, 2017, p. 234.

③ B. Venkat Mani, "Review of *The Idea of World Literature: History and Pedagogical Practice*", in *Monatshefte*, Vol. 100, No. 4, 2008, p. 617.

"世界文学"的国际动态，在新世纪初陆续刊发过有关译文：阿麦德·尼希（Armando Gnisci）《全球文学和今日世界文学》（2002）、马里恩·高利克（Mariaén Gaélik）《世界文学概念、比较文学以及建议》（2003）、达姆罗什《比较文学的问题和选择》（2003）和《后经典、超经典时代的世界文学》（2007）等。目前许多刊物也加入该阵营，如《外国文学研究》。2010年达姆罗什、陈永国、尹星合编的《新方向：比较文学与世界文学读本》的出版，开启了中外学者在世界文学领域的合作。2011年由丁国旗选编的《全球化与复数的"世界文学"》收录的21篇文章，是中国学者思考"世界文学"命题的阶段性汇聚。2013年达姆罗什、刘洪涛、尹星合编的《世界文学理论读本》出版，其独特之处在于标举作为"理论"的世界文学，或者说把世界文学作为一个"理论命题"。这种思想意识和话语风格延续到达姆罗什主编的《理论中的世界文学》（World Literature in Theory）中。2014年王宁出版的专著《比较文学、世界文学与翻译研究》是其长期追踪、思考世界文学前沿的一次总结。2016年方维规主编的《思想与方法——地方性与普世性之间的世界文学》出版，它是2015年10月在北京师范大学举办的第三届"思想与方法"国际高端对话暨学术论坛的会议论文集，2018年其英文版问世，它集中展示了国外著名世界文学研究者的最新成果，以及中外学者之间的即时互动交流。总而言之，近年来，国内的世界文学研究成果在不断涌现（尤以论文见长）。在内容上，这些成果包括（但不限于）跟踪、译介国际世界文学研究前沿，探讨世界文学的定义，释读歌德和马克思的世界文学的意涵，梳理马克思主义世界文学观的历史、脉络和成就，辨析世界文学与全球化的关系，等等。

三

非常值得注意的是，不少学者批评西方学界过于集中于歌德的构想，而对马克思主义创始人的世界文学思想重视不够，甚少沿着《共产党宣言》的线索"去探讨马克思主义在世界文学研究领域内的不可替代的贡献"[①]。该批评切中了现象的某些方面。确实，最近的理论家几乎没有自称要发展一种马克思主义世界文学理论，但是这不代表其理论不是以马克思主义为指导思想的，或者说与马克思主义创始人的观点毫无关联。相反，《共产党宣言》对世界文学的著名论断不仅被当代西方文论家反复引用，而且被他们以不同方式做了发展、补

---

① 王宁：《马克思主义与世界文学研究》，载《文学理论前沿》，2014（2）：2。

充、丰富。与此同时,不仅西方马克思主义思想对复兴世界文学有贡献,而且经典马克思主义也被世界文学领域激活。马克思主义是开放的思想系统和话语体系。20世纪的马克思主义正是通过与其他思想流派的不断交流、交锋发展自身[1],从而获得持久生命力。马克思主义文论也应该具备这样的特征,所以世界文学理论的发展是马克思主义思想方法和价值立场与其他方法的概念、框架相接合(articulation)的结果。这并不意味那些理论就没有缺陷,就是铁板一块。相反,正是它们之间持续的相互质疑、驳难、拆解,推动着世界文学走向文学研究舞台的中心。我们甚至能在其中看到一种批判理论的趋向。

由匈牙利哲学家、批评家格奥尔格·卢卡奇等所开创的西方马克思主义是一个庞大而复杂的流派。英国学者佩里·安德森的小册子《西方马克思主义探讨》(1976)将马克思主义的历史划分为两个阶段:经典传统马克思主义(创始人马克思和恩格斯及历史唯物主义的继承人拉布里奥拉、梅林、考茨基、普列汉诺夫)和西方马克思主义。安德森开列的西方马克思主义者简表包括卢卡奇、科尔施、葛兰西、本雅明、霍克海默、阿多诺、德拉-沃尔佩、马尔库塞、列斐伏尔、萨特、戈德曼、阿尔都塞、科莱蒂等13位理论家[2]。我们可以对安德森的名单表示异议——西方马克思主义理论家的实际人数远大于此,但它无疑是一种比较实用的划分。他们的著作涉及哲学、政治、经济、社会学等领域,但"几乎没有一个'西方马克思主义'理论家没有对文艺及审美问题发表自己的见解。他们特别希望通过包括美学、文艺学在内的文化批判,释放出人性的创造力量,使人从旧的经济权威和政治权威中解放出来,从而彻底改变人类异化的现成结构"[3]。在1983年出版的《历史唯物主义的踪迹》(*In the Tracks of Historical Materialism*,中译为《当代西方马克思主义》)里,安德森不仅断言"原本的西方马克思主义的历程的下限大体上可以划到70年代中期为止"[4],而且他系统地考察了马克思主义(历史唯物主义)在各个区域的"当代"变化——威廉斯、福柯、哈贝马斯、詹明信均在讨论之列。安德森指出,对文学问题的广泛探讨是"马克思主义与其大多数对手不同"的地方[5]。詹明信和伊格尔顿被认为是当代英美世界最重要的两位马克思主义文学文化批评家。

---

[1] 于尔根·哈贝马斯:《后形而上学思想》,南京:译林出版社,2001年。
[2] 佩里·安德森:《西方马克思主义探讨》,北京:人民出版社,1981年。
[3] 冯宪光:《"西方马克思主义"美学研究》,重庆:重庆出版社,1997年。
[4] 佩里·安德森:《当代西方马克思主义》,北京:东方出版社,1989年。
[5] 佩里·安德森:《当代西方马克思主义》,北京:东方出版社,1989年。

后马克思主义的名称源于拉克劳和墨菲的《领导权与社会主义的策略》（1985）。结合佩里·安德森对"时间下限"的切分来看，后马克思主义恰与"原本的西方马克思主义"前后相续。当然，后马克思主义处于各种"后"学语境之中。葛兰西"不仅是'后马克思主义'的理论来源"，而且其"思想方法和概念形式在一定程度上沉积到'后马克思主义'的理论构造之中"①。拉克劳和墨菲反对本质主义，强调对多元主义的真正容纳。他们认为，"同等的逻辑是政治空间单一化的逻辑，而差异的逻辑是它扩充和复杂性增长的逻辑。如果用一个语言学的例子比较的话，我们就可以说差异的逻辑倾向于去展开语言中的语言组合轴、可以进入到组合关系以及与大量位置彼此连贯的关系，而同等逻辑扩展了替代这一极——即要素可以被另一个替代——因此，被还原的大量位置能被结合起来"②。由此可知，后马克思主义深受"语言学转向"思潮的影响。在国际著名马克思恩格斯研究专家特雷尔·卡弗（Terrell Carver）看来，后马克思主义"主要立基于文化、意识以及表征等语言和符号形式来讨论经济学问题"③。也就是说，后马克思主义转换了方式和概念框架来切近经济学问题。这既是对"原本的西方马克思主义"的文化批判范式（反对庸俗经济决定论，强调文化的自主性和功能）的继承，又让经济基础问题以另一种方式重回文化符号领域。然而，后马克思主义毕竟已经接受了福柯的话语理论，修改了原来的那套言说体系，转而拥抱解构主义/后结构主义的话语范型和思维座架，从而能够思考更多新的问题、新的范畴，特别是立足于话语交流的支配权对当代资本主义社会的现状进行分析。毋庸讳言，关于如何认识后马克思主义与马克思主义的关系，国内学界至今仍存在不少分歧：辩护者有之，否定者亦有之。伊格尔顿的观点或许是一个有用的参考。伊格尔顿把"那些在某些方面保留着马克思主义、但总体上已经从马克思主义转向了其他学说的人们"称为后马克思主义者④。笔者赞同伊格尔顿的观点，后马克思主义"是对马克思主义的选择性和约束性运用，是在当代社会语境中对马克思主义理论的新探索"⑤。或者说，后马克思主义是广义西方马克思主义的当代阶段。

---

① 周凡：《葛兰西与"后马克思主义"的生成》，载《现代哲学》，2008（6）：42。
② 恩斯特·拉克劳、查特尔·墨菲：《领导权与社会主义的策略——走向激进民主政治》，哈尔滨：黑龙江人民出版社，2003年。
③ 特里尔·卡弗等：《"意识形态批判"政治：新/后马克思主义时代的社会主义》，载《马克思主义与现实》，2011（4）：128。
④ 王杰、徐方赋：《"我不是后马克思主义者，我是马克思主义者"——特里·伊格尔顿访谈录》，载《文艺研究》，2008（12）：87。
⑤ 张朋：《论托尼·本内特的后马克思主义文学观》，载《山东社会科学》，2014（4）：68。

简论西方马克思主义与"世界文学"的理论趋向

国内学界对后马克思主义的讨论主要集中在其哲学和政治学理论，较少涉及文论领域——这个领域实际上值得被深入地分析、阐释和批判。目前，在菲利普·戈尔茨坦（Philip Goldstein）《后马克思主义理论导论》（*Post-Marxist Theory: An Introdution*）的影响下，约翰·弗娄（John Frow）和托尼·本尼特（Tony Bennett）被国内学者当作后马克思主义文论家的代表来研究①。"后马克思主义文论"这个术语最早可以追溯到张永清和马元龙主编的《后马克思主义读本》（2011）"文学批评"卷——另一卷是"理论批评"。这部译文集分为"后马克思主义文学批评视域中的世界文学争论"和"后马克思主义文学批评的阅读实践"两部分。"世界文学"部分辑译了8篇论文（2000—2008），它们均来自英国最有影响的左派刊物《新左派评论》。

《新左派评论》是一本带有浓厚马克思主义色彩，并且不断追踪新近马克思主义发展的学术刊物，佩里·安德森1982年起担任主编20年，现任主编是苏珊·沃特金斯（Susan Watkins）。"新左派"对世界文学的争论，由莫莱蒂所提出的"文学世界体系"（出自《对世界文学的猜想》）理论触发。卡萨诺瓦在《新左派评论》发表《文学作为一个世界》（2005）或隐或显地批评莫莱蒂的理论路径，并重申其在《文学世界共和国》的主张：文学空间论。这是一场远未停止的争论。《新左派评论》也持续刊发着相关文章：卡萨诺瓦《好斗的文学》（*Combative Literatures*）、本尼迪克特·安德森《未曾获奖》（*The Unrewarded*），其专属出版社韦尔索（Verso）还出版了不少相关代表作，如莫莱蒂的全部著作、普伦德加斯特所编《世界文学之争》、亚利山大·比克罗夫特（Alexander Beecroft）《世界文学生态学》（*An Ecology of World Literature*）等。

中国学界主动关注《新左派评论》上的世界文学论战和阅读批评实践，译介其突出成果，并以"后马克思主义文学批评"对其命名，这表明后马克思主义文论已呈现出独特性。反过来说，《新左派评论》和韦尔索是后马克思主义展示其世界文学之思的重要阵地。需要说明的是，《新左派评论》上的文章和韦尔索的出版物只是笔者立论的关键材料之一，而非全部。那么，后马克思主义世界文学理论有哪些特点？赵文认为，"这场'后马克思主义'的论争最主要的新视点在于从内部、从'文学生产'角度，提出了'世界文学'在'生产'、'分配'、'流通'，乃至世界文化市场中的'消费'机制等方面的相关问

---

① 范永康：《后马克思主义的文学政治学——以约翰·弗娄和托尼·本尼特为中心》，载《兰州学刊》，2013（4）：92—97。

题。对这些问题的深入解答，或许将构成马克思主义当代世界文学批评的焦点"①。该评价抓住了"文学生产"这个重要的马克思主义文论范畴，以及四环节结构与世界文学的关联，但是实际情况远较此复杂、细微。除了宏观俯瞰，我们更注重后马克思主义对世界文学的具体论证过程及其基本范畴、话语形态和差异。后马克思主义的世界文学论争立足于新的历史语境，"从当代文学意识形态配置结构的总体出发，对'世界文学'中的权力机制提出了质疑"②。从《后马克思主义读本》所收集的材料来看，后马克思主义文论的核心问题是在世界文学领域存在第一世界的霸权。这与后马克思主义在理论策略上重视话语分析，特别是重视在文化领域进行夺取文化霸权的斗争相一致。在全球化文化语境中，"世界文学"问题浮出水面，其中的权力话语在什么人的手中，究竟谁可以说话，在这样的思路中，后马克思主义关于"世界文学"的探讨就进入了西方马克思主义的理论场域。后马克思主义文论归属于广义的西方马克思主义文论，它有关世界文学的论述，也是西方马克思主义文论整体的一个组成部分。

  2014年冯宪光发表的文章《后马克思主义文论的一个焦点问题》既对后马克思主义、后马克思主义文论做了定位，又突出了世界文学在后马克思主义文论中的地位。该文还重点探讨了卡萨诺瓦的世界文学理论。冯宪光指出，后马克思主义"以马克思思想作为出发点来讨论现实问题"③。反过来说，马克思主义的魅力在于能更好地回答现实提出的问题。在他看来，卡萨诺瓦的世界文学之思便是典型的例子。他将卡氏理论的特色总结如下："像卡萨诺瓦这样的后马克思主义理论家试图不通过共时性的流行理论方法的整合，不在时间性维度上把握文学的社会性，而直接从空间理论入手，寻找整合文学、历史和世界的整体思维方法……它回到马克思的世界文学话题，表明后马克思主义文论在面对当下文学问题，整合当代思想资源时，十分注意与经典马克思主义保持一种实际联系。"④ 同时，他还呼吁"应该重视后马克思主义文论关于世界文学这个焦点话题的研究成果。"⑤ 这些重要观点对我们认识后马克思主义文论和后马克思主义世界文学观，具有很大的启发意义。

  毫无疑问，从经典马克思主义到历史上的西方马克思主义（"原本的马克

---

① 张永清，马元龙主编：《后马克思主义读本：文学批评》，北京：人民出版社，2011年。
② 张永清，马元龙主编：《后马克思主义读本：文学批评》，北京：人民出版社，2011年。
③ 冯宪光：《后马克思主义文论的一个焦点问题》，载《外国文学》，2014（1）：114。
④ 冯宪光：《后马克思主义文论的一个焦点问题》，载《外国文学》，2014（1）：118。
⑤ 冯宪光：《后马克思主义文论的一个焦点问题》，载《外国文学》，2014（1）：119。

思主义"或狭义的马克思主义),莫不对世界文学投以热忱。在 13 位理论家中,卢卡奇和本雅明的世界文学观尤其别具一格。1976 年英国学者柏拉威尔出版的《马克思和世界文学》至今仍在产生影响。在 20 世纪末期,詹明信以"第三世界文学"概念引起国际学界极大关注,而且他校正了长期以来对歌德的世界文学观念的误解。詹明信的相关著述成为当代马克思主义世界文学理论的重要起点和思想资源。即使如此,纵观当代西方马克思主义的思想谱系,只有到了后马克思主义那里,"世界文学"理论才成为一个文论"焦点问题"[①]。

在当代西方马克思主义范围内,后马克思主义文论家的世界文学思想,引起了国际学界的广泛关注和持续争论,并且他们的理论探索有很多独特之处。可以说,世界文学的复兴本身就有后马克思主义文论家的功劳。或者说,两者不能截然分开,尤其在最开始的时候。据弗朗西斯·马尔赫恩(Francis Mulhern)所言,"文化政治"是"马克思主义的激进主义"模式[②]。同样,后马克思主义理论思潮在本质上是一种以"微观政治、身份政治与话语政治"为特征的"文化政治学",而"话语接合是其最具标志性的理论和方法"[③]。简言之,在定义和寻找后马克思主义世界文学理论的最低标志时,可以把"权力"("领导权")和"接合"作为分析工具。这意味着世界文学是一种话语,它可以被不同的理论家接合、解接合、再结合。事实证明,近二十多年来,世界文学的复杂化乃是与不同权力接合的结果。卡萨诺瓦、莫莱蒂、达姆罗什的模型是第一世界霸权的代言。致力于发展全球文学概念和通过行星思维重新界定世界文学关系,都是意在反抗世界文学的霸权。世界文学的空间论与体系论之争既是消解已有模型的霸权,又是对其的巩固。阿普特、谢平(Pheng Cheah)以及后殖民的世界文学批判都是对霸权的抵抗。沃里克团队(WReC)、比克罗夫特、杜里申的模型则试图协调抵抗与控制。可以说,在最近的世界文学理论场域,既追求真正的差异性和他异性,又张扬普遍性和统一性,这两种趋向的较量始终存在。这些过程不是抽象的,而是通过对文学文本和理论文本的话语分析来实现的。世界文学既被理论家们作为整体性概念来处理,也会被还原成最初的状态:世界与文学。因此,世界文学首先是文学,然后才是世界文学。达姆罗什和普伦德加斯特的观点,揭示了"何谓文学"对定义"何谓世界文学"的制约。总而言之,对后马克思主义来说,世界文学就是一个多层次、

[①] 冯宪光:《后马克思主义文论的一个焦点问题》,载《外国文学》,2014(1):113。
[②] 弗朗西斯·马尔赫恩:《当代马克思主义文学批评》,北京:北京大学出版社,2003 年。
[③] 陶水平:《后马克思主义文化政治学及其文论价值》,载《中国文学研究》,2014(1):13。

多结构的权力场域。该场域的总体结构是混杂的,是你中有我和我中有你的网络形态。

毋庸讳言,后马克思主义的世界文学观不能与马恩的世界文学观同日而语。在全球贸易关系和世界市场(即自由资本主义时代)形成的背景下,马恩宣布:民族的和地方的文学形成了世界文学。马恩以历史唯物主义和辩证唯物主义为哲学基础,通过变革生产关系,解放无产阶级,进而解放全人类。因此,马恩趋向宏观政治,这是一种整体性的目标。后马克思主义则在全球化加速时代(即晚期资本主义时代)思考世界文学,他们放弃了阶级概念,只关注微观政治权力斗争和局部的等级结构改变,因此其变革力量具有分散性。尽管如此,我们同样不能低估后马克思主义世界文学观所具有的潜力。面对当前资本主义社会的实际情况,后马克思主义认为,现在找不到无产阶级的存在,找不到取代资本主义建成新的社会的革命动力。尽管后马克思主义否定无产阶级革命的可能性,但是他们并不放弃对资本主义的批判。而在世界市场全球化,资本全球扩张的情况下,在必然形成世界文学、全球关系等问题上,后马克思主义承认马克思的思想是正确的,因此他们在世界文学问题上与马克思是一致的。

后马克思主义对世界文学的思考既以歌德和马克思的世界文学观为立足点,又充分吸收以前西方马克思主义的概念、方法、模型,从而提出了许多新命题、新观点,以致形成了世界文学的理论化新景观。由此,世界文学不再单纯是美学、语言形式问题,更与政治权力、经济结构、社会思潮、文化趣味等密切关联。在某种程度上,世界文学被再功能化。我们能否就此推论,在电子化时代,文学将因世界文学的膨胀而具备再中心化的潜力?马克思主义的全人类解放伦理又如何继续推动世界文学的研究,从而有助于构建平等、合理的民族文学关系或者健康的世界文学生态?世界文学如何应对全球化的挑战以及自身的危机?

古代文学课程思政的基本路径与党建意义

王 涵

摘 要：课程思政势在必行，切实可行，且应当与中国传统文化相结合。古代文学课程的课程思政，一是要深度挖掘课程思政元素，二是创新教学方式方法，三是要注重进行思政教学评价，还需要注重实践。古代文学课程教学的推广，有助于在学科互相交流、借鉴和互通有无的大环境下，提升思政课程的吸引力，从而使中国故事得到更好的讲述，党的建设得到更有效的贯彻；有助于增强青年学子的文化认同感，从而坚定"四个自信"，弘扬社会主义核心价值观；有助于培养青年学子的综合文化素质，增强青年人才的使命感，从而推动党的组织建设、作风建设、制度建设、反腐倡廉建设、纯洁性建设。

关键词：古代文学；课程思政；党建

课程思政化是近年来教育领域中一个备受关注的话题。它强调将思想政治教育融入学科教学中，以培养学生的思想道德素质和价值观。青年学子是党和国家的未来，课程思政关系到党的现在与未来。本文兹从古代文学课程教学的角度，探讨课程思政的具体施行思路及其党建意义。

一、古代文学课程思政的可行性

课程思政首先是非常必要的。课程思政具有"课程承载思政"与"思政寓于课程"的双层意蕴，具备育人与育才的双重功效[①]。在当今社会，学生不仅需要掌握学科知识，更需要具备正确的思想道德素质和价值观。《荀子·劝学篇》说："千里之行，始于足下。"青年学子是党和国家的未来。青年学生的思想教育，关乎党和国家的未来。课程教学是高校教育的基础环节，党建则是高校教育的重要保障。通过党的组织、宣传、教育等工作，引导青年学生树立正

---

① 王莹：《课程思政的价值本源与价值实现》，载《思想理论教育导刊》，2024（5）。

确的世界观、人生观和价值观，从而保持和发展党的先进性。基层党建的扎实开展，能够为学生们提供一个健康向上的成长环境，帮助他们在思想上、政治上更加成熟和坚定。

课程思政应当与中国传统文化相结合。中华文化中大量积极的价值观、道德观念和文化观念，均与当代思政教学同一关揆。作为中国传统文化的重要结晶，中国古代文学蕴含着丰富的思想资源、道德理念、人文关怀和处世态度，为当今的思想政治教育提供了取之不尽、用之不竭的资源。通过结合教学，可以更有效地培养学生的道德品质和社会责任感。比如，唐代韩愈、柳宗元引领的古文运动倡言"文以明道""文以载道"等思想，就是要求文学作品忠实地为张扬儒家义理而服务，要求文人士子关注社会现实，勇敢地承担起国家、民族和人民的责任，这就是将文学与思政进行了有效的结合。

课程思政又是切实可行的。在学科教学中，教师可以结合学科特点和知识点，融入思想政治教育的内容。例如，在文学史教学中，可以结合中国古代文学史上的文学家和文学现象，引导学生认识历史的发展规律和中华文明的发展历程。勾勒陈子昂、李白、杜甫、韩愈、柳宗元为代表的唐代文学发展史，有助于学生在理解唐代文学演变历程的同时，深刻地理解文学演变和政治历史的关系。这些融入方式不仅可以丰富学科教学的内涵，也可以更好地培养学生的思想道德素质和价值观。

总之，在古代文学教学中，应当注重将此种传统价值观念和当代青年所应承担的历史任务有机结合，通过将思想政治教育融入学科教学中，可以更好地培养学生的思想道德素质和价值观，帮助他们更好地适应社会和未来的发展。习近平总书记曾指出："办好思想政治理论课关键在教师，关键在发挥教师的积极性、主动性、创造性。"[①] 发挥好教师的主观能动性，切实将思政融入古代文学教学实践，需要我们更多发挥想象力和创造性。

二、古代文学课程思政的基本方法

课程思政不代表全盘以思政工作代替原有的知识教学，而是注重在教学过程中传达出思政内容，传达出相应的价值观，从而对学生进行有效的引导。我认为，课程思政的具体办法可以从以下几个方面入手：挖掘课程思政元素、创新教学方式方法、强化实践教学环节、建设课程思政教学资源库、加强教师培

[①] 习近平：《思政课是落实立德树人根本任务的关键课程》，载《求是》，2020（17）。

训和交流以及完善课程思政评价体系。只有全面推行这些具体办法，才能更好地实现课程思政的目标，培养具有正确思想道德素质和价值观的学生。同时，教师也需要不断总结和提炼思政教育的经验和做法，不断提高自身的思政教育意识和能力，为学生提供更加全面、有意义的学科教育。

一是要深度挖掘课程思政元素。每个学科都有其独特的思政元素，如历史中的民族精神、语文中的文化传承、数学中的逻辑思维等。就我所在的学科来说，这类例子不胜枚举。其实，唐诗作为文学作品，具有强烈的情感色彩。教师在教学过程中，应注重引导学生感受唐诗中的情感表达，通过情感教育培养学生的道德情操和人文素养。例如讲解杜甫的诗歌。杜甫是唐代最伟大的现实主义诗人之一。他的诗歌内容广泛，涉及政治、社会、历史等多个领域，其中最引人注目的主题之一便是他的爱国情感。可以引导学生体会其对国家、民族的忧虑和关怀，培养学生的家国情怀和民族精神。杜甫的爱国情感深深地根植于他的生活经历和时代背景中。他生活在唐朝由盛转衰的时期，亲身经历了安史之乱的残酷和社会的动荡不安。这些经历使他对国家、民族和人民充满了深深的忧虑和关注。在杜甫的诗歌中，我们可以看到他对国家的命运和人民的苦难有着极为敏锐的洞察力。他以诗歌为武器，批判时弊，呼吁改革，希望国家能够强盛、人民能够安居乐业。例如，杜甫《春望》满含悲痛之情："国破山河在，城春草木深。感时花溅泪，恨别鸟惊心。"表达了他对国家分裂、战火连绵的悲痛和忧虑。除了对国家的忧虑，杜甫的爱国情感还表现在他对人民的深切关怀上。他坚信"致君尧舜上，再使风俗淳"的思想，认为人民的福祉是国家的根本。在《茅屋为秋风所破歌》中，他写道："安得广厦千万间，大庇天下寒士俱欢颜。"表达了他对人民生活的关注和希望。总的来说，杜甫的爱国情感是深沉而真挚的。他的诗歌不仅反映了时代的变迁和社会的矛盾，更表现了他对国家、民族的热爱和对人民的关怀。教师可以在备课过程中，深入挖掘课程中的思政元素，将其与知识点有机结合，让学生在掌握知识的同时，也受到思想的启迪。

二是创新教学方式方法。传统的灌输式教学已经不能满足思政化的要求，教师需要创新教学方式方法，如采用案例教学、情景模拟、小组讨论等方式，引导学生主动思考、积极参与，增强学生对思政内容的认同感，等等。就隋唐五代文学来说，我个人认为可以将实地考察和教学进行有机结合。比如，敦煌莫高窟不仅是唐代文学的重要遗产，是中华文明的瑰宝，更是中华民族的骄傲。它承载着历史的厚重，见证了中华文化的繁荣与辉煌。在敦煌莫高窟中，我们可以感受到一种深沉的爱国情感，可以看到许多描绘历史事件的壁画。这些壁画不仅展示了古代中国的社会风貌，也反映了中华民族的民族精神。例如，在《张骞出使西域图》中，我们可以看到张骞不畏艰险、为国献身的爱国精神。这种精神激励着中华民族不断前进，为实现国家繁荣富强而努力奋斗。敦煌莫高窟的建造过程也是中华民族爱国精神的体现。在那个科技并不发达的时代，工匠们用手中的锤子和凿子，创造出了如此辉煌的石窟艺术。他们为了信仰和民族的荣誉，默默奉献着自己的智慧和力量。这种精神激励着我们要为国家的繁荣昌盛而努力奋斗，为民族的伟大复兴贡献自己的力量。通过实地考察，可以有效引导学生们珍惜敦煌莫高窟这一宝贵遗产，努力传承和弘扬中华文化。

三是要注重进行思政教学评价。教师群体在建设课程思政的过程中，可以通过自觉构筑多维互动的教学态势，从而促成育人目标的实现①。比如，古代文学教师们之间可以互相对话。通过唐诗思政化教学的交流，可以促进教师之间的合作与共同进步，提高思政教育和文学素养水平。通过分享教学经验和教学方法，共同探讨如何更好地实施唐诗课程思政，可以相互学习、借鉴，不断完善自己的教学方法和手段，提高教学质量。教师们在不同类型的工作中，也要实现互相对话与交流。事实上，学术研究、课程教学和思想政治等三个维度的工作，本身没有任何冲突，它们甚至是可以互相交融、互相提升和互相促进的。当然，教师们更重要的是要学会与时代进行对话，要能把握时代脉搏，跟上日新月异的科学技术变化。教师们应当学会古代文学课程思政中创新的方式方法；结合现代信息技术手段，丰富教学手段，提高学生的学习兴趣和积极性；组织实践教学，培养学生的文学鉴赏能力和思想道德品质，等等。总之，古代文学课程思政是推动课程与思想政治教育有机结合的重要途径。通过以上几个维度的交流与对话，教师可以共同成长、共同进步，提高思政教育和文学素养水平，培养出既有文学素养又具备良好道德品质的人才。

当然，课程思政需要在实践中加以检验。只有将思想政治教育融入实践中，才能更好地发挥其作用。对古代文学教学来说，如何引导学生自觉地将所学知识融入社会生活之中，是我们长久以来非常关注的问题。我认为，可以引导学生参加文化活动，参加各类社会公益服务，尤其是举办各类公共性质的文化传播活动。同时，教师也可以通过自身的示范和引导，为学生树立良好的榜样，引导学生树立正确的思想道德观念和价值观。

---

① 陈静梅：《文明互鉴视域下东方文学课程思政体系探究》，载《中国大学教学》2024 年第 1－2 期。

三、古代文学教学的思想政治建设意义

古代文学课程教学的推广，有助于在学科互相交流、借鉴和互通有无的大环境下，提升思政课程的吸引力，从而使中国故事得到更好的讲述，党的建设得到更有效的贯彻。高校思政课课程改革需要多学科协同，共同承担立德树人的任务。各个学科又会丰富思想政治的教育内容，从而促使党建工作更加有效地开展。事实上，党建是思想政治课程的基本保障，为青年学子的思想政治保驾护航，从而确保各级学科发展的大方向；而古代文学课程，又能有效反哺思想政治建设。比如，习近平总书记就多次表示他喜欢苏轼《晁错论》的名言："天下之患，最不可为者，名为治平无事，而其实有不测之忧。坐观其变而不为之所，则恐至于不可救。"这里主要表达的理念，旨在强调防微杜渐，居安思危。① 这种传统古文中的思想，与我们当今保持初心，时时进行自我激励和个人思想建设的要求，是一脉相承的。因此，古代文学的学习有助于讲好中国故事，将传统文化融入思政教学，可以使课程内容更加丰富多彩、生动有趣，提升学生的学习兴趣和积极性，进而提升思想政治建设的效率与感染力。

古代文学的思想政治建设，有助于增强青年学子的文化认同感，从而坚定"四个自信"，弘扬社会主义核心价值观。习近平总书记在庆祝中国共产党成立95周年大会上明确提出：中国共产党人"坚持不忘初心、继续前进"，就要坚持"四个自信"即"道路自信、理论自信、制度自信、文化自信"。他还强调指出，"文化自信，是更基础、更广泛、更深厚的自信"。坚持文化自信，就是要激发党和人民对中华优秀传统文化的历史自豪感。我国古典文学历史悠久，从《诗经》时代迄今，已有超过三千年的历史，成就辉煌灿烂，文学体裁丰富多样，诞生过屈原、司马迁、陶渊明、李白、杜甫等伟大的文学家，也出现过关汉卿、王实甫、汤显祖等伟大的戏曲作家，也有《三国演义》《水浒传》《西游记》《红楼梦》等优秀的长篇小说名著。这些辉煌灿烂的成就，不仅构建了我们民族最具特色的文化精神，也为世界文化之林做出了巨大的贡献。单就《红楼梦》来说，它是一部中国古代社会的百科全书，是我们认识中国古代社会的重要资料，其思想的深刻性、内容的丰富性和情节的精彩程度，在全世界小说之林中，都是非常罕见的。发扬传统文化，建设好思想政治理论课，在当

---

① 《习近平用典：常提儒家名言 苏轼名句最多》，载《新京报》，2015年3月1日。

今复杂的国际形势下,也有助于抢占意识形态领域的高点[①]。因此,通过学习传统文化,学生可以更加深入地了解中华民族的历史和文化传统,增强对中华文化的认同感和自豪感,努力承担起传承中华文化的重任。

古代文学的思想政治建设,有助于培养青年学子的综合文化素质,增强青年人才的使命感,从而推动党的组织建设、作风建设、制度建设、反腐倡廉建设。在我国丰富的古代文学资源中,始终存在着大量的精神文明资源。比如,刘桢《赠从弟》以物喻人,提倡坚定的信念:"冰霜正惨凄,终岁常端正。岂不罹凝寒?松柏有本性。"于谦《石灰吟》则提倡高强的使命感:"千锤万凿出深山,烈火焚烧若等闲。粉骨碎身浑不怕,要留清白在人间。"这些作品,历来使读者精神振奋,得到高尚情操的熏陶,与我们今天对思想作风的强调,对组织队伍的建设,以及对纯洁性的建设都有着非常重要的教育意义。一些思想性丰富的作品,也总是能发人深省,起到重要的警示作用。比如,李商隐的《咏史》就非常具备启发性:"历览前贤国与家,成由勤俭破由奢。何须琥珀方为枕,岂得真珠始是车。"这就是站在高屋建瓴的角度,探讨历代国家兴亡与勤俭精神、思想作风和反腐倡廉工作的关系,与我们今天强调艰苦奋斗的精神是一脉相承的。这些诗作,不仅艺术成就非常高,而且能在思想内核上对当今的青年学子起到教育和引导作用,能够有效地促进基层党建工作的开展。总之,传统文化中蕴含着丰富的哲学思想、道德观念和人文精神,这些资源对于培养学生的道德品质、社会责任感、创新精神等综合素质具有重要作用。

四、结语

总体来看,课程思政是必要的、可行的、需要注重实践的,它与高校党建工作息息相关。更多教师都应当加入到课程思政的实践中来,共同为培养具有正确思想道德素质和价值观的学生而努力。同时,高校教师应当积极探索和实践课程思政的理念和方法,为学生提供更加全面、有意义的学科教育,为党的思想政治建设做出应有的贡献。

[①] 项久雨,焦浩源:《科学把握思想政治理论课建设的四维价值高度》,载《学校党建与思想教育》,2024(11)。

将新时代中国精神融入高校党建的途径探索

成 春

摘 要：新时代中国精神是守正创新的精神，是"两个结合"的精神，是中华民族五千年文明发展中逐渐奠定的、制约和支配民族生存发展的精神力量。将新时代中国精神融入高校党建，利于提升党建工作的时代性、丰富性、生动性，利于家国情怀、民族大义、理想信念更好地融入师生的心中。本文旨在通过将新时代精神融入高校党建的途径探索，研究新时代中国精神深化弘扬与高校党建提质增效的内在联系及相关路径。

关键词：新时代中国精神；高校党建；途径

新时代中国精神是一个时代命题，源于百余年来对中国精神不断阐释和追索的时代提炼，源于中华文化源远流长的滋润涵养。中国精神所诠释的民族大义、责任使命与党建精神的核心要义是一致的。高校承担着文化传承创新的重任，对于新时代中国精神的深化与弘扬有内在的使命、高校党建需要通过深化和弘扬新时代中国精神，强化理想信念教育，树牢建党精神，同时通过高校党建的引领，进一步深化和弘扬新时代中国精神，将新时代中国精神融入高校党建中。

有学者在借鉴已有研究成果的基础上，对中国精神作出这样的定义："中国精神是指中华民族在上下五千年文明发展中逐渐奠定并在当代中国革命、建设和改革实践中得以发展创新而形成的与其他民族的精神有别的本体致思、思维方法、认知理论、人本学说、价值取向、道德规范、行为方式、意志品格等独特的心理意识、精神风貌和文化理念的总和，它构成一个民族全部社会心理和社会意识的内在精髓和灵魂，并成为制约和支配这个民族生成和发展的精神力量。"[①]

就时代内涵而言，从守正创新和"两个结合"的角度解读中国精神是对新

---

① 左亚文，高晓英：《中国精神的本质规定及其内在逻辑》，载《理论探讨》，2021（5）。

时代中国精神精髓的准确把握。习近平总书记提出："文化自信是一个国家、一个民族发展中更基本、更深沉、更持久的力量。必须坚持马克思主义，牢固树立共产主义远大理想和中国特色社会主义共同理想，培育和践行社会主义核心价值观，不断增强意识形态领域主导权和话语权，推动中华优秀传统文化创造性转化、创新性发展，继承革命文化，发展社会主义先进文化，不忘本来、吸收外来、面向未来，更好构筑中国精神、中国价值、中国力量，为人民提供精神指引。"[1] 习近平总书记的讲话指出中国精神是在构筑中的，是需要传承创新发展的。对中华优秀传统文化的传承创新是坚持守正创新，维护精神本源，面向未来进行创造性转化，形成时代性的中国精神力量。"两个结合"即把马克思主义基本原理同中国具体实际相结合，与中华优秀传统文化相结合。只有在马克思主义的指引下，中国精神才具有时代之源，形成推动中国式现代化建设的强大精神力量。

一、将新时代中国精神融入高校理想信念教育中

理想信念教育是引领高校党建工作的旗帜。高校是青年学生涵育理想信念的黄金时期，人的价值取向一旦在青年时期牢固树立，终其一生为之奋斗，党员人人为之，这将是党之幸，也是国之幸。理想信念的涵育与新时代中国精神在导向上是一致的，在方式方法上有指导性、相融性、互补性。习近平总书记指出，"马克思主义和中华优秀传统文化来源不同，但彼此存在高度的契合性。比如，天下为公、讲信修睦的社会追求与共产主义、社会主义的理想信念相通"。[2]

1. 高校理想信念教育的现状

理想信念教育是高校党建的必修课，思想理论课、党校学习、支部"三会一课"、党建活动团体都在通过理论学习、参观考察、实践锻炼加强对学生和教师，尤其是党员的理想信念教育。高校理想信念教育旨在通过各种方式加强学生对理想信念的理解及信仰，加强学生对党的性质和基本知识的掌握、端正入党动机、树立终生为党奋斗的决心。通过学习和实践，尤其是通过系统的学

---

[1] 中共中央党史和文献研究院，中央学习贯彻习近平中国特色社会主义思想主题教育领导小组办公室：《习近平新时代中国特色社会主义思想专题摘编》．北京：党建读物出版社、中央文献出版社，2023．

[2] 习近平：《在文化传承发展座谈会上的讲话》，载《求是》，2023（17）。

习，理想信念作为知识点在学生的头脑中是牢固的，高校教师和学生的理想信念素养较高，进一步的工作就是拓展理想信念教育的途径，加强理想信念的内化。

2. 新时代中国精神融入理想信念教育的途径

以习近平新时代中国特色社会主义思想为其精髓的新时代中国精神融入理想信念教育，能通过丰富的精神内涵进一步促进理想信念与人生价值追求的统一，将理想信念深深地刻在老师和同学们的心中。从理论而言，新时代中国精神通过重塑民族复兴与中华文明之间的内在逻辑关系，沉淀民族感、回归民族自信。在理想信念教育中融入新时代中国精神的相关内容，可以在增强民族自信的同时进一步激发受教育者的责任感、使命感和担当意识，激发为中华民族的振兴而奋斗的人生取向。因此在进行理想信念教育时可以安排中华民族灿烂辉煌历史及现代以来党领导人民奋斗的具体内容，从思想、道德、文化三个层次进行阐释，以丰富的内容点燃受教育者追求人生大格局的志向，使其进一步坚定理想信念。从实践层面而言，通过丰富多彩的校园文化活动和社会实践活动，通过"中华文化"课程的学习，积极传播中华优秀传统文化，在其中引入理想信念教育的内容，将两者很好地结合起来。在社会实践中，既强调红色基地的参观学习教育，也加强对中国特色社会主义成就及传统文化基地的参观教育，积极寻求契合点，使理想信念教育有更强烈的文化支撑，真正地让崇高的理想信念成为受教育者人生的追求和目标，成为其行为导向，培养更多的具有内心坚定信仰的马克思主义者。

3. 新时代中国精神融入理想信念教育的效果

新时代中国精神融入理想信念教育，是双向的契合、奔赴。在高校的理想信念教育中，时代性的要求需要新时代中国精神的融入。新时代中国精神在中国特色社会主义建设、在中国式现代化建设中凝聚了具有时代特色的精神要素，如"两弹一星"精神、特区精神、抗洪精神、抗震救灾精神、抗疫精神、脱贫攻坚精神、科学家精神、工匠精神等，这些精神要素对高校师生深入理解新时代中国精神，树立新时代中国精神具有积极的导向作用，而这些精神要素与为民族振兴、国家富强而奋斗的建党精神是一致的。新时代中国精神融入理想信念教育，有助于增强理想信念教育的时代性、丰富性、实效性，有助于理想信念教育真正入脑入心。同时，在理想信念的引领下拓展新时代中国精神的理论内涵和实践效果，有利于高校做到党建与事业发展相融合，取得各项事业的长足发展。

二、新时代中国精神在高校党建引领下的深化和弘扬

新时代中国精神始终是面向未来的，需要在实践中拓展其内涵要义。高校作为思想文化建设的高地，对于新时代中国精神的发展具有重要责任，要在科学探索、文化研究、教书育人的过程中不断地进行传承优秀传统文化、开展学术创新的工作。高校要开展有组织的科研，在党建引领下明确方向，进行文化传承创新、进行新时代中国精神的深化，要面向师生、面向社会，大力弘扬新时代中国精神、弘扬党建精神，促进党建工作深入开展。

1. 在高校党建引领下深化新时代中国精神

新时代中国精神的深化是在继承基础上的发展与创新，体现在高校哲学社会科学研究的方方面面。高校每年有国家级、省部级及其他各级别的科研课题，有各类咨询成果，有不少蕴含着新时代中国精神深化的内容。哲学社会科学的学术创新不是为了满足个人的奇思异想，而是为了凝聚时代精神而服务于社会发展和人类进步。例如学界研究中国精神的代表性专著《中国精神教育读本》《中国精神培育和弘扬中华民族精神的理论与实践》《中国梦之中国精神》等。胸怀"国之大者"，从国家战略需求出发，高校的科研人员和教师结合专业开展学科前沿研究，相关研究成果将促进新时代中国精神的进一步深化。新时代中国精神的深化应体现出方向性，应是促进中国式现代化建设的深化，是符合《中国共产党章程》及法规要求的深化，党建引领时刻体现在高校科学研究过程中。

2. 在高校党建引领下弘扬新时代中国精神

新时代中国精神不能只停留在书本上，要让广大师生在实践中积极弘扬、践行新时代中国精神。习近平总书记在多个场合、从多种角度总结了中华优秀传统文化的基本特质与核心精神，新时代高校教育要聚焦知识脉络的梳理与研究，挖掘核心精神，在育人中提升学生对中华优秀传统文化、对新时代中国精神的认知水平。针对文化典籍、文化遗产和精神财富，要通过创新增强其新颖性、大众性和趣味性等，加深现代受众对中华优秀传统文化、对新时代中国精神的理解。发挥新兴网络媒体，特别是网络自媒体的作用，把"云领域"建设成传承和创新中华优秀传统文化、弘扬新时代中国精神的新阵地、新平台。

三、发掘新时代中国精神中的政治情怀要素,增强党建引领的力量

新时代中国精神的核心是中国特色社会主义思想,发掘新时代中国精神中与政治情怀相关联的要素,将之应用到高校党建育人中,是增强党建引领的重要力量。

1. 发掘新时代中国精神中的政治情怀要素

所谓共产党人的政治情怀,指的是共产党员个人与中国共产党所领导的伟大事业之间的情感关联。只有建立了这样的情感关联,党员个体才能将自身承担的政治伦理、责任落到实处。中国共产党员的政治情怀以建党精神为总领,伟大建党精神,即坚持真理、坚守理想,践行初心、担当使命,不怕牺牲、英勇斗争,对党忠诚、不负人民,作为高度凝练的价值取向,它离不开新时代中国精神丰富内容的涵养和支撑。天下为公、民为邦本、为政以德、革故鼎新、任人唯贤、天人合一、自强不息、厚德载物、讲信修睦等传统理念为政党精神提供精神上的涵养和丰富的土壤,提供强大的民族灵魂的推动力。作为个体的共产党员,在学习和研究新时代中国精神的过程中,以丰富的民族精神为依托,发掘新时代中国精神中天下为公、忠诚、实干、干净、担当等政治情怀要素,可以更好地激发自身的政治情怀,把自己真正锻造为具有强烈担当精神的优秀共产党员。

2. 增强党建引领的力量

拥有了强烈政治情怀的党员队伍,将进一步增强党的政治建设、组织建设、纪律建设、作风建设,深刻领悟"两个确立",做到"两个维护",增强"四个意识",坚定"四个自信"。在高校党建中,政治情怀体现在爱党、护党、兴党的思想和行动中,体现在立德树人、科教强国、文化育人的行动中。增强党建引领,加强新时代中国精神在高校的深化和弘扬,坚持党建与事业发展相融合,必将增强高校的办学实力,为中国式现代化建设做出积极的贡献。

新时代高校基层党建工作的"三三三"实践模式研究*

贾瑞琪

摘 要：作为基层党建的重要组成部分，高校党建工作的重要性不容忽视。本文从"三三制"理论视角出发，结合当前高校基层党建现状，以政治政策生态、高等教育生态、基层党建生态为顶层设计，以党委、党支部、党员全层级为实践主体，以高校基层党建的中心工作、常规工作、创新工作为关键抓手，探索建构"三三三"立体实践模式。通过"三三融合"，增强基层党组织"三个作用"的发挥，为高校基层党建提供理论与实践支撑。

关键词：高校；基层党建；"三三三"实践模式

我国高校是党领导下的中国特色社会主义高校，肩负着为党育人、为国育才的重大使命，在基层党组织建设中的作用不容忽视。"加强党对高校的领导，加强和改进高校党的建设，是办好中国特色社会主义大学的根本保证。"而做好基层党建工作无疑是高等教育改革发展行稳致远、青年学生成长成才、教师队伍全面发展、高校意识形态工作顺利推进的重要抓手，是高校践行初心使命的题中之意，也是建设双一流大学的必然要求。

在当前的基层党建实践中，尽管有明确的制度规范，但高校党建工作仍未建立起"横向到边，纵向到底"的基层党建框架，责任认知与落实有偏差，党建党务工作不严格、不规范、体系化不突出等问题依然存在，迫切需要将党建融入中心工作，做好党建能力建设。基于此，本文沿袭"问题—方法—对策"的基本思路，以"三三制"作为理论参照，提出"三三三"实践模式，对当前高校基层党建的现状与问题、"三三三"实践模式与高校基层党建的逻辑契合，

---

* 本文系四川大学中央高校基本科研业务费研究专项项目（项目编号：sksz202101）、四川省高等学校人文社会科学重点研究基地四川社会治安与社会管理创新研究中心资助项目（项目编号：SCZA23B04）阶段性成果。

以及以"三三三"实践模式助力当前高校党建实践的路径等问题进行研究，以期为高校党建工作的顺利开展提供理论借鉴与路径参考。

一、"三三三"实践模式及其与高校基层党建的逻辑契合

"三三三"实践模式可以溯源至抗日战争时期中共中央提出的"三三制"政权分配理念，它在新时代基层党建工作中是对这一理念的创造性借鉴与运用。一方面，"三三三"实践模式保留了"三三制"的基本形式，即以"三三"作为其理念实施的基本标准；另一方面，也对"三三制"的内涵边界进行了拓展。这表现在"三三三"实践模式跳脱出政权分配层面，广泛应用于任何需要三重主体协同发挥作用，或者需要对三重客体加以综合考量、统一应对的情形之中，成为一种新的思维路径。

高校基层党建实践与"三三三"实践模式的核心内涵具有高度的统一性。这种统一性不仅体现在二者结构体系与目标指向层面的一致性，同时也体现在当前基层党建的具体实践之中，成为运用"三三三"思维观照高校基层党建的前提和基础。

（一）高校基层党建的结构体系与"三三三"实践模式的基本架构相契合

从结构要素来看，高校基层党建具备"三三三"理念实施的基本要件。这主要体现在宏观与微观两个层面。

宏观而言，高校的基层党建离不开对党建内外环境以及党建内容本身的基本观照。也因此，党建生态、党建主体与党建内容构成了高校开展党建实践必须加以关注的三个对象层次。其中，生态是实践所处客观环境，主体是发出实践动作的执行者，内容是实践的落脚点。前者归属于外在，而后两者则归属于内在。高校基层党建正是处于这样一种内外相交、错综复杂的网状结构之中。

微观而言，除了三个对象层次之外，每一个对象中亦包含三重要素。首先是三个党建生态。高校党建实践离不开对其所处生态的现实考量，而政治政策生态、高等教育生态、基层党建生态无疑构成了高校党建必须立足的三个基本生态。政治政策生态是统领，高等教育生态是根基，基层党建生态是参照，三者共同构成了当前和未来长时期内高校基层党建实践的基本生态圈层，共同作用于高校党建实践的基调与走向。这是高校基层党建中的第一个"三"。其次是三重党建主体。党委、党支部和党员构成了高校基层党建的三大主体。党委

是中枢神经,发挥核心领导作用;党支部是核心力量,发挥战斗堡垒作用;党员是排头兵,发挥先锋模范作用。任何基层党建实践的开展都离不开三者的协同与配合,这实际上构成了高校基层党建实践中的第二个"三"。最后是三项基本党建内容。高校基层党建内容复杂,体系庞大,涉及宣传执行党的路线、方针、政策,党员发展、党员教育管理、党风廉政建设等一系列内容。但倘若对这些工作内容加以区分与整合不难发现,其实际上可以分为中心工作与常规工作两类,而在当下的党建生态中,创新也成为党建工作的一大趋势,因此,除了中心与常规工作之外,创新工作在基层党建中亦占据重要地位,是体现基层党建工作特色,评价基层党建工作质量的关键指标。可以说,大致而言,中心、常规与创新这三项工作构成了当前高校基层党建工作的基本内容,也成为高校基层党建实践中的第三个"三"。

正是由于高校基层党建在结构要素上所存在的同"三三三"实践模式基础的高度同一性和契合性,为"三三三"实践模式在高校党建中的应用提供了可能性。

(二)"三三三"实践模式的宗旨与高校基层党建的目标指向相一致

除了结构体系之外,"三三三"理念与高校基层党建的契合还体现在二者具有一致的目标指向。"三三三"实践模式的初衷在于团结、调动、平衡结构要素中的不同力量,使不同要素力量之间达成和谐一致,通过各部分的合力实现整体效能的最大发挥,从而实现既定目标。

就高校基层党建而言,无论是党建生态、党建主体还是党建内容,其所内含的三重要素彼此之间亦存在这样一种相互协同、促使效能发挥最大化的内在关系。在党建生态中,政治政策生态、高等教育生态与基层党建生态尽管归属于不同的外部生态,但其均是高校基层党建的客观环境,影响和作用于高校党建实践。对三者的统一考量与均衡观照是高校党建实践的必要前提,也是党建能否取得成效的关键。在党建主体中,党委、党支部、党员三位一体,既存在自上而下的领导关系,也存在共商共建的协同关系。任何党建实践都无法脱离三重主体的参与而单独存在,高校党建实践正是在这三重主体的配合下才得以顺利推进。在党建内容中,中心工作、常规工作、创新工作同样构成了党建工作的一体三面,中心工作是关键着力点,常规工作是基础立足点,创新工作则是内在动力点,尽管比重有所不同,但其均服务于党建工作的基本主旨。

因此,在高校基层党建实践中,不同结构要素及其作用的发挥与"三三三"实践模式的内涵高度契合，即均在系统的整体运转中发挥着重要作用，而非有鲜明的轻重差异；各要素之间不存在厚此薄彼的关系，在角色的权重和作用的发挥方面同等重要；均是以要素间的协同合作为导向。各要素以正向的协同配合为作用发挥的基础准则，一个要素作用的发挥服务于其他要素与全局，缺一不可；均是以共同的目标为终极指向，而非各自为政；最终的目的统一，即服务于高校整体的基层党建实践。

（三）"三三三"实践模式拥有广泛的基层党建实践应用基础与经验

"三三三"实践模式在高校基层党建中的适用性还体现在其拥有广泛的基层党建实践应用基础。换句话说，由"三三制"理念发展而来的"三三三"思维已经突破传统"三三制"的内涵与边缘，被普遍运用到包括高校在内的各领域基层党建工作中。

当前，国内关于此类实践应有物研究已经初具规模。如张锡钦将"三三三"思维引入高校学生党建工作，并将其定义为"在人才培养过程中，将党建工作与教学、科研和管理工作等有机结合起来，通过实行'三苗计划'、'三个载体'和'三贴近'的具体措施，提高学生党员的综合素质和创新创业能力"。张良广结合广东省优势力社会工作的经验，将基层党建分为"强阵地""促学习""重总结"，建构由虚到实的"三三三"原则。刘锦森等人指出在地方人大工作中坚持"三三制"原则，做好人大工作。此外，马倩等人对"三三制"在社区党建中的创新性运用进行了论述，王艳洪在企业党建中引入"三三制"理念等。

尽管各领域的实践应用多样，问题指向多样，但这些实践应用无一例外都对传统的"三三制"实践模式进行了扩充，为加强基层党建提供了可资借鉴的方法与思路。就高校而言，将"三三三"实践模式用于基层党建无疑具有其合理性与解释力。

二、以"三三三"实践模式助力高校党建的探索路径

"三三三"实践模式与高校基层党建的逻辑契合为其在高校基层党建实践中的应用提供了前提和基础，同时也为新时代高校基层党建实践提供了新路径。以此为模式，高校党建工作应从组织架构、手段方法和目标指向三个层次着手，着力做好以下几个方面的工作，有效促进高校基层党组织"三个作用"

的发挥。

(一) 思维认知层面：充分兼顾三个面向

党建工作是一个需要综合考量、各方协同、群策群力的复杂化、系统化工程。因此，在党建工作中，首先要做到统筹全局、协调各方。就高校基层党建而言，无论是其政治政策生态、高等教育生态，还是其基层党建生态，均是无法逾越的关键要素，对这些生态的考量与把握关乎党建实践的方向、脉搏、切入点和落脚点等一系列问题，构成了党建实践在思维认知层面的基本面向。

对当前和未来一段时间内党建生态的有效研判和精准把握是做好高校党建工作的重中之重。首先是对政治政策生态的把握。政治政策生态是包括高校基层党建在内的所有党建工作共同的生存土壤，是一切党建工作开展的基础。高校党建工作必须始终保持敏锐的感知力与洞察力，同整个国家政治导向及政策方针保持一致，做好高校宣传思想工作，不断巩固马克思主义在各项党建实践中的指引作用。要发挥引领方向、培塑价值、汇聚力量的强大作用，成为党的政策及精神学习的重要基地，成为政策践行的排头兵、领头羊。其次是对高等教育生态的把握。高校的生存与发展离不开对高等教育生态的把握，高校党建应当始终坚持从立德树人的根本原则出发，切实用"四个意识"导航，"四个自信"强基，"两个维护"铸魂，认真贯彻党中央的各项决策部署，落实全国教育大会、全国高校思政会的各项精神，切实把握高等教育发展的脉搏，将各项政策的学习融会贯通到党建实践当中，以党建促政策学习，以党建促生态革新，服务于高水平、双一流高校建设。最后是对基层党建生态的把握。高校基层党建作为整个基层党建的组成部分，必然要对基层党建生态有一个清晰的认识和把握，高校应积极研判基层党建情况，掌握基层党建动向，并充分发挥自身优势，培塑基层党建生态，引领基层党建风气，在基层党建实践中起到示范带头作用。

从政治政策生态到基层党建生态是一个由宏观到具象的过程，共同构成了高校基层党建的生态圈层。唯有正确把握生态，才能及时调整方针政策，唯有认清外部环境，才能不为环境所困，把握主动权，真正将高校党建的引领作用发挥到极致。

(二) 实践主体层面：紧紧依靠三重主体

党建活动离不开党委、党支部与党员个人主体作用的发挥，高校基层党建的顺利开展需要三重主体有效协同、发挥合力，做到三个"充分"。

一是充分发挥党委的政治核心作用。高校党委要加强党的领导，把握正确的政治方向，大力学习和宣传党的理论路线和方针政策，严格执行党的各项决议，教育引导党员干部树立正确的价值观。要加强党委的自身建设，完善工作机制，推进党建工作全面覆盖、有效开展。高校党委要将党建工作同立德树人的根本任务相结合，将党建考核落实到日常教育教学、行政管理、支部建设等各个方面，把党建工作作为各级各部门述职考评的重要维度。要把"两学一做""三会一课"等学习常规化、制度化，并使之成为党员学习和提升政治素养的阵地。严格规范党员管理方法，将是否树立"四个意识"，是否践行"四个合格"作为党员管理的重要指导和参考标准，营造风清气正的党组织环境。

二是充分发挥党支部的战斗堡垒作用。一方面，从制度建设方面促进党支部在高校管理中战斗堡垒作用的发挥。高校应从实际出发，有的放矢，不断健全党建制度，以制度促党建，以党建促管理。明确责任、强化监督，促使党支部在高校的各项发展中发挥战斗堡垒作用。要利用和依靠教研室、实验室等高校特有机构，建立健全党小组，切实发挥党小组在党建实践中的先锋作用。另一方面，全心全意依靠党员群体，服务党员群体，充分调动教工党员与学生党员的工作、学习积极性，激发其主动性与创造性。党支部要善于听取支部同志的意见和建议，发挥好党员群体之间的桥梁和纽带作用，通过形式多样的支部活动，充分凝聚党支部成员的向心力，提升战斗力。

三是充分发挥党员的先锋模范作用。首先是发挥学生党员的带头示范作用。学生党员是高校学生群体中的佼佼者，具有较高的思想政治觉悟，不少人在班级、年级中担任重要职务，其行为举止在学生群体中有着较强的影响力。应当通过建立一对一帮扶、党员服务日、党员风采展示等多元形式，充分发挥学生党员的影响力和引导力。其次是增强教师党员的教育引领作用。教师党员具有"教师"与"党员"的双重身份，应以身作则、身先示范，在基层党组织中肩负起模范带头作用。此外，高校还应充分利用专业门类众多、高素质人才聚集、社会影响力广的优势，抓模范、树典型，做到以点带面，以先进带后进。

（三）工作内容层面：科学联动三个板块

高校党建工作的开展离不开对各项工作的合理规划与严格落实。尤其要科学平衡和有效联动三项工作，即中心工作、常规工作与创新工作。

具体而言，常规工作是基底，影响着稳度。党的二十大提出，"各级党组织要履行党章赋予的各项职责，把党的路线方针政策和党中央决策部署贯彻落实好",扎实做好基层党建常规工作是贯彻落实党的路线方针政策的关键。高校党建工作必须以常规工作为立足点,通过各类常规工作的开展为党建工作打下坚实的基础,筑牢党建根基。中心工作是核心,影响着高度。高校的运转离不开中心工作的顺利开展,中心工作与常规工作相互影响,二者的配合度直接关乎高校发展的大局,且间接影响着创新工作的成效。具体而言,中心工作要把握常规工作的切实需要,找准切入点和发力点,推动常规工作的不断向前。常规工作要时刻关注中心工作的阶段任务和目标需求,把握高校立德树人根本任务的总方向,推动高水平大学建设进程。创新工作是辅助,影响着广度。在社会开放程度不断提升,高校生态环境持续深化改革,各项发展面临巨大挑战的当下,党建工作必须通过创新走在时代前列,引领高校发展。创新工作同样应与常规、中心工作形成联动,一方面,创新工作应对常规工作进行有效激活,通过形式、内容、方法等方面的创新释放常规工作活力;另一方面,创新工作亦应对中心工作形成有力牵引,借助创新的驱动力为中心工作的开展创造机遇、提供可能,有效展示中心工作的成绩,提升中心工作的立意,丰富中心工作的内涵。

常规工作、中心工作与创新工作的有效联动是高校基层党建得以有效开展并发挥关键作用的重要方面,高校基层党建要有意识地对三项工作进行合理协调与平衡,使三者形成"你中有我,我中有你"的融合统一,做到共谋划、同部署、齐考核,以有效发挥不同板块工作的作用,形成联动与合力,共同服务于高校发展的整体目标。

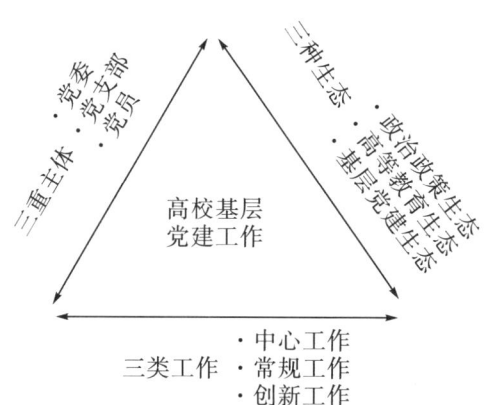

图1 "三三三"实践模式示意图

三、结语

高校基层党建的实效在某种程度上起着为基层党建工作定基调、作引领、树标杆的作用。高校不仅要在增强"四个意识",坚持"四个自信",做到"两个维护"方面发挥示范作用,还要成为马克思主义理论和习近平新时代中国特色社会主义思想的宣传阵地,成为基层凝心聚力、合力攻坚的坚强阵地。步入新时代,高校更应乘风破浪,在党建工作中做出更耀眼的成绩,发挥更大的助推力量,"三三三"实践模式无疑可为推动高校基层党建工作的顺利开展,促进高校基层党组织"三个作用"的发挥提供可资借鉴的进路。

参考文献

[1]《用高质量党建引领一流高校建设》,载《人民日报》,2019年7月9日。

[2] 张锡钦:《"三三制"工作法:高校学生党建工作的探索与实践》,载《山西广播电视大学学报》,2017(4)。

[3] 张良广:《"三三制":机构党建由虚到实》,载《中国社会工作》,2018(22)。

[4]《做好地方人大工作的"三三制"》,载《人民代表报》,2016年6月4日。

[5] 马倩,孙长来:《闸北居民区党建"三三制"探索社区党建新模式》,载《上海党史与党建》,2011(2)。

[6] 王艳洪:《"三三制"提升基层党建工作水平》,载《国家电网》,2011(9)。

[7] 吕健,原甜甜.《习近平关于高校党建工作的重要论述研究》,载《西昌学院学报·社会科学版》,2020(4)。

[8]《让基层党组织成为坚强战斗堡垒》,载《人民日报》,2017年10月24日。

[9]《以基层党建助推高校高质量发展》,载《新华日报》,2022年11月25日。

新形势下文科研究生党建引领就业工作机制探索

郑 格

摘 要：就业是衡量研究生教育质量的重要指标，研究生的党建工作是影响研究生教育质量的关键因素。在就业压力逐渐增大的当下，文科研究生就业面临诸多困境，如何实现文科研究生党建工作与就业工作的有机结合，是新形势下高校教育工作者和党建工作者需要深入思考的问题。本文通过总结分析文科研究生就业困境，梳理文科研究生就业的痛点，探索文科研究生培养过程中"党建＋就业"模式的契合点，以期为文科研究生就业提供行之有效的促进举措。

关键词：文科研究生；就业；党建引领；制度探索

"就业是最大的民生工程、民心工程、根基工程。"习近平总书记在中国共产党第十九次全国代表大会上的报告指出，要实施就业优先战略，实现更高质量充分就业。近年来，随着高校持续深化教育改革，高校就业率取得显著提高。但是，在取得成绩的同时，我们发现，文科学生的就业仍面临诸多问题。相对于本科生而言，就业是文科研究生毕业后的主要去向。促进文科研究生高质量充分就业，是研究生培养的重要目标和最终落脚点。如何以党建为抓手，深入开展促进文科研究生就业工作，是本文想要探讨的主要内容。

一、当前文科研究生面临的就业困境和挑战

（一）研究生招生规模扩大，研究生就业压力增大

近年来，高校研究生招生规模扩大，毕业生数量增加，而就业市场对于人才的需求并未有显著增长，甚至出现人才需求萎缩的情况。文科研究生面临更大的市场与人才竞争压力。

（二）文科人才培养与市场需求之间存在偏差

相对于理学、工学和医学等学科，文科的学科建设不直接具有市场导向性。文科首先以提高基础人文素养作为人才培养目标，各专业课程设置以理论性、知识性能力培养为主，与实践与实操相关的专业课程较少。以"汉语言文学"专业为例，这个专业曾一度被称为"万金油"专业。在以往的就业市场中，各行各业都需要具备写作与行政能力的人才。然而，在快速发展的时代背景下，市场对于具备基础写作能力的人才需求量锐减。与此同时，写作与行政工作所需要的知识与技能可实现难度小，对于其他不是"汉语言文学"专业的从业人员来说，通过一定时间的学习和锻炼，也可以获得基本的写作能力。文科研究生在此方面没有绝对的知识性优势。没有明确行业和岗位导向的文科专业学生，在复杂的市场竞争中处于劣势，这也是文科学生就业率明显低于理工科学生的主要原因。

此外，人工智能时代的到来无疑为高校文科人才培养增加了新的挑战。企业出于减少成本的考虑，势必将推广使用人工智能技术，以取代部分传统人力成本。在此背景下，传统文科研究生培养的方式与市场需求存在一定偏差。高校对于文科研究生的人才培养，注重增强学生的问题导向思维，锻炼学生的学术思维能力。文科研究生的专业实操性较弱，部分文科研究生缺乏实践机会，实践能力较为欠缺。

（三）学生对就业市场了解不够全面深入

一些学生对于国家需求和市场环境了解不够全面深入。随着就业压力增大，文科研究生的就业趋向从以往的多行业、多面向，逐渐转向如今的求稳定。大量研究生在找工作时，首先瞄准考取选调生或有编制的单位，其次再将目标放到相对稳定的央企和国企，民营企业与外资企业对文科研究生的吸引力逐渐降低。在地域上，多数文科研究生选择靠近家乡的省会城市或较发达地区的大城市，少数文科研究生选择中小城市就业。

事实上，大量民营企业与外资企业等对人才需求的缺口较大。中小城市多出现人才短缺的现状，大量本地生源去向大城市就业，人才回流本地动力较弱。文科研究生对于行业岗位的需求与就业市场需求不匹配。学生对考取选调生和"编制"有较大执念，有的学生并不了解自己是否真正适合做相关工作，在择业时忽视了与自己能力和需求更加匹配的岗位和行业。

(四) 文科研究生缺乏与就业市场匹配的综合能力

良好的就业必须能够将个体的自身优势与国家、岗位的需求相契合。但是很多文科研究生在择业时忽略了这一点，有随大流、求高薪，或是求"躺平"的心态。一方面，学生认为，只要完成学校规定的学业要求，例如课程考试达标或发表论文，就能够达到就业所需要的条件。另一方面，学生在选择就业去向时，并不能清晰地对自己进行定位。例如，部分学生对自身兴趣、性格没有进行较为系统的分析，而这种分析关系就业规划与职业匹配度，如果忽视个人兴趣和性格而盲目择业，极可能导致学生就业幸福感与满足感不高，没有良好的内在驱动力支撑就业意愿。同时，学生对自身所具备的能力认识不够深入。学生在专业课程和论文写作等方面所获取的多为知识性技能。通过对比多数企业对目标人才的能力需求可以发现，相较于"知识性技能"，"可迁移技能"和"自我管理技能"更被就业市场看重。"可迁移技能"指的是不针对某一工作，而适用于多种工作的能力，例如良好的人际沟通能力、组织管理能力等。"自我管理技能"则可以体现学生的内在品质，例如坚韧、高效、自律等。而这两项技能往往是文科研究生相对欠缺的，这需要文科研究生在知识学习之外的生活与工作经验中获得锻炼。

二、当前文科研究生党建工作的薄弱之处

(一) 党支部成员组成模式缺乏学科基础

基于文科研究生党建工作的现实情况，文科研究生党支部在成立之初，对支部成员结构的选择性较弱。文科研究生学科和专业分类不同于本科生教育，专业分类较多，各专业下还细分为不同的研究方向。由于部分专业的党员人数过少，不同专业的党员需要集中在同一个支部下开展党支部活动，这样容易造成党支部成员之间专业差距较大，缺乏统一的学科基础，不利于开展基于学科的总体性党建工作。

(二) 党支部建设模式相对单一

多数文科研究生党支部建设模式相对稳定且单一，缺乏学科特色和支部特色。在开展"三会一课"等工作时，未能结合专业和学科特色开展工作。部分党支部在完成基础党建工作后，较少开展与本支部成员相匹配的特色党建活

动，其中，与就业相关的主题工作较为缺乏。

（三）党支部成员互动性弱，缺乏集体凝聚力

多数理工科研究生党支部建设依托专业的实验室，在学科建设和专业研究上具有传承性，有利于就业引导与传帮带互助。相较而言，部分文科研究生党支部缺乏这样的基础，成员之间了解沟通较少，互动性较弱，未能形成较强的集体凝聚力。由于成员间缺乏良好的情感纽带，部分文科研究生党支部无法更高效、高质量地推进党建特色工作的开展。就业探索本就具有较为鲜明的个人特色和选择导向，在党支部集体凝聚力较弱的情况下，更难通过党建引领就业工作。

（四）党支部建设缺乏针对就业的长效工作机制

不同于其他学生工作，就业工作需要较强的专业性与目标导向性，就业工作开展的成效直接影响学生最关切的个人生计与个人成长。因此，就业工作需要建立在行之有效的长效工作机制之上。目前文科研究生的党支部建设过程中，尚缺乏强有力的长效工作机制。开展党建促进就业的长效工作机制建设，是当前文科研究生教育迫切需要落实的工作。

三、党建引领就业工作的重要性

（一）党建引领可以提高就业工作整体站位

党建引领是高校研究生教育的重要方面，基于其引领思想政治教育的重要角色，党建引领有利于提高文科研究生就业工作的整体站位。一方面，可以增强文科研究生对国家的集体责任感，使其自觉以国家需求为就业导向。另一方面，有利于保证思想引领在文科研究生教育中的贯彻落实，以实际工作贯彻"为谁培养人才""如何培养人才"的教育宗旨。

（二）党建引领可以推进就业工作落到实处

文科研究生党支部建设具有较好的稳定性和可执行性，这为党建引领就业工作提供了良好的组织基础和前期积淀。党建引领就业可以极大促进就业相关工作的落实和推进，为文科研究生的整体就业提供坚实的思想基础和政治保障。

四、党建引领就业工作的探索

（一）加强意识形态引领，宣传贯彻落实党和国家关于就业的各项政策

加强社会主义意识形态的引领力，积极贯彻落实党和国家关于高校毕业生就业的相关政策法规文件，对于促进高校、社会和国家的和谐发展至关重要。

高校要加强宣传工作，拓展宣传渠道，利用多种媒介平台，全面宣传党和国家的就业政策。通过丰富多彩的形势教育、学生活动、课堂宣讲等方式，使相关政策深入每一位高校毕业生的心中，让文科研究生深刻理解和认同党和国家的就业政策。同时，高校还需要加强与各级政府部门之间的沟通合作，切实贯彻就业政策，优化高校毕业生的就业环境，确保每一位毕业生都能够实现就业。另外，高校还要积极促进与用人单位以及社会各界之间的密切合作，共同创造更多优质、对口的就业岗位，凝聚起高校和社会各界的力量，共同推动高质量就业工作的开展。

这样的举措不仅有助于解决当前就业形势下的问题，更能够为未来高校毕业生的就业发展奠定坚实的基础。

（二）开展具有新时代文科研究生特色的党支部活动，增强组织凝聚力

在新时代的背景下，研究生党支部活动需要与时俱进，紧密契合当今时代发展的需求，更要深入了解并满足各支部成员的共同需求，以此开展具有新时代研究生特色的党支部活动，从而增强组织的凝聚力。

深入分析了解各支部成员的实际需求是开展活动的前提。作为同处一个集体中的学生，研究生党支部成员在职业发展和个人成长等方面具有多样化的需求。因此，我们需要定期组织调研走访，深入了解、收集支部成员在学术研究、职业发展、就业心理指导等方面的各种需求，并将这些需求进行分类总结，提炼出需要迫切解决的共同需求。

在此基础上，我们以解决支部成员的共同需求为导向，设计并开展形式、内容丰富的支部活动，以吸引支部成员积极参与其中，以加深学生的理论水平，锻炼学生的实践能力。

（三）利用党支部开展网格化管理，扩大党员积极力量的辐射范围

利用党支部开展网格化管理，通过支部委员带动支部党员，进一步将党员的力量辐射到班级各个成员，是增强组织活力和凝聚力的有效途径。

在这一过程中，党支部可以通过合理划分管理单元网格，将各个网格分配给各支部委员，实现精细化的网格化管理，确保每位党员都能充分发挥自身的能力。党员们应该发挥先锋模范作用，以身作则，积极参与支部的各项活动，以此影响和带动周围的学生，形成以点带线、以线带面的良好局面。

通过网格化管理，充分发挥党员的先锋模范作用，不仅可以高效地组织和动员学生，还能有效地增强支部的凝聚力，共同推进支部工作，为全体学生的共同进步提供动力。

（四）加强党支部与各种学生组织的交叉互动沟通，对比分享跨学科求职经验

加强党支部与各种学生组织的合作，尤其是在不同学科、学院的党支部之间进行交叉互动，对于促进学生就业至关重要。这种合作不仅可以促进求职就业经验的比较和分享，还可以最大化利用就业资源。

在当前形势下，学生们在求职过程中除了需要扎实的理论知识外，还需要具备丰富的社会实践经验和具有竞争力的实践技能。党支部作为高校的先锋示范组织，肩负着提升支部成员及全体学生综合素质的重要任务。通过加强党支部与各种学生组织的交流合作，特别是与社团、学生会、班团等组织的交流合作，可以实现就业资源的最大化利用。不同的学生组织拥有不同的经验和能力。例如，研究生会通常具有较强的活动策划和组织能力，而班团则更了解学生个体的实际需求。另外，不同学科及学院之间获得就业信息的渠道和分享的方式也存在差异。因此，通过加强党支部与各种学生组织的合作，特别是在不同学科、学院的党支部之间进行交叉互动，共同策划相关的就业经验分享活动、实践实习等活动，可以有效提升学生对就业形势的全面把握，进而促进就业服务的多元化发展。

2022年6月8日，习近平总书记在四川考察时的讲话中指出："幸福生活是靠劳动创造的，大家要保持平实之心，客观看待个人条件和社会需求，从实际出发选择职业和工作岗位，热爱劳动，脚踏实地，在实践中一步步成长起来。"新形势下，高校教育工作者要以此来引导教育学生，鼓励学生登上时代

的舞台,去广阔的天地实现自己的人生价值。要加强党建引领文科研究生的就业工作,将就业这一关系民生福祉的工作切实落到实处,以帮助文科研究生在多重就业压力下成功应对挑战,实现自我价值。

高校院系以高质量党建引领事业高质量发展的实践路径探索

陈 羲

摘　要：高校基层党组织是党在高校全部工作和战斗力的基础，承担着在高校宣传贯彻落实党的路线、方针、政策的重要职责。在新时代背景下，探讨高校院系以高质量党建引领事业高质量发展的实践路径，具有重要的理论价值和现实意义。本文从三个方面展开实践路径的探索：首先，积极打造"一流班子"，提升领导班子履职能力，引领高质量发展的正确方向；其次，着力创建"一流组织"，促进基层组织建设提质增效，凝聚高质量发展的强大合力；最后，聚焦培育"一流队伍"，激发人才的积极性和创造力，推动高质量发展落地见效。这些路径的实施，旨在将党的政治优势和组织优势转化为推动高校院系高质量发展的强劲动能。

关键词：高校；院系党建；高质量发展；实践路径

党的二十大报告明确提出，"高质量发展是全面建设社会主义现代化国家的首要任务"，要"增强党组织政治功能和组织功能"，"把基层党组织建设成为有效实现党的领导的坚强战斗堡垒"。这些重要论述突显了基层党组织在宣传党的理论、贯彻党的决策、引领基层治理中的重要作用，为深化基层党组织建设提供了方向指引和根本遵循。高校基层党组织是党在高校全部工作和战斗力的基础，承担着在高校宣传贯彻落实党的路线、方针、政策的重要职责。在新时代背景下，探讨高校院系以高质量党建引领事业高质量发展的实践路径，是全面贯彻党的教育方针，推动教育事业高质量发展，落实为党育人、为国育才初心使命的具体体现，具有重要的理论价值和现实意义。本文即围绕"一流班子、一流组织、一流队伍"三个方面展开实践路径的探索。

一、强理论、实担当，提升领导班子履职能力，引领高质量发展方向

（一）加强理论武装，提高政治素质

加强理论学习是党员领导干部的必修课。通过系统深入学习党的最新理论成果、政策文件，能更好地理解和把握党和国家的路线方针政策，洞悉高等教育的发展规律和趋势，提升高校治理能力和管理水平，保障高质量发展的正确方向。高校院系领导班子应持之以恒地运用党的创新理论凝聚共识、振奋精神，深入学习贯彻习近平新时代中国特色社会主义思想，以"一流班子"建设为重要抓手，严格落实"第一议题"制度，通过举办理论中心组学习、专题读书班、党委会会议等多种方式，持续深化理论学习，不断提升政治判断力、政治领悟力和政治执行力。同时，要切实将习近平新时代中国特色社会主义思想落实到管党治党、办学治院的实践中去，融入学科建设、人才培养以及教学科研的各个环节，全面推动习近平新时代中国特色社会主义思想"进教材、进课堂、进头脑"，在内化、深化、转化上聚力用劲，发挥实效。

（二）优化班子分工，激发干事活力

通过优化分工、明确职责，明确领导班子成员在高校院系高质量发展中的角色与责任，增强责任感和使命感，激发创新精神和奋斗精神，同时更好地协调配合，形成合力，构建高效协同的领导班子运行机制。高校院系要持续加强以人为本以清正廉洁为理念、精诚团结、攻坚克难的领导班子建设，并对领导班子分工进行适时的优化调整，确保各项工作的顺利执行与有效落实。遵循党政集体领导、分工合作、共同负责的原则，建立健全院系党委会会议和党政联席会议的议事决策制度，明晰各自的议事范围，规范议事流程，细化议事清单，以实现党与政的权责明确、决策科学、各尽其责，保证党委在事业发展中"把方向、管大局、作决策"的政治核心和政治引领作用得要充分发挥。同时，加大对优秀年轻干部的培养力度，在事关院系发展的"三重一大"事项决策中，广泛听取年轻干部的意见与建议，为他们提供更多学习与锻炼的机会，激发其干事创业的活力，为院系事业高质量发展提供坚实的领导力量。

（三）强化制度执行，压实责任担当

强化制度执行是保障组织高效运作的关键，通过明确制度规定、严格监督执行，确保各项决策落到实处。聚焦高质量发展必须观大势、谋大局、抓大事、挑大梁，切实履行责任担当，不折不扣落实好执行高质量发展的各项举措部署。高校院系领导班子要有力有序强化制度执行，结合《中国共产党普通高等学校基层组织工作条例》要求，坚持以制度建设为抓手，层层落实责任、传导压力，建立院系党委书记亲自抓、分管领导直接抓、班子其他成员配合抓、党支部书记具体抓的党建工作格局。牢固树立"把抓好党建作为最大的政绩"的认识，进一步完善院系党委会会议、党政联席会议制度，确保会议的高质量和高效率。对于涉及院系人才培养、师资队伍建设、学科发展等领域的重大议题，以及师生思想政治工作的重要事项，院系党委应先行审查把关，审慎研究决策。要落实意识形态工作责任制，落实"党委抓课堂"主体责任，严把政治关，筑牢思想建设阵地、意识形态阵地、课堂培养阵地、校园文化阵地，确保各项工作的正确方向和健康发展。

二、建工程、育"头雁"，促进高校院系党组织建设提质增效，凝聚高质量发展合力

（一）"铸魂"工程持续深化理想信念教育

"铸魂"工程旨在紧扣时代步伐，创新课堂设置，重点抓好理想信念教育、宗旨教育和作风教育，注重发挥模范精神，提升学习教育的时代性和实效性，引导广大党员守初心、担使命。高校院系党组织要持续强化思想引领，加强理论武装，坚持不懈用习近平新时代中国特色社会主义思想凝心铸魂，引导全体师生深入学习党的二十大精神，并运用党的二十大提出的新理论、新思想、新方法指导事业改革发展的具体实践。应强化政治意识和大局观念，深化理想信念及党史党性党风教育，增强基层党组织的战斗力和凝聚力，激发人才队伍的内生动力，从而汇聚起推动院系各项事业高质量发展的强大合力。

高校院系党组织要切实将党的工作重心下沉至支部，持续推进教师党支部书记"双带头人"培育工程，选拔党务上有能力、业务上有建树、师生中有影响的教学科研骨干担任党支部书记，以"头雁示范"带动教工支部党建和教学科研工作双轮驱动、双效提升，形成"头雁领航、群雁齐飞"的"雁阵效应"。

同时，坚持思政领航，加强师德师风建设，引导广大教师时刻以习近平总书记关于"三个牢固树立"、"四有"好老师、"四个引路人"、"四个相统一"的重要指示批示为指导，自觉践行以德立身、以德立学、以德施教、以德育德，树立事业发展人人有责的主人翁意识，展现敢于担当、积极作为的精神风貌。此外，应大力开展支部联建特色党建活动，组织党建工作相关的理论研究与实践探索，通过互学互鉴、理论结合实际的方式，进一步夯实理想信念教育的基石。

（二）"融合"工程聚焦党建与事业发展齐头并进

"融合"工程作为新时代党建工作的创新实践，聚焦于实现党建工作与事业发展的融合发展，致力于将党员的理想信念转化为推动事业发展的具体行动，使党建工作成为驱动各项事业发展的强大动力。通过将党建与教学科研、学风建设、社会服务等多个方面深度融合，进一步发挥基层党组织的"战斗堡垒"和党员个人的"先锋模范"作用，实现党建与事业发展同频共振、同向发力。

高校院系党组织要将党建与事业发展"一融双高"纳入整体战略规划，"党政一盘棋"，共谋未来发展。依托多学科交叉融合路径，积极构建"党建+"协同工作模式，力求在学科建设与评估、高水平师资队伍建设、重大科研项目与成果产出、人才培养等核心内涵建设上取得显著突破，并在对外合作平台拓展、智库建设及公共政策服务等方面实现办学资源外延的新发展。在实施过程中，应坚持示范引领，以争创全国党建工作标杆院系和样板支部为目标，持续强化基层党组织政治功能，以质量攻坚为驱动力，以提升组织力为重点，以实现"一融双高"为落脚点。精准把握党建与事业发展的结合点、共鸣点和关键点，深入实施"对标争先"建设计划。同时，要实现统筹规划与分步实施相结合、整体提升与品牌塑造相结合，积极探索党建与事业发展深度融合的新路径，不断提升党建引领和服务事业发展的能力水平，凝聚起推动高质量发展的强大合力。

（三）"创新"工程致力党建引领文化传承创新

文化传承与创新是高校的历史使命，也是新时代高校党建工作的必然要求。党建引领文化育人是坚持党的文化领导权的体现，能够强化党在高校意识形态领域的领导地位。在新时期，必须牢牢把握党在意识形态领域的领导权、管理权、话语权。

高校院系要心怀"国之大者",以提升国家软实力为出发点,深入推进基层党组织建设。应着力打造具有鲜明校园特色的文化品牌,将文化传承与创新融入师生喜闻乐见的各类活动中,例如,利用支部"三会一课"开展关于文化传承与创新的专题宣讲和深度研讨,邀请业内权威专家学者进行学术创新交流,鼓励党员带头举办专题学术会议、申请创新研究课题,对习近平文化思想进行深度解读和阐释。同时,积极组织支部联建活动,开展学科交叉研究,并借助网络多媒体平台广泛宣传并弘扬中华优秀文化,促进中华文化的全球传播与数字融合。在此过程中,应紧密结合院系学科特色,充分发挥学科优势,以特色品牌活动为载体,融入中华优秀传统文化和中国特色社会主义现代化建设的内容,并利用文化品牌效应推动各项事业发展取得新突破,进而提升党建文化建设的整体质量。要发挥文化潜移默化的辐射和渗透作用,牢牢掌握高校文化建设的主动权,帮助青年学生在优质的校园文化氛围中提高道德素养,树立正确的价值观,坚定社会主义理想信念。

三、树先锋、践宗旨,激发队伍内生动力,推动高质量发展落地见效

(一)树立先锋榜样,引领高水平队伍建设

"功以才成,业由才广。"要坚定不移地强化党对队伍建设工作的组织领导,在集聚事业高质量发展所需的人才资源上下功夫。高校院系党组织要充分发挥其人才联系与管理服务的核心职能,育好人才、用好人才;强化高校院系党组织对优秀人才的吸纳能力,引进人才、留住人才;通过高校院系党组织的人才选拔与激励机制,辨识人才、管好人才。同时,要加强高校院系党组织的价值导向和文化引领作用,借助党组织的宣传教育、先进党员的示范效应以及领导干部的带头作用,在全体师生间树立正确的价值导向和行为准则,激励师生将个人发展与院系发展紧密结合,共同汇聚起推动高质量发展的人才力量。在此过程中,尤其要重视发挥高层次人才在师资队伍建设中的先锋模范作用,通过实施"以才引才"的策略,吸引更多国内外优秀人才。针对院系学科发展及重大文化工程的实际需求,调整高水平师资梯队建设策略,聚焦"关键增量",从"国内知名学者、中青年骨干、国际知名学者"等三个层次实施精准引才,以期实现"顶尖人才有突破、领军人才有若干、优秀青年人才一大批"的队伍建设目标。

（二）践行服务宗旨，精准施策，助力青年教师成长

高校院系党组织要始终践行服务宗旨，将助力青年教师成长作为党建工作的重要内容。高校院系党组织应定期召开青年教师发展座谈会，倾听青年教师的意见和建议，了解他们的需求和困难，并及时提供政策解读和职业规划指导，同时，针对性地制定一系列推动青年教师成长的措施，并逐一付诸实践。此外，还需高度关注辅导员队伍的建设与发展，制订详细的辅导员队伍建设规划，充分发挥年轻的辅导员在提高人才自主培养质量和推动院系高质量发展中的重要作用。秉持以学生为根、以育人为本的理念，选聘优秀青年教师担任辅导员，落实"高标准选聘、系统性培训、全过程考核、多元化发展、多维度保障"建设举措，打造一支与高质量发展相适应的新时代辅导员队伍。从而有效激发青年教师的内在潜能，推动其稳健、快速地成长，为院系的全面发展注入新的生机与活力。

（三）优化人才评价体系，探索多元发展渠道

为了充分激发教师队伍的内在动力，高校院系必须不断优化评价体系，并积极探索多样化的人才成长路径。院系需与学校相关部门紧密合作，组织教师培养与发展专题调研会，深入剖析不同学科人才发展的独特规律，认真梳理、分析、研究各年龄段教师发展的制约因素。在此基础上，会同学校相关部门共同构建一套契合院系学科特点的、科学合理的评价体系，以促进人才的个性化发展和队伍的多元化构成。此外，高校院系还应加强对人才的政治引导与政治吸纳，解决人事政策中可能存在的"一刀切"问题，确保政策的灵活性与适应性。从而有助于在教师队伍中营造一个公平竞争、学术自由的良好氛围，进一步激发各年龄段教师人才的创新活力与持续发展动力。在这样的环境中，教师们将更加主动积极投身于教学科研工作中，不断提升自身的专业素养与综合能力，为院系的高质量发展做出实质性贡献。

总之，高质量发展已成为时代的主题，高校院系必须深刻领会把握新时代新形势下党建工作的新任务和新要求，以党的二十大精神为指引，深耕"围绕发展抓党建、抓好党建促发展"，不断提高党的建设质量，以高质量党建引领推动院系事业高质量发展，切实落实好立德树人根本任务，为全面建设社会主义现代化强国提供有力支撑。

参考文献

[1] 刘素贞：《新时代提升高校基层党组织组织力探析》，载《思想理论教育》，2021（11）。

[2] 黄宝印，陶好飞，蔡永明：《高质量党建引领高校事业高质量发展：价值意蕴、评价探索及实践进路》，载《思想教育研究》，2024（5）。

[3] 周坚：《在深度融合中以党建引领高校事业高质量发展》，载《国家教育行政学院学报》，2021（10）。

[4] 滕建勇：《新时代高校党建高质量发展的思考与探索》，载《思想理论教育》，2021（2）。

[5] 黄宝印，孙晓霞：《以高质量内部治理推动实现大学高质量发展》，载《北京教育（高教）》，2024（1）。

空间建构理论视域下红色文化传承与研究生思政教育的优化路径探索*

雷子慧

摘　要：红色文化的传承离不开空间维度。基于空间建构理论视域，本文从物质、精神、社会三个层面对四川大学红色教育基地的构建进行了详细论述，发现红色文化传承的物质空间呈现出弹性封闭的特征，精神空间强调杰出校友的示范引领作用，社会空间辐射范围广泛。同时，本文指出了在高校研究生群体中开展红色文化传承存在的不足，具体表现为红色育人主题单一的差异化解读、辩证认识新媒体技术的育人功效还不够、育人语态多级分化难以形成价值共鸣。因此，深度把握红色育人主题的内涵与外延、高效融合新媒体技术和红色文化育人资源、创新重塑语态表层与精神内核，是有效传承红色文化、优化研究生思政教育的重要路径。

关键词：红色文化；空间；研究生；思政教育

一、引言

党的十八大以来，以习近平同志为核心的党中央高度重视红色文化，反复强调要用好红色资源、赓续红色血脉。[①] 红色文化是中国共产党领导的中国人民在革命、建设、改革过程中创造、积累的丰富精神财富，是中国文化不可或缺的重要构成部分，具有深厚理论价值和强大精神力量。正因如此，红色文化资源是高校开展思政教育工作的重要文化资源。然而红色文化的沉淀速度如何更好地适应社会的更新与变革，已经成为高校在思政教育工作中亟待攻克的难点，提高红色文化传承的有效性势在必行。

---

* 本文受到"四川大学中央高校基本科研业务费研究专项项目（项目编号：sksz202325）"资助。
① 周峥，张玉菡：《用好红色资源 凝心聚力奋进新征程》，载《红旗文稿》，2023（11）。

研究生作为国家储备人才，是新时代助力国家发展的主力军，担负着传承红色文化、赓续红色血脉、建设中国特色社会主义的历史使命。而红色文化的传承需要以空间作为凭借和依托。1974年，法国学者亨利·列斐伏尔在其著作《空间的生产》中阐述了空间的"三位一体"辩证法，将空间生产表达为空间实践、空间表征、表征空间三元形态[①]，分别对应着物质、精神和社会三个空间。其中，物质空间亦可被称为社会实践的空间（空间实践）；精神空间涵盖逻辑抽象与形式抽象，也被称为感觉现象所占有的空间（空间表征）；社会空间则是逻辑-认识论的空间（再现性空间）[②]。

四川大学高度重视红色文化传承，通过对校园空间的有效建构，精心打造红色教育基地，赋予其浓厚的红色文化氛围和鲜明的意识形态引领价值。本文基于空间建构理论视角，以四川大学红色教育基地为例，分析红色文化传承的现状及存在的不足，旨在对新时代背景下高校研究生思政教育的创新引领加以探究。

二、研究生思政教育的价值诉求与红色文化及"空间建构"的内在耦合

空间建构所暗含的"物质、精神和社会"三重空间，是文化传承的重要情景化载体。在公共硬件设施齐全的基础上，高校必须深度挖掘与持续发挥红色文化传承空间的育人功效。而对于这一效果的优化提升而言，高校研究生思政教育工作者应当进一步聚焦价值诉求，消弭人们对空间感知的模糊性，特别是通过打造红色教育基地的方式，进一步建构具有清晰场景特征的红色文化空间，夯实校园红色文化传承阵地。

（一）新时代研究生特点

1. 生源类型多元化

研究生的生源类型丰富，除本科应届毕业生外，还包括参加工作后想继续深造的社会人员，年龄跨度较大，生活背景、学科领域、工作经验及社会阅历差距悬殊，因此不同研究个体所呈现的差异显著。

[①] 列斐伏尔：《空间的生产》，北京：商务印书馆，2021。
[②] 赵海月，赫曦滢：《列斐伏尔"空间三元辩证法"的辨识与建构》，载《吉林大学社会科学学报》，2012，52（2）。

2. 思维方式个性化

研究生群体具有独立的思考能力和判断力，已经形成了较为稳定的世界观、价值观，对思政教育过程中阐释的内容、运用的手段、载体等拥有独特的个人观察视角和见解，单纯的灌输式教育不适用于对研究生的培育。同时，以95后为主力军的他们堪称网络世界的"原住民"，网络已渗透到研究生日常生活学习中。在此过程中，网络社会思潮、网络舆论、网络学习、网络政治参与和网络道德等将对研究生群体的思想政治教育产生影响。

3. 学习生活独立化

与本科生不同，研究生的教育教学组织方式以导师培养制为主，二级学院培养为辅。在完成研究生一年级的专业课程学习之后，在导师的指导、教育、监督下，研究生群体主要以课题组为依托进行专业实习、科学研究、成果梳理等日常性工作，发表高水平学术论文、谋求心满意足的工作岗位成为研究生个人价值的主要实现途径。班级、学院为主导的团体行为、团体活动较少。

（二）高校红色文化及其"空间建构"需要价值认同

身处空间中的行为主体，受环境空间文化氛围的熏陶而得到情景的升华。新时代背景下，高校既重视"建筑及景观"的建设，亦密切关注"师资力量、学风建设、校园文化"的升级，还要注重社会责任与担当。高校红色文化是特殊的育人载体，针对上文论述的新时代研究生具有思维方式个性化、学习生活独立化的特点，定期开展红色文化教育活动是引领记忆重塑、建构认同的有效途径，可以用先进的红色文化感染学生，充分发挥红色文化的道德教化和社会主义核心价值观培育作用。

（三）高校思政教育需要情景体验

红色文化是推进高校思政教育的重要资源。思政教育是在实践的基础上逐步形成和发展的，为了促使红色文化思政教育价值充分发挥，增加正效应，开展有效实践是实现红色文化资源合理运用的关键。基于红色文化的历史发生环境与当下高校学生所处环境在时空场景上存有差异的事实，红色文化育人的时效性、持久性都有提升空间。由此，作为体验与实践发生空间的红色文化场所，只有进一步内化为精神空间，且与社会核心价值导向紧密配合，才可激振红色文化育人的充沛能量。

综上所述，从校园空间情景角度出发，高校学生在参观红色教育基地的过程中,接收了红色文化空间中符号和信息,将外在的文化符号内化为自身的意识形态认同,并基于亲身体验,进一步将意识形态认同外化为实际行动。

三、弹性封闭的红色文化传承物质空间

物质空间是空间最基础的维度,一般表现为空间最基本的属性(包括大小、形状、分布等客观物质属性),是空间中行为主体形成意义空间的情感和认知来源。为更好地传承红色文化,四川大学红色文化教育基地在物质空间规划上体现出弹性封闭的特点。

封闭性是当前多数高校校园内红色教育基地在物质空间设置方面的显著特征。与其他类型的红色教育基地不同,校园内的红色教育基地因其独特的地理位置和受众群体,无法处于完全开放的状态。为了保障校园内师生的人身财产安全,也考虑到场地空间的可容纳能力,校园红色教育基地管理人员需要通过设立校园内刷卡式门禁、来访登记的形式,调控每日到访人数。因此,校园内红色教育基地的参访者大部分是本校的师生。[1]

封闭性虽然在一定程度上方便了制度的执行,但也造成了高校与高校之间、高校与外部环境之间的交流不足,使得红色文化传承的内容与形式缺乏吸引力。但高校中的研究生群体思维活跃,社会交往的需求较高,过于刚性的封闭会带给学生较强的束缚感,不利于其主观能动性的发挥。因此,需要打造一个相对弹性的红色文化传承物质空间。如,周期性地设置"江姐纪念馆开放日""四川大学博物馆研学活动"等。

四、校友领航的红色文化传承精神空间

精神空间强调人们在物质空间中的生活和行为方式赋予物质空间以意义形式,主要包括符号象征系统、精神价值理念和文化知识等[2]。四川大学红色教育基地中,陈列了一批具有代表性的红色校友的事迹,将他们的生平事迹与红色文化的精神内核和当代价值相结合,集成涵盖人物、事件、文物、遗址、精神的红色资源索引,丰富了红色文化传承的精神空间。

---

[1] 王寓凡,杨朝清:《空间视域下高校学生社区情感共同体建设》,载《中国青年研究》,2019(2)。

[2] 马双双,岳冠妤,唐萌萌等:《红色档案文化空间构筑路径探析》,载《档案学通讯》,2024(1)。

校友与在校学生之间拥有一脉相承的文化渊源与无法割舍的同脉学缘，校友榜样集精神教育和实践教育于一体，具有强大的说服力和感染力[①]。四川大学培养了一大批杰出人才，包括开国元勋朱德、著名作家郭沫若与巴金、革命烈士江竹筠（江姐）、无产阶级革命家和教育家吴玉章和四川早期马克思主义传播和研究先驱王右木等。在校史展览馆、革命英烈事迹陈列馆内陈列着他们的生平事迹，还原了他们在校期间的生活学习场景。

校友资源是高校人才培养成果的真实写照，也是高校取之不尽用之不竭的育人资源。为了最大限度地发挥校友的示范引领作用，四川大学通过创设"吴玉章学院"、成立"江姐班"、创作排演红色诗意话剧《待放》等形式，多维度呈现校友榜样的故事。其中，《待放》以新颖的艺术视点、灵动的表现手法，通过跨越时空、直面交流的方式，饱含深情地展现了江姐"来川大、在川大、别川大"的三个过程，借此召唤青年学子应具备正确的价值定位和理想信念。

五、辐射范围广泛的红色文化传承社会空间

社会空间是指一定场域中个体之间社会关系的空间结构，表现出空间的广延性和伸展性。它既包括社会关系的性质、内容，还包括个体之间的社会地位、角色等空间位置，强调作为主体的人的参与，使得空间内外的个体之间达成意义的交流。高校红色文化传承的主体是由一个个独立的，来自不同社会环境、社会阶层的学生组成的，这些传承主体构成了一个社会空间[②]。

在高校，为了真正实现学生群体在红色精神学习中获得高度认同，红色文化传承的生命线可以具化为纵、横两条连线。就纵向层面而言，可以立足红色教育基地这一记忆点，形成班团（党支部）—学院—学校—其他高校的纵向教育宣传延展模式，以学院为起始点，联动学工部、团委、宣传部等多部门。横向层面可进一步细分为两条支线：一是以红色教育基地红色文化为桥梁，促进跨学科、跨专业的交互合作探索；二是实现与社会各界的红色资源的连线，打造整合式、立体化的红色资源地图空间。这是红色文化传承教育的点睛之笔，强调扩宽红色文化社会影响及辐射的范围。

为最大限度地扩大红色文化的辐射范围，四川大学依靠媒介宣传、出版专

---

① 盖逸馨，邢林艳：《校友资源协同高校"三全育人"发展研究探析》，载《思想理论教育导刊》，2020（2）。

② 王寓凡，杨朝清：《空间视域下高校学生社区情感共同体建设》，载《中国青年研究》，2019（2）。

题出版物、专家解读等形式，利用各种渠道、平台、手段，引导高校受众群体重塑记忆，建构认同。譬如"百校研究生颂百年——庆祝中国共产党成立100周年网络接力学习'四史'活动启动仪式"采用线下活动和线上直播相结合的方式，受到了诸如新华社等官方主流媒体的报道，浏览量超30万。致敬建党百年，纪录片《红梅花开》上线"学习强国"平台，播放量超100万。

六、研究生思政教育的优化路径探索

（一）当前存在的不足

1. 红色育人主题单一的差异化解读

红色教育基地内展出的红色文化素材，以革命战争时期的先烈事迹为主。

部分研究生表示在新时代背景下，社会发展主题由革命转向发展、建设、改革等范畴，党领导人民群众在深化改革、开展社会主义现代化建设过程中诞生的"新"红色文化资源，是亟待发掘的红色育人主题，并且因其诞生的场域、时间更贴近当代研究生，更容易被接受。所以，在开展红色文化育人过程中，如何契合研究生内心世界成长的需要，从而丰富单个主题的新外延，也是红色育人研究的一大重点所在。

2. 辩证认识新媒体技术的育人功效显得不够

大数据、全媒体融合时代，传播的信息种类及数量激增。灵活运用新媒体技术一方面能够使受众在较短的时间范围内方便快捷地获取红色文化知识；另一方面可快速拓宽红色文化的传播渠道，让场所空间表达更加立体化，受众群体在沉浸式体验的场景中接收红色文化知识。这是新媒体技术的育人的优势，但同时其问题也不可忽视，集中表现为红色文化的传播方式与数字媒体相结合，可能会导致传播信息生命周期短、更替快、内容碎片化及同质化。这将导致受众群体对红色文化的认识较为肤浅，局限在"走一段长征路、吃一回红军餐、唱一首红歌"等外在形式上，难以领悟到红色文化的本质内涵。

3. 育人语态多元分化难以形成价值共鸣

一方面部分受众群体认为：与其他学科的教育话语不同，红色文化育人的话语体系应呈现出显著的政治导向力、鲜明的思想引领力以及强烈的精神感召力。因此，无论是官方、精英主导，还是民间、自媒体的集体记忆书写和阐释，都应采用宏大叙事，以事实为基础，客观、理性地描述历史发展脉络，用严谨、真诚的态度表达强烈的敬畏之心；另一方面，在新媒体时代的语态变革中，"卖萌""接地气""年轻态"等新时代语态受到部分 90 后、00 后群体的青睐，在虚拟及真实的社交场景中，他们惯用"年轻""幽默诙谐""卖萌"语态进行沟通交流，渴望获得关注，增加互动的机会。① 在红色文化资源育人过程中，他们对传统的思政教育话语体系反响平平，认为其缺乏"共情"，脱离话语受众的生存体验和心理需求。

（二）路径优化

1. 深度把握育人主题的内涵与外延

"改革创新精神""脱贫攻坚精神"是红色文化顺应时代潮流，不断创新和发展的必然产物，也是在深入学习及领悟传统红色文化内涵的基础上，在实践层面有机融合、不断延伸的必然结果。无论是传统红色文化，抑或是新时代红色文化，均蕴含着独特的精神引领价值，能为受众群体提供持续的精神动力。红色育人主题的单一性影响了思政教育的有效性，而这种情况并非是无法避免的。本文认为，以单一主题为中心，精雕细琢打造经典红色品牌，建构独特的红色记忆，是有效破解红色育人主题形式单一、缺乏吸引力的局限与劣势的最优选择。

基于此，思政教育应进一步从研究生群体的学习和生活实际出发，紧密结合国际、国内社会发展过程中出现的热点问题和重大事件，尤其是要把从国内热点事件中凝练出来的红色精神如大国工匠精神等当代精神文化协同融入红色育人过程中。

2. 高效融合新媒体技术和红色文化育人资源

习近平总书记在全国高校思想政治工作会议上的讲话中强调："要运用新媒体新技术使工作活起来，推动思想政治工作传统优势同信息技术高度融合，增强时代感和吸引力。"② 红色文化育人也应该把握时代发展的脉搏，实现互联网新媒体与红色文化资源的深度融合。在此融合过程中，应坚持"内容为主，技术革新为辅"的原则。首先，对碎片化的红色资源进行有效整合，精选策划，选取贴近生活、贴近受众、逻辑结构严密、意义深远的红色文化素材；其次，要深度挖掘隐藏于人物和事件背后的细节，做到以细节打动人；再次，

---

① 彭兰：《新媒体时代语态变革再思考》，载《中国编辑》，2021（8）。
② 习近平：《把思想政治工作贯穿教育教学全过程开创我国高等教育事业发展新局面》，载《人民日报》，2016－12－09。

还要深入思考如何实现多角度切入,深层次把握历史图景中的经济、社会、生活脉络和人物思想状态,并充分激发学生自主学习研究的热情;最后,遵照形式搭配原则,在优质文化素材的基础上,运用新媒体技术以喜闻乐见的形式进行完整、准确及全面的呈现,创造出烙有中国时代特色的精品红色文化展播作品,这样既能避免内容的冗长枯燥,又能直击教育客体的心灵,打动人心。

3. 创新重塑语态表层与精神内核

诚然,语态的变革与人格化转换是在新的传播环境下呈现的新兴特点。譬如"为党打CALL""觉醒年代YYDS"等新话语的应用,更多是创新性实践的外在表现范畴。而从某种程度上来说,也恰恰是顺应新时代媒体环境新形势、新变化探索之必然。基于此,语态表现背后所蕴含的红色文化内涵,即语态表层与精神内核的有机重塑与交互融合,才是新时代构建红色文化认同的关键。红色文化教育应当是一个相互对话的过程,需要一个实现有机交互重塑的对话空间。因此,多维集成的空间场所是使红色文化资源不囿于话语、物质等表层形式的矛盾与纠结,从而实现红色血脉赓续与传承的最佳接口。

新时代文科博士研究生党支部建设实践探析

黄书霞

摘 要：在新时代"双融双促"的背景下，如何将博士研究生党支部建设成果有效转化为学生的业务能力和科研实力，以及如何加强研究生党支部的建设并发挥其作用，成为目前支部建设需要深入思考的问题。本文以四川大学文学与新闻学院博士研究生党支部为例，分析了支部建设面临的三个方面的问题，并总结了四个方面的实践路径。

关键词：研究生党支部；思政建设；协同育人

一、引言

研究生教育是我国学位教育体系中的关键构成部分，承载着培养高层次人才和推动创新的重任，是国家持续繁荣和社会稳步发展的坚实基石。随着高等教育逐步走向大众化和普及化，我国研究生培养规模持续扩大，呈现出蓬勃发展的态势。根据教育部公布的相关数据，2023 年全国共招收研究生 130.17 万人，比上年增长 4.76%。其中，招收博士生 15.33 万人，比上年增长 10.29%；招收硕士生 114.84 万人，比上年增长 4.07%。在学研究生 388.29 万人，比上年增长 6.28%。其中，在学博士生 61.25 万人，比上年增长 10.14%；在学硕士生 327.05 万人，比上年增长 5.59%。① 四川大学文学与新闻学院目前在读博士研究生 333 人，其中党员 155 人，党员占比 46.5%，党员群体是博士研究生群体的中坚力量。习近平总书记强调："处理好党建和业务的关系，坚持党建工作和业务工作一起谋划、一起部署、一起落实、一起检查。"② 在此背景下，党建与业务的深度融合成为一项基础稳固、常态运行且

---

① 《教育部：稳步扩大研究生人才培养规模》，参考网址：http://www.moe.gov.cn/fbh/live/2024/55831/mtbd/202403/t20240301_1117751.html，2024－05－09 访问。

② 习近平：《在中央和国家机关党的建设工作会议上的讲话》，载《求是》，2019（21）。

长期持续的关键任务。如何促进党建工作与业务工作深度融合、互相促进，是党支部建设亟须思考和解答的问题。为确保以系统思维推动党建工作和业务工作深度融合，结合高校学生党支部的实际情况，我们需要明确把握党建与业务之间的内在联系，不断促进党建与业务融合发展。

二、"双融双促"背景下高校研究生党支部的建设要求

"双融双促"要求将党建工作与业务工作置于同等重要的战略高度进行统筹考虑，以更好地发挥党建工作在研究生教育中的引领作用。各高校基层党支部应充分认识到，统筹党建和业务工作对于加强党对高校的领导、加强和改进高校党的建设、落实立德树人根本任务，以及培养德智体美劳全面发展的中国特色社会主义事业合格建设者和可靠接班人，具有重要意义。

（一）提升党建引领力

提升党建引领力是"双融双促"背景下各高校研究生党支部建设的基础要求。一方面，研究生党支部应加强学习教育，不断提升研究生党员的思想政治素质和党性修养，引导他们树立正确的世界观、人生观和价值观。另一方面，研究生党支部还应积极组织丰富多样的主题活动，以加强党员之间的交流和互动，促进共同进步，引领学生全面成长成才。

（二）强化生涯规划指导

强化生涯规划指导是"双融双促"背景下各高校研究生党支部建设的重要抓手。研究生党支部应强化生涯规划指导，关注研究生的个体差异，帮助他们根据自身兴趣和特长制定个性化的生涯规划，明确职业发展目标和路径。同时，研究生党支部可以组织职业规划讲座、实践活动等，以引导研究生提升就业竞争力，助力他们实现个人价值和职业成就。

（三）加强科研创新能力培养

加强科研创新能力培养是"双融双促"背景下各高校研究生党支部建设的重点工作。研究生党支部应积极鼓励研究生参与科研项目，以此提升他们的科研能力和创新意识。支部可以通过组织科研交流会、学术讲座等活动，进一步促进研究生之间的学术交流和合作，从而培养他们的团队合作精神和创新思维。

简言之,"双融双促"背景下高校研究生党支部的建设要求主要包括提升党建引领力、强化生涯规划指导和加强科研创新能力培养。通过不断完善支部建设,高校研究生党支部能够更有效地引领研究生在学术、思想和职业发展方面取得更大成就,为培养具有国际竞争力的高水平人才做出积极贡献。

三、文科博士生研究生党支部面临的问题

2024年3月,中共四川省委教育工作委员会公布了首批新时代四川高校党建示范创建和质量创优建设单位的验收成果,其中四川大学文学与新闻学院党委入选为四川省党建工作标杆院系。四川大学文学与新闻学院在党建工作上取得了显著成效,但基层研究生党支部建设仍面临一些问题,这些问题主要集中在学生学业压力与党支部活动参与度之间的矛盾,以及理论学习与实践运用之间的矛盾。具体有思政教育培养效用不高、组织活动创新动能僵化、组织生活参与热情不高三方面问题。

(一)思政教育培养效用不高

高校对研究生的科研能力和创新能力提出了更高的期望,尤其是在研究生评优、评奖、求职等环节中,学术科研成果对上述环节的影响较大。因此,博士生科研压力与日俱增,博士研究生党员中"重科研业务,轻理论学习"的现象明显,存在"重智育,轻德育"的问题[①]。研究生党员往往将更多的精力投入专业学习、科研业务中,而相对忽视了最新的前沿时政学习,导致理论学习不足,呈现出思政教育培养效能不高的特征。

(二)组织活动创新动能僵化

一方面,博士研究生因学业压力繁重,往往难以投入足够的时间和精力参与党支部活动,这导致博士研究生党支部活动组织有难度。另一方面,传统的活动内容和形式已难以满足当代研究生党员的多元化需求。目前博士研究生党支部活动的内容和形式相对单一,主要仍局限于传统的集中理论学习、专题座谈交流等方式。总体来看,博士研究生党支部主题党日活动开展难度较大且缺乏创新性和吸引力。因此,需要继续探索支部活动内容的多元性,同时,组织

---

① 周文娜,贵一琦,李汉初等:《博士研究生党建工作创新机制研究》,载《东南大学学报(哲学社会科学版)》,2022,24(S2)。

活动形式的创新度也亟待提高，以打破当前组织活动创新动能僵化的局面。

（三）组织生活参与热情不高

总体来看，博士研究生在一年级完成课程任务后，选择居家学习的学生较多。此外，少数博士研究生由于不住校、需要居家照顾孩子或其他原因，无法及时参加党组织生活会，且对主题党日活动参与热情不高，这在一定程度上削弱了党支部的组织力和凝聚力，使得组织生活呈现出凝聚力不足的特征。

四、"双融双促"背景下高校研究生党支部建设路径探索

为顺应新时代"双融双促"趋势和高等教育发展形势，进一步推动研究生教育内涵式发展，四川大学文学与新闻学院博士研究生党支部在对照学习样板党支部建设的基础上，结合自身实际情况和特点，旨在从党支部建设基础、平台搭建、科研转化及理论与实践相结合等方面展开探索。

（一）依托"党建＋学科专业"设置，夯实支部基础建设

其一，以学科专业为依托，纵向划分博士研究生党支部。已有研究表明，"依托课题组、学科方向设置纵向研究生党支部的方式，跨越了年级和班级的界限，能有效促进导师党建引领作用的发挥、党支部建设的稳定性和传承性的延续"。[1] 结合四川大学文学与新闻学院博士研究生党员的实际情况，因研究生学制限制，纵向的以学科专业为依托划分党支部比横向的按年级划分党支部更具优势，纵向的党支部划分更有利于同专业、高低年级间的经验交流与传帮带，有利于支部特色活动的积淀与传承，有利于活动开展中坚持继承与创新相结合、学习与实践相结合、群体与个体相结合。[2] 通过学习和实践夯实研究生支部基础建设。

其二，以学科专业为抓手，推动博士研究生党支部活动"动静结合"地开展。博士研究生在"静下来"方面具有优势，在经典文本研读、马克思主义相关理论学习方面能"坐得住、静得下、挖得深"，但在"动"起来方面却有待提高。针对该情况，同师门党员、同专业党员、支部委员会等可根据实际，利

---

[1] 杨建敏，赵放辉，郑珊珊：《高校研究生党支部建设长效机制的探索》，载《学校党建与思想教育》，2023（2）。

[2] 李红丽：《学习型研究生党支部建设路径探析》，载《学校党建与思想教育》，2015（10）。

用科研学习之外的时间开展一些便于组织、便于安排的有益健康的活动,如师门内、专业内、支部委员会内的每周运动打卡、天府绿道共享单车绿色出行等,使党组织的生活真正"动"起来。在"动静结合"中做到日常组织活动多样化,重要节点组织活动重点化,全年组织活动经常化。

(二)搭建"党建+管理服务"平台,强化党员示范作用

在学习和借鉴林业大学构建亲密型、学习型、分享型、自省型、服务型"五型"[1]研究生党支部的经验的基础上,结合我院博士生党支部的实际情况,在"党建+管理服务"中结合学校党建工作的具体要求和学院的专业特色、党建工作部署,推进党建工作与博士研究生日常管理深度融合,形成党建引领意识形态和学生日常管理的良好态势,充分彰显研究生党支部在日常管理中的功能与作用。

其一,鼓励党员同志担任班长、宿舍楼长等班委干部,在节假日晚点名、宿舍消防安全、用电用水安全等方面做好同学们的温馨提示工作,将学生日常管理和服务工作动态延伸至研究生培养阵地的"最后一公里"。同时坚持研究生党内组织生活与解决研究生实际问题相结合。[2] 鼓励党员带头建立互助机制,支部成员之间建立学习小组、论文写作小组等,通过互帮互助、互相交流丰富党支部活动的多样性,同时吸引其他积极分子和群众加入,强化党支部的凝聚力。推动研究生党员在参与学院管理、服务群众的过程中与学院党建工作无缝对接、共同联动、全面覆盖、共同发力,推进党支部管理和服务能力的提升。

其二,以学生"学业时间表"为参照,将管理服务工作精准化。一方面积极引入线上活动,利用互联网和新媒体平台如腾讯会议等,开展线上党课、线上讨论等活动,方便博士研究生党员随时随地参与。同时从学生的关注点出发,做好管理服务工作,如博士研究生的关注点大多在于学术研究,党建活动中可结合博士研究生的学术特点,融入学术元素,将党建活动与学术研究相结合,如举办学术研讨会、论文分享会等,提高党员的学术素养和创新能力。另一方面持续丰富活动形式,除了传统的座谈、讲座形式外,可以引入体验式、互动式等新型活动形式,如志愿服务、户外拓展等,提高党支部活动的趣味性

---

[1] 杨雪峰,黄薇,陈来荣:《高校研究生党支部建设的实践探索》,载《中国林业教育》,2016,34(6)。

[2] 徐刚,周义:《研究生党建工作质量提升路径探索》,载《学校党建与思想教育》,2019(5)。

和实效性。

（三）突出"党建＋科研转化"功能，实现高质量人才培养

党建工作可以提高研究生的思想道德素质，科研转化则能培养研究生的实践能力和创新精神，两者相结合可以全面提升研究生的综合素质，使他们成为既有理想信念又有扎实科研能力的高素质人才。因此，突出"党建＋科研转化"功能，是支部活动开展的重点工作。

其一，研究生党支部应积极组织科研经验分享等科研研究相关的主题活动。高校研究生相比本科生具有更为扎实的学术科研能力和专业理论知识，可邀请专家学者进行学术讲座，或将党建工作与科研项目结合，使党建活动成为推动学术进步的重要平台。同时，将研究生党支部活动与学生研究方向相结合，开展系列活动，促进学生在交流与讨论中深化认识、产出成果。例如，在党纪专题学习中，可以邀请学院相关导师开展文学大家的专题研究讲座，邀请不同研究方向的党员同志进行学习、交流，在思想碰撞中促进党员同志的科研成果转化。

其二，在支部活动日常开展中多维宣讲，提升党建引领力。在党支部日常活动开展过程中，支部应积极引导党员个体的成长发展需求与党的根本宗旨、核心任务及远大奋斗目标紧密融合。这一融合策略不仅为党员在党组织生活中提供了丰富的培养土壤和锻炼平台，更促使他们在政治觉悟和学术业务层面实现双重提升。具体而言，党员通过参与这些活动，不仅深化了对党的政治理论的理解，提升了政治思想水平，同时在学术研究与业务实践中也取得了显著的进步，实现了学术思想的丰富与拓展。最终，党员在提升社会工作能力的同时，也显著增强了科研创新能力，实现了个人发展与党的使命目标相统一的双赢局面。

（四）促进"党建＋生涯规划"实践，推动理论与实践结合

通过党建工作引导研究生明确自身发展方向和目标，结合生涯规划制订合理的职业发展计划，有助于他们更好地规划未来的学习和工作生涯。一方面，在四川大学文学与新闻学院博士支部党员同志已为硕士研究生开展了升学经验分享、择校经验分享等活动，可将此活动日常化、常规化，助推低年级深造计划。另一方面，通过组织党课学习、主题党日活动等形式，支部帮助研究生树立正确的人生目标，增强责任感和使命感。鼓励研究生结合自身兴趣和优势，制订个性化的生涯规划，明确未来的职业发展方向。例如，可邀请其他兄弟院

校的"党员学长"和已就业校友代表分享自己的职业经验和心得。促进研究生深入了解自己的兴趣和能力，鼓励他们在低年级时便制订详细的职业规划，并在导师和支部的指导下积极准备博士毕业后的就业计划。

简言之，通过党建和生涯规划的结合，支部为成员提供了良好的成长环境和指导服务，帮助他们明确职业发展方向，提高就业竞争力。这种模式不仅有助于研究生个人的职业发展，也为学校培养了更多具有明确职业目标和规划能力的高素质人才，进一步推动专业学习的理论与升学求职的实践相结合，为国家的高等教育事业和科研创新做出了积极贡献。

概言之，博士研究生支部将以四川省新时代高校党建"双创"工作标杆院系建设和全国党建标杆院系培育为契机，对照新时代高校党建"双创"工作重点任务指南以及《中国共产党普通高等学校基层组织工作条例》中的各项指标，以研究生样板党支部建设为目标，创新研究生党支部组织活动形式，为高校研究生党支部创新路径的探索提供新思路。

中华优秀传统文化融入思想政治理论课的多重路径刍议*

胡余龙

摘　要：中华优秀传统文化对于中华民族伟大复兴来说具有不可替代的重要价值，这也是党的二十大报告数次提到中华优秀传统文化的原因之一。在此背景下，传承中华优秀传统文化正在受到越来越多的关注。中华优秀传统文化传承与高校思想政治教育之间存在着密切联系，这一点在思想政治理论课教学改革上表现得尤其明显。沿着此种思路，可以从教师、教材、教学三个方面探究中华优秀传统文化传承与思想政治理论课教学改革的关系，进而阐释中华优秀传统文化融入思想政治理论课的可行性路径。

关键词：中华优秀传统文化；融入；思想政治理论课；路径

众所周知，中华优秀传统文化对于中华民族伟大复兴来说具有不可替代的重要价值，这也是党的二十大报告数次提到中华优秀传统文化的原因之一，目前传承中华优秀传统文化已经成为饱受关注、响应积极、长期开展的一项盛事。党的二十大报告强调必须"以社会主义核心价值观为引领，发展社会主义先进文化，弘扬革命文化，传承中华优秀传统文化，满足人民日益增长的精神文化需求，巩固全党全国各族人民团结奋斗的共同思想基础，不断提升国家文化软实力和中华文化影响力"①，此一战略要求在高校思想政治教育领域，尤其是思想政治理论课教学改革上，极具启发意义和指导意义。"如何将更多的中华优秀传统文化内容熨帖地融入思政课程之中，让青年学生在接受思想政治

---

* 本文系"四川大学高等教育教学改革工程（第十期）研究项目《中华优秀传统文化传承与思想政治理论课教学改革》（项目编号：SCU10223）、2022 年四川大学研究阐释党的二十大精神专项课题《中华优秀传统文化传承与高校思想政治教育的有机结合研究》（项目编号：esdzx11）"的阶段性研究成果。

① 习近平：《高举中国特色社会主义伟大旗帜　为全面建设社会主义现代化国家而团结奋斗——在中国共产党第二十次全国代表大会上的报告》，载《人民日报》，2022 年 10 月 26 日。

教育之时亦能体悟中华优秀传统文化之美，从而增强其文化自信，这或许是今后思政课程教学改革的一个重要方向"①，本文将沿着这个思考方向进一步探究中华优秀传统文化传承与思想政治理论课教学改革的关系，着重从教师、教材、教学三个方面阐释中华优秀传统文化融入思想政治理论课的可行性路径。

一、提升教师的中华优秀传统文化素养

在思想政治理论课的诸种构成要素中，教师无疑是基本的、必要的、关键的要素之一，其教学水平、学识眼界、思维方式、分析能力、道德修养、思想深度等多种素养既会影响最终的教学效果，也会影响学生的方方面面。事实上，不仅思想政治理论课是这样的，其他课程也是这样的，教师在整个课程体系建设中的重要性有目共睹。因此，在把中华优秀传统文化融入思想政治理论课的教学改革实践中，提升教师的中华优秀传统文化素养是必不可少的一个环节，这在相当程度上决定了此种教学改革实践的思政育人成效。

对于上述话题，目前学术界已有一些相关著述，其中的不少观点都颇具启发性。有学者指出必须加强对思想政治理论课教师的中华优秀传统文化培训，从而培养出一支优秀的思想政治理论课教师队伍，具体来说，"思政课教师要加强学习，积极研读中国哲学史、中国思想文化史、中国古代史等，提高传统文化素养，自觉把传统文化和思政课相结合。各地教育管理部门、高校可以组建优秀传统文化教育培训班，对思政课教师进行全员培训"。② 这段话基本指出了提升教师的中华优秀传统文化素养的主要途径，只不过重在宏观层面的论述，要落实到操作层面，还需要进一步具化和细化。

对于将中华优秀传统文化融入思想政治理论课的教学改革实践来说，提升教师的中华优秀传统文化素养已然成为一种共识，需要引起更多关注的问题是如何做到这一点。从操作层面来讲，提升教师的中华优秀传统文化素养的现实路径是多种多样的，在笔者看来，可以重点从以下三个方面着手。

首先，教师应该有意识地学习中华优秀传统文化，将之视为思想政治理论课的重要备课内容。从学科划分的角度来说，思想政治教育与中华优秀传统文化既分属不同的学科类别，有着一定的区别；也存在一定的学科交叉，具有显

---

① 胡余龙：《中华优秀传统文化传承与高校思想政治教育的深度融合》，载《科学咨询》，2023（6）。

② 乔惠波、李学双：《中华优秀传统文化融入思想政治理论课的基本原则及实现路径》，载《高校马克思主义理论研究》，2022（1）。

著的联系。作为当代大学生的思想领路人,思想政治理论课教师为了更好地完成自身的思想政治教育使命,需要自觉学习中华优秀传统文化,并且使之融入思想政治理论课当中。随着中华优秀传统文化愈发受到国家的重视,这种时代趋势将会变得愈发显著,因而学习中华优秀传统文化可谓是思想政治理论课教师的一项新任务、新课题、新工作。

其次,学校应该有意识地利用自身的各种中华优秀传统文化资源,引导思想政治理论课教师不断学习中华优秀传统文化。从地方性的角度来挖掘中华优秀传统文化资源,既是国家大政方针所鼓励的一种做法,也是学校发展战略所提倡的一个路径,而各个学校在中华优秀传统文化资源上各有特色、各有所长,完全可以从自身实际情况出发,努力挖掘这方面的潜力,用以提升思想政治理论课教师的中华优秀传统文化素养。这种方式是富有学校特色和地方特性的,有利于获取任课教师与听课学生的文化心理认同。

最后,学校管理部门应该有意识地出台一系列相关文件,把中华优秀传统文化列为考核思想政治理论课教师的一个重要标准。除了调动教师的积极性和主动性以外,学校管理部门也需要参与到提升思想政治理论课教师的中华优秀传统文化素养的时代工程之中,以明文规定的形式彰显中华优秀传统文化之于思想政治理论课教师的重要性,以教育评价引领教学改革,从而促进中华优秀传统文化真正进入思想政治理论课教师的头脑之中、课堂之上。

二、提高教材的中华优秀传统文化相关内容比重

除了教师以外,教材也在思想政治理论课中占据着至关重要的地位,它是教师讲课的基本依据,也是学生学习的主要内容,对思想政治理论课的教学效果有着不容忽视的作用。通常而言,目前所说的思想政治理论课包括"马克思主义基本原理概念""毛泽东思想和中国特色社会主义理论体系概念""中国近现代史纲要""思想道德修养与法律基础""形势与政策"等课程,在这些课程常用的教材中,中华优秀传统文化相关内容所占的比重并不算高,此种状况不利于中华优秀传统文化与思想政治理论课的互动和融合,因而需要对思想政治理论课的现行教材进行适当革新。

对于这个问题,已有一些学者进行过讨论。有人指出:"从大学生思想政治教育现有的实际出发,依托地方传统文化的资源优势,通过编写特色鲜明的校本教材,有针对性地把中华优秀传统文化的精华贯穿到整个教学过程中,从

而达到渗透性强、影响持久和生动形象的教育效果。"① 此种观点颇具代表性，显示出眼下学术界对革新既有思想政治理论课教材、增加其中中华优秀传统文化内容的普遍诉求——这其实也是新时代发展的一种必然趋势。

当重新编写思想政治理论课教材逐渐成为普遍共识之时，那么亟待解决的核心问题则从"是否要做"转变为"如何去做"。在思想政治理论课的各种组成要素中，教材有着明显不同于教师、教学等要素的特性，其特性突出表现在长期性上。所谓长期性，一方面是指思想政治理论课教材的成型往往需要较长的时间，另一方面是指思想政治理论课教材的使用通常也会持续较长的时间。一般而言，思想政治理论课教材从规划、构思到撰写、修改，再到出版、应用，都需要耗费不少时间，也需要耗费许多精力，绝非轻而易举的。因此，好的思想政治理论课教材常常会被使用多年，即便偶有修订，也基本不会大动。

正是因为思想政治理论课教材的这种特性，想要对之进行较大幅度的革新，增加其中的中华优秀传统文化内容，令中华优秀传统文化与思想政治理论课获得更深层次的融合，并不是一项在短期之内就能够完成的工程。而且我们也不应该如此匆忙地做完这件事情，因为它需要以大量的教师经验、教学实践、课堂反馈等作为现实支撑，从中汲取出、总结出足够多的规律与得失以后，才有可能编写出令人满意的全新的思想政治理论课教材。从这个方面来讲，革新思想政治理论课教材的努力永远在路上，我们从现在开始就要为这个目标积蓄力量、积攒经验，不必执着于立即写出一本完美融合了中华优秀传统文化与思想政治理论课的理想教材，而应该专注于从各种教学实践中源源不断地获取有益的启示与明悟，等待和助力量变引起质变的新局面早日出现。

三、强化教学中的中华优秀传统文化讲解

在把中华优秀传统文化融入思想政治理论课的教学改革实践中，教师、教材、教学是至关重要的三个方面，在相当程度上决定了此种教学改革实践的思政育人效用。上文从教师、教材的角度详细阐释了把中华优秀传统文化融入思想政治理论课的可行性路径，而教学也是其中必不可少的一个方面。因此，接下来将重点从教学的角度分析如何强化思想政治理论课教学中的中华优秀传统文化讲解，进而探索实现中华优秀传统文化与思想政治理论课相互融合的多重

---

① 张师帅：《论优秀传统文化在大学生思想政治教育中的价值及其实现》，载《国家教育行政学院学报》，2015（8）。

路径问题。

从教学的视角探究如何把中华优秀传统文化融入思想政治理论课，目前已有一些研究成果。有学者提出"如果把中华优秀传统文化融入高校思想政治理论课教学中，通过列举中华优秀传统文化代表人物、经典故事，与思想政治教育内容融合，将极大地丰富高校思想政治理论课的教学素材，实现高校思想政治理论课从传统专题讲授向多元化案例式教学转变"[①]，这段话指出了把中华优秀传统文化融入思想政治理论课的教学过程之中的基本方向。笔者认为，具体而言，今后可以主要从以下三个方面提高中华优秀传统文化因素与思想政治理论课教学的结合程度：

第一，需要以教师为教学主导、以学生为教学中心、以弘扬中华优秀传统文化和开展思想政治教育为教学目标，通过多种途径持续激发学生对中华优秀传统文化的兴趣与爱好，运用多样形式不断提升思想政治理论课的教学质量，竭尽所能地把中华优秀传统文化与思想政治理论课更好地结合起来，努力做到让学生在思想政治理论课的课堂上，既能感悟中华优秀传统文化的魅力，又能加深对思想政治理论的认识，从而推动中华优秀传统文化传承与思想政治理论课教学改革的双重目标的实现。

第二，需要探索如何激发学生主动学习中华优秀传统文化与思想政治理论的热情以及自主探索精神，思想政治理论课教师应该努力引导学生做到课前有预习、课上有收获、课下有巩固，并且根据学生的实际情况和个性需求，在思想政治理论课的教学过程中自然融入中华优秀传统文化元素，科学安排思想政治理论课教学中的中华优秀传统文化内容，让学生在相互交流、相互启发、相互促进中保持积极上进的势头，不断提升自身的中华优秀传统文化素养和思想政治理论水平。

第三，需要对思想政治理论课定期进行严格检查，及时了解把中华优秀传统文化融入思想政治理论课的教学改革实践情况及其不足之处，逐步建立起较为完备的监督机制、考核机制、改进机制，保证中华优秀传统文化与思想政治理论课的融合得以有序进行，同时逐渐构建起畅通有效的学生课堂反馈机制，鼓励思想政治理论课教师根据听课学生的实际学习进度和教学接受情况，适当地调整将中华优秀传统文化融入思想政治理论课的教学过程的整体方向和具体安排，从而提升此种教学改革实践的课堂反响和实际成效。

---

① 杨伊：《中华优秀传统文化融入高校思想政治理论课实践路径的探索》，载《教育教学论坛》，2022 (21)。

除了教师、教材、教学以外，还可以从其他方面推动中华优秀传统文化融入思想政治理论课的教学改革实践进程。有人认为中华优秀传统文化与思想政治理论课的结合有着同时助推中华优秀传统文化教育和思想政治教育的双重意义，为了实现二者的良性互动，应该从理念更新、内容对接、载体创新、理性批判四个方面探进。[①] 诸如此类的讨论众多，再次印证了本文之前反复强调的一个观点——中华优秀传统文化与思想政治理论课的相互融合具有十分重要的理论价值和现实意义。因此，这方面的探讨势必会吸引更多的目光，也应该吸引更多的目光。

---

① 付秀荣：《中华优秀传统文化融入高校思想政治理论课的路径探析》，载《教育与职业》，2015（6）。

以高质量党建引领高质量科研团队建设[*]

王 冉

摘 要：在新时代背景下，科研团队作为国家创新体系的重要组成部分，其建设与发展对于提升国家整体科技实力和综合国力具有至关重要的作用，而高质量的党建工作，则是推动科研团队高质量建设的根本保证。本文将从多个方面探讨如何以高质量的党建引领高质量的科研团队建设，为推动我国科研事业的持续发展提供有力支撑。

关键词：党建；科研团队建设

一、深入学习领会习近平总书记关于党的建设的重要思想

高质量党建是指在新的历史条件下，全面加强党的政治建设、思想建设、组织建设、作风建设和纪律建设，推动党的建设各项工作高质量发展。高质量党建的特征主要体现在以下几个方面：一是坚持党的全面领导，确保党的领导核心作用得到充分发挥；二是坚持以人民为中心的发展思想，确保党的各项工作始终围绕人民利益展开；三是坚持改革创新，深入推进党的建设新的伟大工程；四是坚持全面从严治党，确保党的各级组织和全体党员始终保持先进性和纯洁性。

旗帜指引方向，思想凝聚力量。新时代十年党的建设和组织工作取得历史性成就、发生格局性变化，根本在于有习近平总书记领航掌舵、有习近平新时代中国特色社会主义思想的科学指引。系统阐述习近平总书记关于党的建设的重要思想，是全国组织工作会议的灵魂所在、精髓所在。新征程上推动组织工作高质量发展，最紧要的就是要把这一重要思想领会深、把握准、落到位。

习近平总书记关于党的建设的重要思想，博大精深、内涵深邃、逻辑严

---

[*] 本文是四川大学党政管理服务研究项目成果。

密。坚持和加强党的全面领导，坚持以党的自我革命引领社会革命，坚持以党的政治建设统领党的建设各项工作，坚持江山就是人民、人民就是江山，坚持思想建党、理论强党，坚持严密党的组织体系，坚持造就忠诚干净有担当的高素质干部队伍，坚持聚天下英才而用之，坚持持之以恒正风肃纪，坚持一体推进不敢腐、不能腐、不想腐，坚持完善党和国家监督体系，坚持制度治党、依规治党，坚持落实全面从严治党政治责任，这"十三个坚持"，集中概括了习近平总书记关于党的建设的重要思想，深刻阐明了党的建设的根本原则、科学布局、价值追求、重点任务，贯穿着强烈的历史担当、深厚的人民情怀、坚定的问题导向、科学的思想方法。我们要全面深入理解，吃透精神实质、把握核心要义、明确工作要求，努力掌握好这一管党有方、治党有力、建党有效的锐利思想武器。

二、以高质量党建引领高质量科研团队建设的必要性分析

高校哲学社会科学高水平科研团队，是构建中国特色哲学社会科学学科体系、学科体系和话语体系的领头军，是一所高校哲学社会科学人才建设水平的标志。高水平科研团队的政治思想状况、学术研究水平、社会服务能力直接关系一所高校的发展水平，在宏观上更对中国特色哲学社会科学的繁荣发展产生着重大影响。在"双一流"战略背景下，高校哲学社会科学科研团队的思想动态、政治素养、组织结构等呈现出新的变化，以党建引领推进高校高质量科研团队建设，对构建中国特色哲学社会科学体系具有重大意义。

（一）强化党对高校人才工作全面领导

党的二十大报告提出教育、科技、人才"三位一体"的强国战略，首次将教育、科技、人才统筹谋划，并提到了前所未有的高度。教育体系支撑人才队伍，人才团队支撑科技创新，科技创新支撑国家战略。有组织科研是有目标、有计划地服务国家重大战略需求，要以更高的视角整合优势资源，打破学科和管理的壁垒，建设一支多学科、多样化的人才团队。"有组织科研"和"个人兴趣自由式探索"并不是对立的关系，党建引领保障科研团队多学科维度构架，促进党建与业务深入融合，以高质量党建促进高校科研团队高质量发展，这是学习好、贯彻好党的二十大精神的应有之义。

党建引领高校高水平科研团队建设，既体现党对高等教育事业的领导，又体现党管人才的根本原则。党管人才"是高校大力实施人才强校战略、不断增

强自身综合实力与核心竞争力的根本保证,是高校实现使命与责任、推动发展的重要条件和关键环节"①。坚持党管人才,能够确保哲学社会科学的社会主义方向,充分发挥执政党的集中领导优势,发挥党在政治、组织等方面密切联系群众的优势,有助于以党的初心使命来引领高水平科研团队科研工作的方向,以党员的先进性引领科研团队的健康发展,强化科研人员的使命担当,提升其科研素养和能力,激励和保障科研人员的创新活力。

(二)确保科研团队始终坚持正确的政治方向

高质量党建能够确保科研团队始终坚持正确的政治方向,将党的创新理论成果转化为推动科研团队发展的强大动力。通过加强思想建设,高质量党建能够引导科研团队成员树立正确的世界观、人生观和价值观,激发团队成员的创新精神和奋斗精神。通过优化组织结构、完善管理制度、强化人才培养等措施,高质量党建能够促进科研团队内部的高效协作和持续发展。高质量党建能够推动科研团队形成求真务实、严谨务实的科研作风,确保团队成员始终保持高昂的斗志和旺盛的创造力。通过加强纪律建设,高质量党建能够确保科研团队在科研活动中严格遵守法律法规和学术规范,维护科研诚信和学术道德。

(三)提升高校服务区域发展能力

高校对国家和其所处区域的经济社会发展有重要的支持作用。作为教育科研机构,其高质量科研团队直接决定了高校服务地方经济社会发展的效能。因此,高校党委须通过加强人才管理,加强科研共同体与基层党组织建设的融合,以马克思主义立场来指导哲学社会科学团队的科研工作,领导和引导科研人员关注新时代中国特色社会主义建设中的重大理论和现实问题,为国家和地区的发展提供决策咨询。

(四)落实高校立德树人根本任务

高等教育承担着为新时代中国特色社会主义事业培养人才的伟大使命,关系着人民幸福、民族振兴。高质量科研团队是科研创新、学科建设、人才培养的中坚力量和重要保障。同时,高校教师承担着教书育人的重大使命,他们的政治思想、职业理想、道德修养,尤其是学术理论思考都在潜移默化中影响着

---

① 王芳:《"双一流"大学建设背景下高校高层次人才党建工作的思考与探索》,载《学校党建与思想教育》,2017(10)。

当代大学生。培养一流的哲学社会科学教学科研人员，才能建设世界一流的、具有中国特色的学科体系、学术体系和话语体系，帮助学生正确认识世界与改造世界，更好地立德树人。高校教师作为传道者，要坚定马克思主义信仰，才能更好担起"为天地立心，为生民立命，为往圣继绝学，为万世开太平"的历史责任。

（五）推进高校哲学社会科学繁荣发展

习近平总书记在哲学社会科学工作座谈会上指出："坚持和发展中国特色社会主义，哲学社会科学具有不可替代的重要地位，哲学社会科学工作者具有不可替代的重要作用。"[①] 哲学社会科学对一个国家发展的稳定性、持续性和影响力有着重大作用，是在国际舞台上展现核心竞争力的重要支撑。习近平新时代中国特色社会主义思想为哲学社会科学的发展提供了重要的理论指导，确保了高校哲学社会科学基本理论立场、方法论的科学性和正确性。新时代中国特色社会主义的发展，为哲学社会科学的发展提供了重要的历史机遇。以党建引领高校哲学社会科学高水平科研团队建设，通过理论武装科研人员，通过组织强化科研团队，通过文化塑造科研氛围，有助于科研团队在新时代中国特色社会主义理论、方法、原则的指导下，批判地吸收人类先进的思想文化，把党建与哲学社会科学的学科建设相结合，发挥基层党组织的战斗堡垒作用；有利于高校哲学社会科学繁荣发展，突破人才单打独斗的局限，以团队的凝聚力协同发展，不断地推动中国特色社会主义哲学社会科学体系的建设发展。

三、以高质量党建引领高质量科研团队建设的路径分析

（一）加强政治建设，确保科研团队始终坚持党的全面领导

通过加强政治学习和思想教育，引导团队成员深刻领会党的创新理论成果，确保科研团队始终沿着正确的政治方向前进。进一步强化科研人员心系"国家事"、肩扛"国家责"的使命担当，引导科研人员从"我要做什么"积极向"国家需要我做什么"转变，从科研规划、科研方向、科研选题、科研目标等入手，主动对标对表"四个面向"要求和"充分体现国家意志、有效满足国家需求、代表国家最高水平"创新价值标准，保证科研工作始终沿着正确政治

[①] 习近平：《在哲学社会科学工作座谈会上的讲话》，载《人民日报》，2016-5-19。

方向创新发展。

（二）强化组织建设，优化科研团队内部管理机制

通过完善组织架构、优化人才配置、强化团队建设等措施，打造一支结构合理、运行高效、富有创新精神的科研团队。进一步强化党的基层组织的"战斗堡垒"作用。强化党建引领，促进党建工作与科研业务深度融合，为重大任务攻坚、重大成果产出提供坚强的组织保障。

（三）推进作风建设，营造求真务实的科研氛围

倡导严谨务实的科研作风，鼓励科研团队成员勇于探索、敢于创新，不断推动科研团队在科研领域取得新突破。进一步发挥党员的模范引领作用。伟大时代呼唤伟大精神，崇高事业需要榜样引领。加快实现高水平科研自立自强，需要广大科研人员刻苦钻研，集智攻关，也要发挥模范引领和典型示范作用，讲好科学家故事，弘扬科学家精神。在工作实践中，我们倡导科研人员心怀"国之大者"，把个人的"小我"融入实现科技强国的"大我"之中。通过定期集体进行主题教育、设立党员先锋岗，激励党员发挥先锋模范作用，同时注意挖掘各类先进典型，评选优秀共产党员等奖项，以身边人身边事示范引领，着力形成争做先锋、争做模范的良好创新氛围。

（四）加强纪律建设，维护科研诚信和学术道德

通过加强纪律教育和监督管理，确保团队成员在科研活动中严格遵守法律法规和学术规范，树立良好的科研形象和学术风气。中共中央办公厅、国务院办公厅印发了《关于进一步加强科研诚信建设的若干意见》，并发出通知，要求各地区各部门结合实际认真贯彻落实。科研诚信是科技创新的基石。近年来，我国科研诚信建设在工作机制、制度规范、教育引导、监督惩戒等方面取得了显著成效，但整体上仍存在短板和薄弱环节，违背科研诚信要求的行为时有发生。为全面贯彻党的二十大精神，培育和践行社会主义核心价值观，弘扬科学精神，倡导创新文化，加快建设创新型国家，就必须加强纪律建设，维护科研诚信和学术道德。

四、结论

以高质量党建引领高质量科研团队建设是一项长期而艰巨的任务。只有不

断加强党的建设各项工作,才能确保科研团队始终保持正确的政治方向、高效的组织运行、严谨的科研作风和严明的纪律约束。只有这样,才能推动我国科研事业不断向前发展,为实现中华民族伟大复兴的中国梦做出更大贡献。

新时代赋予新使命,新征程呼唤新担当。党对科技事业发展的全面领导,为高校科学研究发展提供了根本遵循和强大动力。面向未来,我们将坚持以党的二十大精神为指引,深刻领悟"两个确立"的决定性意义,按照习近平总书记提出的"四个率先"和"两加快一努力"目标要求,切实抓好党的二十大精神的落地见效,持续强化基层党组织的组织力和战斗力,激发广大科研人员的创新热情,以高质量党建引领高质量的科研团队建设,努力产出重大科研成果,为实现中华民族伟大复兴的中国梦做出高校科研人员应有的重大贡献。

创新党史故事在青年学生中的学习和传播策略

王思蕊

摘　要：在党史学习教育广泛展开的背景下，大量源自党史资料的党史故事在青年学生中得到了普遍学习和传播。但研究发现，由于党史故事在青年学生中的学习传播存在学习传播目的的工具理性、话语体系的脱节性与传播动机的机械性等问题，其学习与传播效果不理想。创新党史故事在青年学生中的学习传播策略可以借鉴《觉醒年代》的成功案例，采用文艺形式降低青年学生对党史故事的学习难度，采用平视的姿态视角拉近青年学生与党史故事的距离，展现真实故事引发青年学生自发的思考与感悟，鼓励以青年学生为主体创作党史故事学习传播内容，利用流量带动青年学生参与党史故事学习和传播活动。

关键词：党史故事；青年学生；传播；觉醒年代

一、研究意义背景

习近平总书记在党史学习教育动员大会上的讲话中指出："今年是中国共产党成立一百周年。在全党开展党史学习教育，是党中央立足党的百年历史新起点、统筹中华民族伟大复兴战略全局和世界百年未有之大变局、为动员全党全国满怀信心投身全面建设社会主义现代化国家而作出的重大决策。"开展党史学习教育，是牢记初心使命、推进中华民族伟大复兴历史伟业的必然要求；是坚定信仰信念、在新时代坚持和发展中国特色社会主义的必然要求；是推进党的自我革命、永葆党的生机活力的必然要求[①]。

在青年学生中开展党史故事的学习和传播活动尤其具有重要的现实意义。

首先，有利于培养共产主义接班人。"青年学生一代有理想，国家就有力量，民族就有希望"，党是由一群有志青年创建的，党的光辉未来也要依靠现

---

① 习近平：《在党史学习教育动员大会上的讲话》，载《中国政协》，2021 (7)。

在昂扬向上的青年去实现。学习和传播党史故事，吸引青年学生投身于共产主义事业与中国特色社会主义建设，必将为党的发展注入年轻的活力。

其次，有利于青年学生的成长发展。要做担当起民族复兴大任的时代新人，青年学生就必须从党史故事中汲取强大的精神力量。党史中无数革命先烈可歌可泣的故事，涤荡着青年学生强烈的爱国热情；党史中无数的艰难险阻、无数的筚路蓝缕，磨砺着青年学生坚强的意志品质；党史的丰富实践经验，影响着青年学生重大的价值选择。

最后，有利于增进青年学生的历史认同。当今的青年学生，是"可以平视世界的一代人"。但也要看到，由于缺乏对历史事实的感同身受，他们难以理解与接受一些绝对性的论断与结果。党史故事以其真实的历史真相与特有的艺术感染力，在提高青年学生对党史故事的历史认知与强化青年学生对党史故事的理性认同方面，具有特殊的意义与作用。

二、研究范围界定

在党史学习教育中，党史故事是最重要的教育学习资源之一。在本文中，"党史故事"主要是指在党的发展历史过程中的典型人物故事或事迹。

青年学生是党史故事学习与传播的重要主体。在本文中，"青年学生"指心智已经发展成熟，具有自主判断能力的在校学生。

"学习"是指青年学生作为主体对党史故事的获取并习得，"传播"是指青年学生作为主体对党史故事的传送与散布。

三、党史故事在青年学生中的学习和传播问题

（一）学习传播目的的工具理性

"工具理性"源于德国社会学家马克斯·韦伯所提出的"合理性"概念。工具理性与价值理性相对，价值理性强调动机的纯正和选择正确的手段去实现自己意欲达到的目的，而相对较少强调量化的结果；而工具理性是指行动只由追求功利的动机所驱使，行动借助理性达到自己需要的预期目的，行动者纯粹从效果最大化的角度考虑，而漠视人的情感学习和和精神价值[①]。

---

① 吴小爽：《试论新公共管理的工具理性》，载《辽宁广播电视大学学报》，2010（2）。

党史故事在青年学生中的传播很大程度上依赖于学校举办的各种团日活动、知识竞赛、演讲比赛等方式，并有奖状、奖金等实在的奖励。在党史故事的传播过程中，不可避免地存在指标、考核等手段，从而使得青年学生学习和传播党史故事的目的异化。

工具理性强调目标的达成。在学习传播党史故事时，青年学生以"理性"的态度将自己视为实现目标的工具。青年学生学习和传播党史故事的目的从增强自身的精神力量、坚定共产主义理想，逐渐变为完成学校布置的相关任务、达到相关量化目标。

工具理性注重达成目标手段的有效性。现在的党史教育评价方式主要是通过考虑青年学生参与党史故事学习传播的活动规模、参与次数、获奖情况等量化数据，使党史故事学习传播成为机械化的重复与功利化目标的实现手段，而非源自内心情感冲动的自觉行动，也使得青年学生学习和传播党史故事时，其行为更多是工具理性驱使下的机械化操作。

不可否认，工具理性是现代化发展的重要因素。但是党史故事的学习与传播，尤其是党史故事在青年学生中的党史故事学习和传播，与其他知识的学习传播具有极大不同。真实的党史故事来源于党史研究者枯燥的考证与繁琐的历史资料，在这个层面上，工具理性客观上的确有利于提高青年学生传播党史故事的积极性，却忽略了党史学习和传播更重要的是精神与情感方面的价值，其真正的目的是为强化历史认同与丰富情感体验，而非仅仅是作为考查知识而存在。

（二）学习和传播话语体系的脱节性

话语体系是思想理论体系和知识体系的外在表达形式。无论口头表达的话语还是文字表达的话语，都是表达一定思想、观念、情感、理论、知识、文化等的字词、句式、信息载体或符号。也就是说，思想等是内容、是本质，话语则是形式、是表现。因此，话语体系是思想理论体系和知识体系的外在表达形式[1]。

"板起面孔训人、空说大道理的时代一去不复返了；简单摆事实讲道理，基本也行不通了；只会讲故事，没有冷思考、深思考，也不能打动人了；报喜

---

[1] 韩春苗：《围绕"三重叙事"加快构建中国话语体系》，载《国际传播》，2024（1）。

不报忧、一味邀功摆好型的言说方式已经过时了。"[①] 脱离时代、脱离实际、脱离青年学生的话语体系无法实现真正的传播效果。

青年学生难以对不符合自身话语范式的党史故事进行理解与认同。故事本身带有的吸引力被严肃的基础话语体系所解构,给青年学生对党史故事的接受带来了巨大困难。本身青年学生就缺乏感同身受的实际经验,在刻板苍白的叙述下,青年学生的学习兴趣与传播激情就极其容易被消磨掩盖,异化为排斥的抵触情绪。

避免单纯结论式的教化与远景式的号召,在尊重客观历史的前提下,构建同时具有时代性、创新性与教育性、启发性的年轻化的话语体系成为吸引青年学生学习与传播党史故事的关键。

(三) 学习和传播动机的机械性

学习动机是指激发个体进行学习活动、维持已引起的学习活动,并致使行为朝向一定的学习目标的一种内在过程或内部心理状态[②]。

在理想状态下,青年学生学习和传播党史故事的内在动机是基于对国家伟大成就的强烈自豪感与对党为人民服务的深切认同感等爱国情感而外化成的自觉行动,外在动机如考核指标、他人评价等只是作为很小的激励因素而存在。

然而,党史故事在青年学生中的学习和传播面临着工具理性的偏差和话语体系的脱节,使得青年学生的党史故事学习动机逐渐异化。

一方面,青年学生始终作为党史故事学习与传播的客体而存在,被动的行为方式与硬性的客观要求与青年学生追求自主自由、个性独立的心理特性相悖。另一方面,原本具有一定兴趣的青年学生学习热情正在被单一化的量化评价体系消磨,这些使得青年学生对党史故事的学习与传播产生了排斥心理,从而让学习和传播党史故事的行为变成了机械化的操作。

四、党史故事在青年学生中的学习和传播策略建议——以电视剧《觉醒年代》为例

我们不是没有打动人心的党史故事,我们不是没有好的党史教育题材,我

---

① 沈传亮:《论新时代中共党史话语体系的创新》,载《中共中央党校(国家行政学院)学报》,2020,24 (5)。
② 曹周天:《论学习动机的道德失范及其伦理追求》,载《中国教育科学(中英文)》,2022,5 (6)。

们缺乏的只是良好的学习传播策略。当前，我们对党史的研究与挖掘已经达到了一种新的高度，如何讲述党史故事成了一个新的前沿课题。

以党史故事为主要内容的《觉醒年代》成为一部现象级的、得到青年学生热捧的电视剧。它是微博热搜的常客，话题♯觉醒年代yyds♯的阅读量已超11.2亿，实现了26.1万讨论量，另外，♯觉醒年代的隐喻绝了♯、♯觉醒年代的选角♯等话题的阅读量也都在上亿级别。除此之外，近20万豆瓣用户为这部剧打出了9.3的高分，超过15.7万人标记"看过"，剧中角色和台词不断冲上热搜，在白玉兰奖入围名单里斩获"最佳中国电视剧""最佳导演""最佳原创编剧"等8项提名[1]。讲述党史故事的《觉醒年代》收获了口碑与流量的双丰收，特别是满足了年轻观众的口味，他们主动制作各种"二创"视频、图文，以"安利"这部电视剧[2]。

针对当今的党史故事学习传播问题，借鉴电视剧《觉醒年代》的成功案例，笔者提出以下几点策略建议。

（一）采用文艺形式降低青年学生对党史故事的学习难度

历史资料与历史叙述方式总是不可避免地带有一定的枯燥性。人物有温度，故事有温度，但空洞机械的叙述方式，让许多青年学生难以对党史故事感同身受，从而影响了党史故事在青年学生中的传播效果。

但是，《觉醒年代》为青年学生学习和传播党史故事提供了另一种可能性。高颜值的影像、电影化的质感对青年学生有着巨大的吸引力。写实表现对历史事件的真实还原，而其中合理的艺术想象、诗意化的镜头语言也散发着写意的美感。

影像也表达着更多的含义。画面中充满了众多对比、隐喻，镜头语言表达丰富、生动而震撼[3]。比如，电视剧中出现的蚂蚁、青蛙等意象，给大家留下了解读和理解的深层空间。当看到蔡元培、陈独秀等人一边铺砖头一边相互搀扶走过泥泞的道路时，或许会让人想到新文化运动的坎坷之路……

影像的意义绝不只是再现历史，而是把人带入情境，感受人物的思想与情

---

[1] 赵伯泉：《浅析历史价值在红色影视中的应用——以电视剧〈觉醒年代〉为例》，载《新闻传播》，2024(8)。

[2] 王润，于东林：《情感与历史的"接合"：〈觉醒年代〉同人文群体的历史书写实践研究》，载《国际新闻界》，2023，45(11)。

[3] 郝珊珊：《重大革命历史题材电视剧〈觉醒年代〉的符号意象研究》，载《西部广播电视》，2024，45(4)。

感，从而体悟他们"未曾停止过对这个国家的奔赴，未曾惧怕过为这个国家而献身"的伟大。

（二）讲述者平视的姿态视角拉近青年学生与故事的距离

不严肃，不说教，不刻板。《觉醒年代》没有故意地去讲历史事件的伟大意义，而是将宏大叙事落在人物上、落在具体的历史情景中、落在当时真实的生活里。

过去有的党史故事传播局限于教科书般的说教；对于历史人物也都只重点表现其伟大的思想和参与的重大事件，人物形象单薄、"标签化"、"高高在上"，遥不可及。而在《觉醒年代》中，历史书中短短的几句介绍变成了真实的有温度的活生生的人，他们不是无欲无求的"神"，他们和我们一样，只是普普通通的父亲与儿子，是普普通通的老师与学生。一些生活中烟火气十足的细节温暖而质朴，真挚而动人，他们身上那种可歌可泣的精神却显得更加真实与伟大，也更能赢得青年学生的共情共鸣。

> 曾经，我觉得我和近代史的时空是"代际"的，党史故事就像爷爷奶奶年少时的画像，我知道它一定存在过，但我的认知永远是虚无缥缈的。但是看了《觉醒年代》后，时空好像突然变成了平行的，我一伸手就能碰到百年前的砖瓦，穿着长袍短褂的行人都是我的朋友。[①]

所有浓郁的情绪都是从这些朴素的场景切入的，从生活看到人物，从人物看到时局，然后就自然而然地看到革命，看到新中国的成立之艰，看到我们需要守护中国的使命。这便是党史故事的教育与传播真正要实现的目标。

（三）敢于展现真实现实引发青年学生自发的思考与感悟

"对待历史上的这些人物，也应该是一种温良的态度，你要包容他们，不必非要做个判断、安个标签，他是好人还是坏人。"党史中存在一些有争议的人物，如张国焘、陈公博后叛党，但他们在五四运动中的积极作用与在党的创立中的中坚作用无法磨灭。对这些人物，本着尊重历史的态度，《觉醒年代》都给予了客观呈现。

《觉醒年代》中的辜鸿铭、黄侃等人，虽然坚持传统文化，反对新文化运

---

① 刘海波，王欣慰：《对共同体美学的一点补充：从外延回到内涵——以电视剧〈觉醒年代〉的共同体建构为例》，载《未来传播》，2022，29（5）。

动,甚至抨击白话文,但从他们不屑与张丰载之流污蔑栽赃陈独秀,可以看出,他们与陈独秀之间仅仅是理念之争,君子和而不同,他们也有着当时那个年代文人的风骨。

在党史故事传播中,《觉醒年代》不贬低其他思想流派,也不刻意拔高马克思主义的伟大,而是展现真实的历史,直面敏感问题。

青年学生有认知能力却缺乏切身感受,在党史故事的传播中回避敏感话题,掩盖某些历史真相可能会让青年学生对"又红又专"的故事产生怀疑。在对党史的学习与传播中,不回避小小的瑕疵反而能引发青年学生深层的思考,明白什么才是历史的正确性。

(四)鼓励以青年学生为主体创作党史故事学习传播内容

青年学生与网络共生,互联网媒体上出现了大量青年学生制作的二次创作内容,表明《觉醒年代》所讲的党史故事在青年学生中产生了强烈共鸣。

从频频登上微博热搜的词条,聊天软件里的表情包,到B站上的高燃混剪,同人文的大量创作,再到豆瓣、知乎里的长篇剧评,《觉醒年代》鲜活的故事通过年轻的表达方式嵌入了青年学生的世界,得到了年轻力量所带来的活力。

感受生动也是一种尊重。手绘插画创作者蒲伶俐儿创作的一系列伟人的卡通形象得到大量转载,程枫词的同人文作品《奢愿》被张永新导演看到,某高校学生百一发起"公益剧本杀"让青年学生沉浸式体验党史故事,青年学生用鲁迅先生的"不干了"等表情包这样一个可爱的方式去感受这些可爱的人[①]。

以青年学生为主体的传播,不仅有利于青年学生达成自我意识层面的个性化情感认同,并且逐渐在集体潜意识层面上升为家国情思的民族认同,从而达到良好的传播效果。

(五)利用流量带动青年学生参与党史故事学习和传播活动

主流央媒与木鱼水心等自媒体账号对剧中延年、乔年赴死别离片段的宣传,激发了青年学生的爱国热忱,一度掀起将《觉醒年代》中的正面人物尊为偶像的潮流,堪称是青年学生亚文化圈层的集体破壁行动。

这次"饭圈崇拜"的过程并非将《觉醒年代》推向神坛,而更加趋向让其

---

① 王润,于东林:《情感与历史的"接合":〈觉醒年代〉同人文群体的历史书写实践研究》,载《国际新闻界》,2023,45(11)。

世俗化，比如李大钊先生的"铁憨憨"，鲁迅先生的"我迅哥儿"等饭圈称谓。同时商业资本精准进行了"新青年学生""觉醒人物"等文创 IP 衍生品的开发，延长了产业价值链，系列徽章、衣服、提包、书籍等衍生品通过虚拟空间进入消费者所处的现实场域。

《觉醒年代》的流量变现激发出了青年学生学习和传播党史故事的热情。"永远不要低估了观众，尤其是年轻观众的审美判断力。"[①] 在如今的党史学习传播中，党史故事是有引爆青年学生传播热情的潜力的。在此背景下，更应该反思的是党史故事在青年学生中的学习与传播策略该如何进一步发展创新。

---

① 龙平平，王彦：《龙平平：从〈觉醒年代〉到〈战上海〉》，载《文汇报》，2022-7-14。

不忘初心使命，助力青年大学生成长

王俊波

摘　要：不忘初心使命是对于理想信念的坚守和追求，青年大学生正处于学习成长的阶段，不忘初心使命是其明确人生方向、坚守为国为民价值追求的必然要求。本文通过对初心使命及青年大学生特点的阐释，提出了青年大学生如何不忘初心使命、更好地成长的正确路径。

关键词：初心使命；青年大学生；学习成长

一、引言

青年大学生作为国家的未来和希望，承载着中华民族伟大复兴的崇高使命，如同砥柱中流，是国家发展的重要力量，是推动社会进步的不竭动力。当下正处于一个波澜壮阔、日新月异的时代。这个时代，是一个变革的时代，一个充满挑战与机遇的时代。随着信息技术的飞速发展，人工智能、大数据、云计算等新技术不断涌现，极大地改变了人们的生活方式和思维模式。同时，全球化趋势使得各国之间的联系更加紧密，文化交流更加频繁，为我们提供了更广阔的视野和平台。然而，机遇与挑战并存，青年大学生也面临着前所未有的压力和考验。在激烈的国际竞争中，青年大学生需要不断提升自己的综合素质和能力水平，以应对未来的挑战。

新时代的青年大学生不仅是国家的未来和希望，更是民族复兴的重要力量，承载着老一辈革命家的期望和嘱托，肩负着推动社会进步、实现中华民族伟大复兴的重任。正如习近平总书记所说："青年是整个社会力量中最积极、最有生气的力量，国家的希望在青年，民族的未来在青年。"因此，我们必须珍惜这个时代赋予我们的机遇，勇敢地面对挑战，不断学习和进步，为实现中华民族的伟大复兴贡献自己的力量。

二、不忘初心的内涵与意义

不忘初心，这一简洁而深刻的词汇，凝聚了青年大学生对于自我认知和人生价值的深刻理解。不忘初心，意味着我们始终铭记自己的初心和使命，铭记为何选择了这条道路，为何不懈奋斗。对于青年大学生而言，初心不仅是对知识的渴望，对理想的追求，更是对国家的忠诚和对人民的热爱。

不忘初心使命具有深远的意义。首先，它有助于坚定理想信念，明确人生目标。在追求知识和理想的道路上，难免会遇到各种困难和挫折，但只要始终坚守初心使命，就能保持前进的动力和信心。这种坚定的信念和明确的目标，将是青年大学生不断前行的动力源泉，也是在困难面前不屈不挠的精神支撑。

其次，不忘初心使命有助于青年大学生树立正确的世界观、人生观和价值观。在当今社会，各种思潮和价值观交织碰撞更需要我们始终坚守初心使命，保持清醒的头脑和正确的判断，始终坚守自己的信仰和追求。这种正确的世界观、人生观和价值观，将是我们人生的航标，指引我们走向正确的道路。

最后，不忘初心使命有助于青年大学生增强责任感和使命感。新时代的青年大学生肩负着实现中华民族伟大复兴的历史使命。这种使命感和责任感将激励青年大学生更加努力地学习、实践和创新，为实现中国梦贡献自己的力量。同时，不忘初心使命也将使我们更加关注社会现实和人民需求，积极投身到社会实践中去，为国家和人民做出更大的贡献。因此，不忘初心使命对于青年大学生来说具有极其重要的意义。

三、青年大学生成长面临的挑战与机遇

新时代的青年大学生在成长的道路上既面临着种种挑战，也拥有诸多机遇。这些挑战和机遇不仅是对青年大学生个人能力和素质的考验，更是对其初心和使命的检验。

一方面，青年大学生面临着来自学业、就业、生活等多方面的压力和挑战。在学业上，需要不断学习新知识，掌握新技能，以适应快速变化的社会需求。在就业市场上，竞争日益激烈，需要不断提升自己的综合素质和能力水平，以增强自己的竞争力。同时，生活中的各种琐事和压力也让青年大学生倍感焦虑。然而，正是这些挑战，让青年大学生更加深刻地认识到不忘初心的重要性。只有坚守初心，我们才能始终保持对知识的渴望和对理想的追求，不断

克服困难，勇往直前。

另一方面，青年大学生也面临着前所未有的机遇。随着国家对高等教育的投入不断加大，青年大学生获得了更加优质的学习资源和条件，同时也获得了更广阔的学习空间和更深入的学术探索机会。同时，国家对创新创业的支持力度也在不断加强，为青年大学生提供了更多的发展机会和空间。我们可以借助这些平台，将自己的创新想法付诸实践，为社会的发展贡献自己的力量。此外，国际交流与合作的日益频繁也为青年大学生提供了更广阔的视野和平台。通过参与国际交流活动，青年大学生可以更好地了解不同国家的文化、制度和发展模式，拓宽自己的国际视野，为未来的职业发展打下坚实的基础。

在面对这些机遇和挑战时，不忘初心使命的重要性愈发凸显。只有不忘初心使命，我们才能始终保持对国家和人民的忠诚和热爱，将个人的发展与国家的命运紧密相连。只有不忘初心使命，我们才能始终保持对知识的渴望和对理想的追求，不断提升自己的综合素质和能力水平。只有不忘初心使命，我们才能始终保持清醒的头脑和正确的判断，在复杂多变的社会环境中保持正确的方向。

新时代的青年大学生应该深刻认识到不忘初心的重要性，并将其融入自己的学习和生活中去。只有这样，才能更好地应对挑战、抓住机遇，为实现中华民族伟大复兴的中国梦贡献自己的力量。

四、青年大学生如何不忘初心使命，更好地成长

1. 坚定理想信念，明确人生目标

青年大学生，作为新时代的生力军，肩负着重要的历史使命和社会责任。要更好地实现个人价值，服务国家和人民，首先要坚定自己的理想信念，明确自己的人生目标。这并非空泛的口号，而是需要付诸实际行动的时代号召。青年大学生要深入学习马克思主义理论，这是我们认识世界、改造世界的强大武器。特别是习近平新时代中国特色社会主义思想，作为马克思主义中国化的最新成果，为我们指明了前进方向，提供了行动指南。通过学习这些科学理论，能够更好地认识社会、理解历史，增强自己的政治敏锐性和鉴别力。其次，青年大学生要将个人的发展与国家的发展紧密结合起来。个人的梦想只有融入国家的发展大局中，才能找到正确的方向，实现更大的价值。我们要将个人的梦想与实现中国梦的生动实践相结合，将个人的奋斗与国家的繁荣富强相衔接，用自己的智慧和力量为实现中华民族伟大复兴的中国梦贡献力量。明确自己的

人生目标，是实现个人价值的关键所在。青年大学生要通过不断学习和思考，深入了解自己的兴趣、特长和优势，明确自己的职业方向和发展路径。在这个过程中，我们既要关注自身的成长，也要关注社会的需求和变化，不断调整自己的人生规划，确保自己始终走在正确的道路上。最后，青年大学生要将所学所得付诸实践，通过实际行动践行自己的理想信念和人生目标。无论是参与社会实践、志愿服务，还是创新创业、科学研究，都要以积极的态度和饱满的热情投入其中，不断提升自己的综合素质和能力水平，为未来的奋斗奠定坚实的基础。

总之，青年大学生要坚定自己的理想信念，明确自己的人生目标，将个人的发展与国家的发展紧密结合起来，用科学的理论武装头脑，指导实践。只有这样，才能更好地实现个人价值，服务国家和人民，为实现中华民族伟大复兴的中国梦贡献自己的力量。

2. 积极参与社会实践，增强社会责任感

积极参与社会实践，对于青年大学生而言，是连接理论与实践、校园与社会的桥梁。社会实践不仅是青年大学生了解社会、认识自己的重要途径，更是增强我们社会责任感与使命感的关键环节。

比如在校外可以参加志愿服务活动、参与社会调查等。通过参加志愿服务活动，如支教、扶贫等，我们能够深入基层，与广大人民群众面对面交流，真实感受到他们的需求和期待。在诸如支教等活动中，可以为贫困地区的孩子送去知识和关爱，帮助他们打开视野，激发求知欲望。这样的体验让青年大学生更加珍惜现有的学习机会，也更加明白自己的责任和使命，即用自己的知识和能力去帮助那些需要帮助的人。通过参与社会调查，我们能够了解社会热点问题，把握社会发展的脉搏。通过深入社区、工厂、农村等各个领域，与各行各业的人士交流，收集第一手资料。让我们更加了解社会现实，也让我们更加明白自己的社会责任。同时，社会调查还能够锻炼我们的观察能力、分析能力和解决问题的能力，为我们未来的学习和工作打下坚实的基础。

在校内则可以积极参加创新创业相关活动，这也是青年大学生参与社会实践的重要途径。在创新创业过程中，可以将自己的创新想法付诸实践，通过不断的尝试和改进，将想法转化为现实的产品或服务。这样的经历不仅能够锻炼青年大学生的创新思维和实践能力，还能够让青年大学生更加了解市场需求和商业模式，为未来的职业发展做好充分准备。同时，创新创业活动还能够让青年大学生更加明白自己的价值所在，即用自己的智慧和努力为社会创造更多的财富和价值。

3. 将初心和使命融入专业中去

学习是青年大学生的首要任务，要充分利用大学提供的优质教育资源和条件，深入学习专业知识，掌握扎实的理论基础和实践技能。同时，青年学生要将初心使命融入专业学习和实践中。要深入学习相关专业的专业知识和技能，提升自己的专业素养和能力水平。要积极参与国际交流和文化传播活动，向世界展示中华文化的魅力和价值。具体来说，青年学生可以利用暑期或课余时间参加国际汉语教师志愿者项目，为海外学生提供汉语教学服务；可以参与国际文化交流活动，与外国友人交流互动，增进相互了解和友谊；还可以利用网络平台和社交媒体，积极推广汉语和中华文化。最重要的是我们要注重将中国精神融入教学过程中。通过讲解中华文化的精髓、传授中华优秀传统美德等方式，让学生深入了解中国文化的博大精深和独特魅力。致力于培养出知华、友华、爱华的外国友人，展示给大家一个可亲可爱的中国形象，努力做一名传播中华文化的"民间外交家"。

4. 融入中国精神，塑造健康品格

融入中国精神，塑造健康品格，是青年大学生成长道路上不可或缺的一环。中国精神，作为中华民族的精神支柱和灵魂，蕴含着丰富的历史底蕴和深厚的文化内涵，是激励我们前进的不竭动力。新时代的青年大学生应当深入学习并传承这一精神，将其内化于心、外化于行。

青年大学生需要深刻理解中国精神的核心要义和价值观念。这包括爱国主义精神、民族精神、创新精神等。爱国主义精神是激励我们为国家和民族利益而奋斗的强大动力；民族精神则是我们团结一心、共同抵御外侮的精神纽带；创新精神则是我们推动社会进步和发展的重要驱动力。我们要通过学习和实践，不断加深对这些精神的理解和感悟。

青年大学生可以通过多种途径，深入了解中国精神的历史渊源和内涵，阅读经典著作是一个有效的方法。中国古代的经典书籍，如《论语》《大学》《中庸》等，蕴含着丰富的智慧和哲理，可以帮助我们更好地理解中国精神。同时，观看红色影片也是一种直观生动的方式。这些影片通过讲述革命先烈的英勇事迹和革命历程，让我们深刻感受到中国精神的伟大力量。

青年大学生还要将中国精神融入自己的学习、生活中去。在学习上，我们要以严谨的态度对待专业知识的学习，不断提高自己的学术水平和综合素质。同时，青年大学生也要注重培养自己的创新精神和实践能力，勇于探索未知领域，敢于挑战权威和传统。在生活上，青年大学生要注重培养自己的道德品质和人文素养,遵守社会公德和职业道德,树立正确的世界观、人生观和价值观。

五、结语

不忘初心使命,助力青年大学生成长是一项长期而艰巨的任务。作为新时代的青年大学生,我们要始终坚守初心使命,不断学习、进步和成长。我们要将理想信念、中国精神融入自己的学习、生活中去,以实际行动践行初心使命。只有这样,我们才能成为具有高尚品德、丰富知识和卓越能力的优秀人才,为实现中华民族伟大复兴贡献自己的力量。

以中国梦领航高校党建

徐嘉蕙

摘　要：中国梦根植于中华民族悠久的文化传统，源于近现代实践的经验总结，顺应了人民发展的需要和世界化进程的潮流。本文从中国梦的"生成史"出发，落脚于新时代青年大学生的中国梦实践，着力阐释高校党建在引导青年用个人的青春梦点亮中华民族伟大复兴的中国梦中所发挥的重要作用，让小切入点的"高校党建"观照大视野中的"美好中国"，以期寻找未来青年学子追逐中国梦的过程中行稳致远的力量。

关键词：中国梦；高校党建；青年力量；爱国主义

一、绪论

中国梦充满了感性与理性交融的色彩，既承载历史，也直面现实，既昭示未来，也激励当下，是中华民族近代以来最伟大的梦想，也是青年一代应该牢固树立的远大理想。历史和实践都告诉我们，青年一代有理想、有担当，国家就有前途，民族就有希望。

我国正处在承前启后、继往开来的关键节点上，如今的青年大学生正处在经济社会发展日新月异，信息更替变化万千，机遇与机会转瞬即逝，各类思想文化交融交锋的时代。青年一代年龄增长与中国社会的发展一路伴随，他们的视野更为开阔、知识更加广博、活动半径更为宽广。习近平总书记在党的二十大报告中深刻指出："当代中国青年生逢其时，施展才干的舞台无比广阔，实现梦想的前景无比光明。"因此，把握大势是赢得未来的关键，对青年教育的终极目标在于立德树人，这也是国家建设尤其是教育领域工作的重中之重。高校党建只有准确把握新时代青年大学生所处的历史方位，把青年教育与生产力发展、社会需要和个体成长成才相结合，才能更好地顺应时代大势，更好地肩负新时代的历史使命，培养出合格的社会主义建设者和可靠的接班人。

二、中国梦的生成史与价值内涵

习近平总书记指出:"人无精神则不立,国无精神则不强。精神是一个民族赖以长久生存的灵魂,唯有精神上达到一定的高度,这个民族才能在历史的洪流中屹立不倒、奋勇向前。"① 在中华民族的共同体层面,无论是"站起来"的民族革命推进问题、民主政治建设问题,无论是"富起来"的经济基础建设问题,还是"强起来"的文化价值观吸引力、凝聚力、影响力的问题,都有一个贯穿始终的共同问题,即凝聚民族共识、形成民族合力的问题,这是中国精神的体现,中国梦与中国精神密不可分。

首先,中国梦承载着厚重的历史。在两千多年的历史长河中,从秦汉魏晋到隋唐五代再到宋元明清,每一段历史的主流精神都在不断地为中国精神提供丰富的内容。

步入近代以后,泱泱中华雄风不再,国运衰微,中国共产党以争取民族独立、人民解放为己任,带领人民进行了革命、建设和改革的伟大爱国主义实践。百年血泪抗争史让国家富强、民族振兴、人民幸福成为几代中华儿女的共同期待。中华民族的悠久历史与文化是中国精神的根源所在,中国精神在近代救亡图存的逆境下焕发新生和潜力,并在新民主主义革命和社会主义建设过程中进入全新的阶段;改革开放后,中国精神通过自我更新、博采众长,既日趋完善,又不断创新,用独特的方式展示着中国的自信与风采。

其次,中国梦是指向未来的,指引着中华民族前进的方向。中国梦具有鼓舞我们去为"理想的生活"而奋斗的"指南针"功能。一直以来,尤其是改革开放以来,中国共产党带领中国人民一笔笔地勾画着中国梦的美丽线条。在党的带领下,中国梦越来越可感可知。

中国梦的思想渊源可以最早追溯到《诗经》,其中有"民亦劳止,汔可小康。惠此中国,以绥四方"这样的话语,表达了古人对小康生活的追求。可以说,古代中国始终以大国强国的姿态屹立于世界民族之林,大国梦强国梦在中华儿女的血液中流淌,在五千年的中华文化的基因中传递,这些正是"中国梦"最早的源头。

2013年,在十二届全国人大一次会议闭幕会上,习近平总书记指出:实

---

① 中共中央宣传部会同中央文献研究室、中国外文局编.《习近平谈治国理政》(第二卷),北京:外文出版社,2017。

现中华民族伟大复兴的中国梦，就是要实现国家富强、民族振兴、人民幸福。实现中国梦必须走中国道路，必须弘扬中国精神，必须凝聚中国力量[①]。中国梦的本质是国家富强、民族振兴、人民幸福，是以习近平同志为核心的党中央所提出的重要指导思想和重要执政理念，其核心目标可以概括为"两个一百年"奋斗目标。中国精神是实现中国梦的动力之源，具体包括以爱国主义为核心的民族精神和以改革开放为核心的时代精神。中国梦这个词不仅从国家层面明确划定了政治范畴，代表一种政治范畴中的国家祈愿，是中华民族在五千年的文明史发展中积淀的精神归宿和文化寄托；而且从实践层面划定了文化范畴，它代表中华儿女的精神世界、情感追求、价值理念等。

从哲学角度看，中国梦体现了"穷则独善其身，达则兼济天下"，高度升华了中国共产党的执政理念，其"和衷共济"的精神品格和"为人民谋幸福，为民族谋复兴，为世界谋大同"的精神实质，立体呈现中国梦的价值本质，体现着中国共产党领导中国人民"实现社会主义现代化"与"实现中华民族伟大复兴"的并进历史以及二重协奏的未来趋势。

二、织就中国梦教育与践行的立体网络

江泽民同志曾在讲话中指出："马克思主义政党只有赢得青年，才能赢得未来，中国共产党自诞生之日起，就同广大青年紧密联系，党的事业离不开青年。"[②] 实践是主观见之于客观的过程，是理论联系实践的过程，是改造主观世界与客观世界相统一的过程。科学的实践可以有效地影响人的思想和行为，培育和提高人的思想道德素质。习近平总书记在党的二十大报告中深情寄语："广大青年要坚定不移听党话、跟党走，怀抱梦想又脚踏实地，敢想敢为又善作善成，立志做有理想、敢担当、能吃苦、肯奋斗的新时代好青年。"这是党给新时代青年的期许和嘱托，对他们的成长目标提出了明确的要求，也给学校的铸魂育人工作指明了清晰方向。高校党建教育应该着眼于中国梦教育与实践，加深大学生对中国梦的理解，激发其对于中国精神的认知，促进其践行中国梦的行动自觉。

---

① 习近平：《在第十二届全国人民代表大会第一次会议上的讲话》，载《人民日报》，2013-03-18。
② 江泽民：《江泽民文选》（第三卷），北京：人民出版社，2006。

(一) 以理想信念为风帆

理想信念是人精神世界的核心,理想是指对未来目标的设定,是一种具有未来指向的精神理想。在中国古代,"理想"就是"志","志当存高远""志在千里""鸿鹄之志"等都是对"理想"的表述,即是个人的精神依靠,同时也是国家、民族、政党的精神脊梁。中国梦融民族复兴梦与人民幸福梦于一体,两者你中有我、我中有你。每个中华儿女都与国家和民族同呼吸、共命运,国家与民族强大与否,最终都会在每个人的命运中体现出来。中国梦并不是虚无缥缈的空中楼阁,它就在每个人的梦想中真真切切地展开着。

"人民有信仰,国家有力量,民族有希望"是永世不变的至理箴言,中国梦的实现需要理想信念。高校是传播、实践、推进党的创新理论的前沿阵地,新时代的大学生们关心政治、关心时事,是传播党的路线方针政策的生力军。高校对大学生进行的理想信念教育是社会主义意识形态教育的本质体现,各个方面的教育能够使大学生具备更强的内在素质、更敏锐的政治辨别力、更坚定的理想信念、更明确的人生规划目标,从而产生对社会主义道路更坚定的信仰。高校党建工作要想强化青年理想信念教育,就要扎根中国沃土,充分考量中国实际,努力将新时代、中国梦、中国道路、中国文化和中国精神教育,特别是要将习近平新时代中国特色社会主义思想融入青年理想信念教育的全过程,促使广大青年牢固树立远大理想。

(二) 以正确价值观为船桨

想要真正发挥中国梦的潜在价值和精神涵养,就需要对其进行教育转化,使之成为切实提高思想政治教育水平的现实选择。在青年大学生的中国梦教育过程中,高校党建工作要充分发挥示范作用,让广大青年提高思辨能力,在当今多元思潮的交流碰撞中,始终保持"乱云飞渡仍从容"的思想定力,把稳思想之舵,时刻把目光投向人民,时刻把行动奉献给人民,关心和呵护人民利益,为推进和增益人民利益担当负责,把青春之火投放在为人民谋幸福的干事创业大潮中。

历史一再昭示,价值观是人的安身立命之本。社会主义核心价值观是一种个人的小德,也是一种国家和社会的大德。践行社会主义核心价值观的要义在于广大青年个体德行的生成和道德实践,在于促使每一个青年恪德守道,惩恶扬善,不断践行德言、德品、德行,将核心价值观融入生活学习的方方面面,主动将核心价值观转化为自身的情感皈依和行动皈依。

因此，高校党建工作应该努力促成大学生群体知、情、意、信、行各环节的连锁反应，强化青年教育的协同育人机制，牢固坚持正确的舆论导向，着力建设以文化人、以理服人、以德润人、以情感人的话语框架，满足青年人的价值期待，增强广大青年的政治认同感，真切形成协同效应。

（三）以爱国主义为航舵

家是国的缩影，家国天下事，皆由人构成，中国自古以来就有浓厚的家国同构情怀，《礼记·大学》中有："物格而后知至，知至而后意诚，意诚而后心正，心正而后身修，身修而后家齐，家齐而后国治，国治而后天下平。"

可见，家国是统一的，中国梦的本质之一是爱国主义。重新回望中华民族1840年以来的历程，就是一部"为有牺牲多壮志，敢教日月换新天"的爱国斗争史和革命史。抵制历史虚无主义需要广大青年拥有坚定的共产主义理想和信念，以及源自内心对祖国的一腔赤诚。在多元文化与西方思潮交织的新时代，中国梦能够更加坚定大学生以中华民族这一身份标识为荣的民族自信心，在面对世界多元文化激荡交融中依然具有保持精神独立性的强大定力。

雅斯贝尔斯关于教育和文化的内在联系进行了如下阐述："所谓教育，不过是通过文化传递功能，将文化遗产交给青年一代。"[①] 高校党建工作需要引导广大青年学习党史与国史，从历史发展中明晰中国精神与中国梦的形成脉络，不忘本来，着眼未来，帮助青年大学生建立文化自信，坚定社会主义信念，端正思想认知，形成辨识力。

四、广大青年同心共筑中国梦的时代价值

（一）青春活力的奋斗力量

习近平总书记提到，历史和现实都告诉我们，青年一代有理想、有担当，国家就有前途，民族就有希望，实现我们的发展目标就有源源不断的强大力量。青年是推动经济社会发展的主要力量，党和国家的发展离不开青年。新时代的青年大学生对梦想有执着追求，不同个体的梦想各不相同，但归根结底，个人的理想仍需要落脚于社会理想之中，二者紧密相连。中国梦正是这样一种共同力量，让不同群体求同存异，凝聚力量。同时，中国梦也是宏大理想与现

---

① 卡尔·雅斯贝尔斯：《什么是教育》，北京：生活·读书·新知三联书店，1991。

实生活的统一，是中华儿女对美好生活的追求，因此中国梦更能在新时代大学生心里播下梦想的种子，为国家和社会的发展增添力量。

广大青年能够在中国梦的指引下结合党和国家的发展需要，在推动国家经济社会发展中不断砥砺前行，在服务民生福祉和造福社会过程中克服困苦，在遭受挫折时勇往直前，不断张扬青春和激扬自我，心怀梦想，不畏艰险，时刻做好迎接困难和接受挑战的准备，为社会贡献自己的青春力量。

（二）国家发展的拼搏力量

生命的意义在于追逐自己的梦想，新时代大学生需要思想的指引。历史一再证明，青年的发展需要正确的领路人，国家的进步需要青年的不懈担当。中国梦是国家富强、民族振兴和人民幸福的梦，也是每一个中华儿女所追求的梦想。新时代大学生是实践中国梦的重要主体，直接关系着中华民族伟大复兴。

青年只有接受和坚持党的领导，坚持对中国梦的不懈追求，才能拥有光辉灿烂的未来。新时代大学生是新时代建设中国特色社会主义的生力军，生逢其时，也重任在肩，是弘扬中国精神、实现中国梦的重要主体和中坚力量，其涵养学识、个体能力和道德品行直接关系着中国未来的发展，促进广大青年的坚持道路自信、理论自信、制度自信和文化自信不仅能够促进个体成长，也能够引领和带动广大青年向善向好，求真求美，不断汇聚力量，凝聚共识，促进社会和谐稳定和持续发展。

（三）民族复兴的振发力量

中国的发展离不开人才支持，青年是促进社会发展最为重要的力量之一，是支撑中国持续发展的重要保障。青年成长成才质量与国家前途和命运息息相关，在中国历史发展过程中，不同时代的青年志士结合时代需要，与国家同呼吸、共命运，谱写了一首首中华民族自强不息的壮丽诗篇。

自1840年鸦片战争以来，中国进入了屈辱的近代。但鸦片战争也掀开了近代中国人民反抗外来侵略的新篇章。沧海桑田，时光荏苒，回望一百多年的奋斗史可以发现，在革命战争年代，青年在救亡图存的逆境下顽强拼搏，是反对帝国主义、封建主义和官僚资本主义的生力军，青年们以不畏生死和坚贞不屈的壮志豪情与祖国共患难，让中国精神获得了新生。在社会主义改造、建设和改革时期，广大青年积极响应党和国家号召，无怨无悔地深入农村，扎根基层，到祖国和人民最需要的地方去，积极投身改革开放和社会主义市场经济建设，为我国的工业化、信息化、城镇化建设事业做出了重要贡献。在新时代，中国要实现从"站起来"到"富起来",再到"强起来"的转变,实现国家富强、民族振兴和人民幸福的伟业,离不开广大心怀中国梦的青年,他们正在以高度自觉的责任感和使命感自觉担当,守护人民利益、民族利益和国家利益,把思想和行动统一到复兴民族大任的工作上,在人民需要的过程中抒写青春华章。

综上,中国梦是一种理想信念,是马克思主义基本原理与中国具体实际相结合的产物,体现了科学性、时代性和民族性的有机统一,它既是中华民族的一种集体理想,也是中华民族每一个成员奋斗的最终目标。中国梦并不是空洞的理想,青年大学生的职业理想、政治理想、社会理想都以中国梦为载体,中国梦引导着大学生做出正确的自我选择,中国精神激励大学生努力奋斗。高校党建工作对中国梦的深入"导读"引导大学生认识到如果想使人生大有作为,就要把中国梦作为自己的内在精神动力,为实现中国梦贡献自己的聪明才智,进而实现人生价值。这有利于促进大学生对党的方针路线进行深入思考和理解,增强认知能力与思辨能力,正确认识当前社会中纷繁复杂的现象,理性看待社会问题,树立正确的价值观,让青年群体为国家富强、民族振兴和人民幸福贡献着青春力量。

五、结语

实践告诉我们,伟大的事业都始于梦想,梦想是激发活力的源泉。中华民族是勇于追梦的民族。可以说,中国梦既承载着历史,又连接着未来,让广大青年在时代中建功立业,以正心为本,以修身为基。在新时代,中国梦正面临前所未有的机遇和挑战,"久居芝兰之室而不闻其香,久处鲍鱼之肆而不闻其臭",高校党建工作的重中之重就是要引导和激励青年大学生持德坚守,以个人远大志向为航向,并与中国梦合流、与时代梦交汇,让广大青年浸润在中国梦的氛围中,将中国梦外化为自身奋发向上的动力,通过内驱力自觉地为青年的成长产生正向积极作用,把自己的小我融入祖国的大我、人民的大我之中,与时代同步伐,与人民共命运,同祖国一道前进。

欣逢盛世,当不负盛世。在未来相当长的时期内,中国梦依然是激励优秀中华儿女投身伟大事业的磅礴力量,真正做到"以家为家,以国为国,以天下为天下",以达"百姓昭明,协和万邦"的美好愿景。

"国之大者"在高校党建中的引领作用探索

马艺珈

摘　要："国之大者"在高校党建中具有重要的引领作用。高校作为培养新时代人才的重要基地，其党建工作必须紧密围绕国家利益、全局利益和长远利益展开。通过坚守社会主义核心价值观，强化国家意识和民族认同，高校党建不仅确保党的教育方针得到全面贯彻落实，更培养出一批具备高尚品德和扎实学识的社会主义建设者和接班人。同时，高校党建需积极回应社会关切，将个人发展与服务国家、人民紧密结合，为实现中华民族伟大复兴的中国梦贡献力量。"国之大者"为高校党建指明了方向，推动党建工作不断取得新成效，为高校事业发展提供坚强保障。

关键词：国之大者；高校；党建工作

一、引言

建设教育强国是中华民族伟大复兴的基础工程，凝聚着一代代教育人的梦想和夙愿。党的十八大以来，习近平总书记高度重视教育工作，提出了系列新理念、新思想、新战略，把教育作为国之大计、党之大计，坚持优先发展教育事业。与此同时，习近平总书记反复强调要心怀"国之大者""对'国之大者'要心中有数"。在庆祝中国共产党成立 100 周年大会上的重要讲话中，习近平总书记第一次将"牢记'国之大者'"与增强"四个意识"、坚定"四个自信"、做到"两个维护"并列起来。由此可见，"国之大者"对中国发展具有重要指引作用，其在教育方面的重要性也不容忽视，"国之大者"对于培养新时代人才、传承民族文化、促进社会进步具有深远的意义。

"国之大者"强调了教育的国家使命和社会责任。教育不仅仅是传授知识、培养技能的重要方式，更是塑造人格、培养价值观的重要途径。在高校党建中，"国之大者"是重要的精神指引，高校是培养社会主义建设者和接班人的重要阵地，高校党建工作必须始终坚持以"国之大者"为引领，确保党的教育方针得到全面贯彻落实。通过深入研究"国之大者"在高校党建中的引领作用，可以更好地明确高校党建工作的方向和目标，促进高校师生树立正确的世界观、人生观和价值观，培养德智体美劳全面发展的社会主义建设者和接班人。

二、理解"国之大者"内涵与高校党建的关系

（一）"国之大者"的时代内涵

"国之大者"，是中国的古话。从字义上讲，"国"字最早见于商代，本义是指疆域、地域，古人把分封给诸侯的封地称为"国"，有时也称都城为"国"，后来"国"字泛指国家。"国之大者"指的是国家或影响国家的最大事情或最重要问题。具体来说，它指的是那些关系国家整体利益、全局利益、长远利益的大问题，是影响或决定国家前途命运的大事情。

我国古代一些文人政客们常常把那些关系国家利益的大事要事称为"国之大者""国之大务"或"国之大事"。例如，在《论语》中，孔子提出了"为政以德"的治国思想，强调君主应以德治国，这是"国之大者"在古代中国的一种体现。同时，古代中国的政治家和思想家也强调国家的统一和稳定，认为只有实现国家的统一和稳定，才能实现国家的长治久安，这也是"国之大者"的重要内涵之一。

随着时代发展，"国之大者"的内涵也在不断丰富。在中国近代史上，面对列强的侵略和民族危机，中国人民在探索民族独立和人民解放的道路上，也深刻体会到了"国之大者"的重要性。无数仁人志士为了民族的独立和人民的解放，不惜牺牲自己的生命，这种为国家和民族利益而奋斗的精神，正是"国之大者"在近代史上的生动体现。在改革开放和社会主义现代化建设时期，中华民族最根本的"国之大者"是启动并推进改革开放，实现社会主义现代化目标，为实现中华民族伟大复兴中国梦而不懈奋斗。中华民族伟大复兴是中国共产党始终奋斗的主题，也是中华民族百年奋斗历程中最核心、最突出的"国之大者"。

"国之大者"强调国家层面的大局观念。这种大局观念不仅仅是对国家发

展全局的深刻理解和把握,更是对国家长远利益和人民根本利益的坚守和追求①。它要求我们在面对各种复杂局面和问题时,始终从国家整体利益出发,坚持正确的政治方向,确保国家的发展方向不偏离轨道。在当今社会,随着全球化进程的加速和国际竞争的加剧,国家面临着前所未有的挑战和机遇。在这样的背景下,"国之大者"的内涵也在不断地丰富和发展。

首先,"国之大者"要求我们必须坚持国家利益和人民利益至上的原则。国家利益和人民利益是紧密相连的。只有坚持国家利益和人民利益至上的原则,才能实现国家的长治久安和人民的幸福安康。其次,"国之大者"要求我们必须坚持改革创新的精神。改革创新是推动国家发展的重要动力,只有不断地进行改革创新,才能适应时代的发展要求,实现国家的持续发展和繁荣。最后,"国之大者"强调必须坚持国际合作和互利共赢的原则。随着各国之间的相互依存和联系日益紧密,只有通过国际合作和互利共赢的方式,才能实现共同发展和繁荣。

(二)"国之大者"与高校党建工作间的关系

高校党建的首要目标是确保党的教育方针在高校得到全面贯彻落实。这包括引导学生树立正确的世界观、人生观和价值观,培养德智体美劳全面发展的社会主义建设者和接班人②。同时,高校党建还要致力于加强党的组织建设,提高党组织的凝聚力和战斗力,确保党的决策部署在高校得到有效执行。

高校党建的重要性不言而喻,高校作为培养社会主义建设者和接班人的重要阵地,加强高校党建是确保党的教育方针得到全面贯彻落实的必然要求。同时,高校师生是国家的宝贵财富和未来发展的希望,加强高校党建有利于培养更多具有高尚品德和卓越能力的人才,推动学校的全面发展和进步,提高学校的核心竞争力和影响力。

"国之大者"与高校党建之间存在着紧密的联系,具有深刻的契合点。从价值观的角度来看,"国之大者"强调的是国家整体利益、全局利益和长远利益的重要性,这与高校党建的价值观高度契合。高校党建致力于培养德智体美劳全面发展的社会主义建设者和接班人,强调学生的爱国主义情怀、社会责任感和历史使命感。这种价值观的培养,正是"国之大者"所倡导的,旨在让学

---

① 韩振峰:《准确理解和把握"国之大者"的时代意蕴》,载《人民论坛》,2021(28)。
② 刘锐:《试论高校党建工作的现状与创新》,载《辽宁省交通高等专科学校学报》,2011,13(6)。

生深刻认识到个人的发展离不开国家的发展，个人的价值需要在服务国家和人民中实现。从社会责任的角度来看，"国之大者"要求国家、民族和社会各界都要承担起相应的责任，共同推动国家的发展和进步。高校作为社会的重要组成部分，其党建工作也承担着重要的社会责任。高校党建以加强思想政治教育、推动产学研用深度融合等方式，服务于地方经济社会的发展，为社会培养出更多优秀人才，这正是对"国之大者"社会责任要求的积极回应。

教育事业一直都与国家休戚与共，与复兴征程紧密相连、同向而行，高校党建应该积极践行"国之大者"的理念，将个人的发展与服务国家和人民紧密结合起来，为推动国家的发展和进步贡献自己的力量。

三、"国之大者"在高校党建中的引领作用

（一）价值观引领：强化人民中心意识

高校作为培养社会主义建设者和接班人的重要阵地，其党建工作必须始终坚守社会主义核心价值观，强化国家意识和民族认同。而"国之大者"正是这一价值观的具体体现。

"国之大者"在价值上强调"以人民为中心"。治国有常、利民为本，中国共产党的宗旨是"全心全意为人民服务"，初心和使命是"为中国人民谋幸福，为中华民族谋复兴"。"国之大者"要求高校党建工作必须始终以学生为中心，为学生切身服务，关心学生身心健康，积极引导学生树立正确的世界观、人生观和价值观，增强他们的国家意识和民族认同。高质量党建是建设中国特色、世界一流大学的根本保证。高校党委要把握方向、统领大局、凝聚力量，不断提升党建工作水平，以过硬的自身建设肩负起引领高校事业高质量发展的重要使命，培养更多高素质人才，满足人民对优质高等教育的需求。

同时，高校党建工作要紧密关注人民群众最关心、最直接、最现实的利益问题，积极回应学生与社会关切，着力解决制约高校发展的问题和矛盾，以推动高校更好地服务经济社会发展。此外，"国之大者""民之所望"，高校党建工作要时刻关注党中央的决策部署和强调的内容，保持与党中央的高度一致；紧跟时代步伐，主动扛起使命和责任；把意识形态工作摆上突出位置，确保校园安全稳定，以便培养德智体美劳全面发展的社会主义建设者和接班人。

(二) 理论引领：坚持马克思主义中国化

在理论层面上，"国之大者"提出了经济、政治、文化、社会、生态文明建设和党的建设等完整具体的方针政策和科学思想工作方法，揭示了中华民族在新时代迈向伟大复兴的历史规律①。高校党组织应深入理解和贯彻这些方针政策，将其融入日常工作中去，确保党建工作的正确方向。同时，还需要注重理论与实践相结合，将党的方针政策转化为具体的工作措施和方法，推动高校党建工作不断取得新的成效。

此外，"国之大者"揭示了中华民族在新时代迈向伟大复兴的历史规律。这一历史规律为高校党建工作提供了重要的历史背景和时代背景。高校党组织应紧密结合当前形势和任务要求，积极引导学生党员树立正确的世界观、人生观和价值观，增强他们的历史使命感和责任感。同时，还要注重培养学生的爱国情怀和民族精神，激发他们的爱国热情和创造力，为实现中华民族伟大复兴的中国梦贡献力量。

心怀"国之大者"意味着高校党员干部要站在全局的高度思考问题、谋划工作，始终把人民利益、国家和民族利益放在首位。心怀"国之大者"还意味着注重培养政治家的头脑和战略眼光，善于从现象看本质、从苗头倾向看发展走向。只有这样，才能引领高校党建工作不断向前发展，为实现中华民族伟大复兴的中国梦做出更大的贡献。

理论引领高校党建，高校党组织应积极适应新时代的发展要求和挑战机遇，不断创新工作内容和形式方法，提高工作效率和质量水平，加强自身建设，提高党组织的凝聚力和战斗力，注重培养一支高素质的教师党员队伍和学生党员队伍，为高校的改革发展提供有力的人才保障和组织保障。

(三) 实践引领：做到躬行实践，脚踏实地

"国之大者"要做到"行胜于言，实干兴邦"。在实践层面，"国之大者"要求把远大目标、奋斗纲领同脚踏实地、埋头苦干紧密结合，坚持马克思主义实践观，站稳人民立场，把工作切实落到实处，努力做出经得起实践与考验的成绩。

"国之大者"强调坚持马克思主义实践观，这是高校党建工作的根本指导原则。马克思主义实践观认为，实践是认识的来源和基础，是检验真理的唯一

---

① 唐任伍：《"国之大者"的深刻内涵及时代指向》，载《人民论坛》，2022（6）。

标准。高校党建工作必须紧密联系实际，深入调查研究，准确把握师生思想动态，确保党建工作的方向正确、措施得力。通过深入学习贯彻习近平新时代中国特色社会主义思想等党的创新理论成果，不断提高党员干部的理论素养和实践能力。同时，要积极探索新时代党建工作的新思路新方法新举措，推动高校党建工作不断创新发展。

"国之大者"要求脚踏实地，注重实际，这是高校党建工作取得实效的关键。高校党组织要深入基层、贴近师生，了解他们的需求和关切，解决实际问题。同时，要注重效率，把每一项工作都落到实处，确保每一项决策都得到有效执行。只有这样，才能真正推动党建工作的落实，增强党组织的凝聚力和战斗力。此外，还要充分发挥工会、共青团等群团组织的作用，把广大师生员工更加紧密地团结在党的周围；注重发挥民主党派和无党派人士的优势和作用，共同推动学校事业发展。

"国之大者"强调通过量变促成质变，这是高校党建工作创新发展的动力源泉。高校党建工作要不断创新工作内容和形式，注重运用现代信息技术手段，提高党建工作的效率和水平。同时，要善于总结和提炼工作中的经验教训，不断完善和优化工作机制，提高管理服务水平和效率，加强校园文化和安全文明建设，推动党建工作向更高层次、更高水平发展。

四、结论

"国之大者"作为新时代的重要思想指引，为高校党建工作提供了价值观、理论、实践三个层面的引领。在价值观层面，它强调了坚定理想信念、服务人民、奉献社会的价值导向，为高校党建工作树立了正确的价值坐标。在理论层面，它坚持马克思主义中国化理论发展，为高校党建工作提供了科学理论指导和思想武器，推动党建工作不断创新发展。在实践层面，它要求脚踏实地、量变促成质变，引导高校党建工作注重实际效果，解决实际问题，推动学校事业不断向前发展。高校党组织应深入学习贯彻"国之大者"的思想精髓和实践要求，不断提高政治站位和思想认识，加强党的建设，推动高校党建工作不断取得新的更大成效。同时，还要注重将党建工作与学校事业发展紧密结合，为学校各项事业的繁荣发展提供坚强有力的政治保障和组织保障。

将理想信念教育浸润到大学生心中
——浅析"时代楷模"对大学生的德育价值及提升路径

陈佳怡

摘　要：2019年6月，习近平总书记对黄文秀同志的先进事迹作出重要指示，并号召全国广大党员干部和共青团同志以黄文秀同志为榜样，不忘初心，牢记使命，勇于担当，为新时代的发展和进步作出更大的贡献。黄文秀因其感人事迹被授予"时代楷模"称号，并在中国共产党成立100周年之际，荣膺"七一勋章"。"时代楷模"作为国家的先进典型，对大学生的成长成才有着重大的德育意义。高校是育人重地，是将大学生培育为为中华民族伟大复兴奉献智慧和力量、承担社会责任和历史使命的关键生力军的重要阵地，把"时代楷模"精神和大学生信仰理念教育相结合，发扬榜样的力量，对高校加强大学生理想信念的教育和营造良好的社会氛围具有重要的现实价值和时代意义。本文以"时代楷模"黄文秀为例，探究新时代背景下"时代楷模"对大学生德育培养的价值意义和高校增强大学生理想信念教育的路径。

关键词：时代楷模；理想信念；黄文秀；新时代；大学生

一、黄文秀事迹简介

黄文秀，一个来自广西壮族自治区百色市贫困家庭的女孩，从一个落后的小山村通过自己的不断努力进入了北京师范大学攻读法学硕士学位。毕业之际，她放弃了许多人梦寐以求的留在一线大城市的机会，头也不回地选择奔向自己的家乡百色，那里是有着深厚革命土壤的红色老区，也是养育她长大的地方。回到家乡后，她积极地响应国家政策号召，前往百坭村担任第一书记。

当时，百坭村是一个远近闻名的贫困村，就村子本身而言，扶贫工作开展的难度和强度都很大，对刚毕业不久的黄文秀而言，工作的难度就更大。然而她很快就从一个扶贫初学者变成了一个扶贫能手。在她的领导下，百坭村88

户贫困户中418人成功脱贫，贫困发生率从22.88%下降到2.71%[①]。

然而，2019年6月17日，正在照顾刚做完肝癌手术父亲的黄文秀，因担心村民的安危，在凌晨沿着山路冒着倾盆的暴雨驱车赶回村子，突发的山洪挡住了她前进的脚步，也挡住了她光辉灿烂的人生，30岁的黄文秀永远地留在了她奋斗过的那片土地上。而在2020年底，百坭村脱贫摘帽。

习近平总书记对黄文秀同志的先进事迹表示高度赞扬。黄文秀被追授"时代楷模""全国脱贫攻坚楷模"和"全国优秀共产党员"等称号，获"中国青年五四奖章"。2021年6月，黄文秀被授予"七一勋章"。

二、黄文秀精神内涵

1. 信念坚定，对党忠诚

坚定的理想、信念和政治责任是巨大的精神动力。2016年，北京师范大学毕业生黄文秀本可以留在大城市，找到一份高薪工作，但她却果断决定回到家乡。很多人都不理解她的决定，她的导师亦是如此，但她说："我来自广西贫困山区，我要回去，把希望带给更多父老乡亲，为改变家乡贫穷落后面貌尽绵薄之力。"这也是黄文秀最初的抱负和梦想。她头也不回地选择奔向家乡工作，回到那个养育她的地方，"我就是要回去的人"，并自愿请求担任重度贫困村的第一书记。黄文秀的入党申请书这样写道："一个人要想过上有价值的生活，就不能只想着自己，不能只为自己而活，必须要用自己虽然微弱但坚定的力量为人民、社会和国家奉献自己的一份光和热"[②]，这段话表达了她对党深厚的感情和追求党的目标的终身决心。她说："扶贫路上只有前进没有后退。"黄文秀始终牢记党的指示，在脱贫攻坚任务中庄严宣誓"不赢不退"。在此之后，她全心全意、无私地投身于扶贫一线，用青春诠释着共产党人的信念和责任。

2. 拼搏奋战，践行使命

全心全意为人民服务是党的宗旨，也是中华民族每一代共产党人的永恒愿望。驻村后，黄文秀迅速进入角色，一心为村里办实事、办好事。进村入户，寻找项目，夜以继日地寻求脱贫解决方案，带领人们探索适合发展的产业——

---

① 张国成：《黄文秀 脱贫攻坚战场上绽放的黄花》，载《当代广西》，2021（Z2）。
② 庞革平，李纵：《黄文秀：返乡扶贫 奉献青春》，载《共产党员（河北）》，2021（Z1）。

种植砂糖橘和八角等，还配套地建立了电子商务服务站，实现了短期、中期和长期产业的结合，有力带动了贫困群众脱贫致富。为了使百坭村的路况有所改善，她长期带领村集体领导班子通宵协商计划，商量对策，积极筹集资金修路通路，村子的交通条件得到了有效的改善。她联系母校的教师和学生来到村里提供教学支持，并多次努力在百坭村组织筹建一所幼儿园……经过艰辛的努力，百坭村实现了贫困户的产业发展，村集体经济项目收入翻了一番，贫困发生率已从黄文秀刚到百坭村时的 22.88% 下降到 2.71%。正是党和人民之间的血肉联系，让黄文秀牢记自己的目标，尽职尽责，用艰苦奋斗诠释了共产党人的初心和使命。

3. 勤勉务实，心系群众

奋勉、务实、无私是新时代共产党员的鲜明特征。在发展过程中，无论旅程有多远，困难有多大，只要始终将人类幸福视为工作的动力，将毕生致力于这一目标，就会不断取得新的成就。在百坭村 472 户家庭中，195 户贫困户，一共 11 个屯，村民分散在不同的区域，最远的位于距离村庄中心 13 千米的地方。为了把工作做得更好，黄文秀就狠下心来，缩衣减食地贷款买了一辆车。黄文秀开着它翻山越岭去往每一个贫苦户家里了解最真实的情况，车子在蜿蜒的山路不断盘旋，留下的是文秀书记的一路花香。她帮助村民打扫小院、干农活，下地帮助人们采摘砂糖橘、种植山茶树。除了解决扶贫问题，她还尽全力学会在日常生活中通过方言与村民交流，慢慢地，村民们喜欢上了这个可爱的尽心的姑娘，认为她是一家人。黄文秀的结对帮扶对象是 53 岁的韦乃情，黄文秀不仅仔细了解他真正的困难，帮助分析导致他贫困的主要原因，还申请了扶贫贷款，帮助他投资种植了 20 亩的油茶树。2018 年，韦乃情一家成功脱贫。谈到黄文秀，他感叹道："她全心全意地帮助我，就像我的女儿一样。"不忘初心、践行初心，最真诚的表达和最诚挚的行动就是牢记人民对美好生活的向往，多做群众喜闻乐见的工作，当好人民的公仆，全心全意为人民服务。

三、黄文秀精神对大学生的德育价值

1. 有利于坚定大学生的理想信念

黄文秀遵循初心、担当使命的精神指引，激励大学生自觉成为新时代征程上新思想的坚定践行者。理想和信念是共产党员精神中的"钙"，如果理想和信念不确定，精神必然缺乏"钙"。黄文秀的精神内核源于她对党的忠诚和坚定的理想信念①，符合中华民族几千年继往开来的"精神谱系"。坚定理想和信念、在事实中寻找真理、艰难的斗争和贡献的意愿是息息相关的。因此，对大学生进行模范教育，可以激励他们学习"时代楷模"为国家利益和人民幸福而奋斗的精神，高举理想旗帜，遵循中国特色社会主义和改革开放的伟大实践，努力实现共产主义的崇高理想。

2. 有利于培养大学生的奋斗精神

黄文秀奋战脱贫攻坚的果断性格激励着大学生在新时代的征程上自觉成为具有新思想的勤劳奋斗者。敢于吃苦是共产党员的宝贵品质和优良品格，黄文秀用真切的行动深刻诠释了共产党员的精神内核。黄文秀自愿投身扶贫一线，刚毕业不久就主动请缨到贫困村担任第一书记。在脱贫攻坚这场伟大的"战斗"中，她发扬锲而不舍的长征精神，牢牢把握和坚定自己的立场及目标，始终保持积极的奋斗态势，攻克了一个个难关，迈过一道道坎坷，取得了良好成效，带领群众成功脱贫致富。伟大的奋斗精神深深植根于中华文明的悠久历史，在生活的社会实践中发展，在日新月异的创新创造中升华。因此，弘扬榜样的先进力量，对大学生进行模范教育有利于大学生更深刻地学习和传承"时代楷模"的强大精神力量，让艰苦奋斗、不怕吃苦的钉钉子精神更好地内化于心、外化于行，更好地引领大学生树立艰苦奋斗的理念，使奋斗精神成为新时代的最强音。

3. 有利于锤炼大学生的党性品格

黄文秀把群众利益放在首位，激励大学生真正专注于实际工作，锤炼党性。黄文秀是一个坚强而坚定的人，自力更生，始终保持乐观向上的态度。她热衷于帮助他人，用自己的言行感染每个人，激励每个人去前进。黄文秀之所以深深扎根于人们的心中，是因为她热情地付出和默默地奉献。她忠于人民，做的每一件事，都赢得了群众的信赖。她坚守在岗位上，她牵挂着人民，直至战斗到生命的最后一瞬，彰显了新时代共产党员的伟大品格。她把人民放在心中，坚持以人民为工作和生活的中心，自觉坚定地走群众路线，真正注重实际工作，奠定了坚实的群众基础，赢得了光荣的人生。因此，对大学生进行模范教育可以鼓舞大学生敢于担当、积极行动，有利于大学生通过自觉提高道德修养，坚定地站在人民的立场上，成为中国特色社会主义的践行者。

---

① 何颖，陆春：《黄文秀精神的新时代意义》，载《当代广西》，2020（13）。

四、运用"时代楷模"精神增强大学生理想信念教育的路径

1. 明确理想信念教育方向

大学阶段是形成"三观"的关键时期,必须在人生的这一重要阶段加强和深化理想信念教育。"时代楷模"是最好的教材,它不仅是新时代革命爱国主义精神的良好思想引领,而且有助于我们学习"时代楷模"牢固树立共产主义远大理想,坚定走中国特色社会主义道路的坚实信仰;学习"时代楷模""不忘初心、牢记使命"的初心和责任感;学习"时代楷模"正确认识集体主义和个人主义,坚守"四个自信"的优秀品格。作为中国人,新时代的每个大学生都必须有明确的方向、坚定的信念、高度的责任感和主人翁意识,为建设社会主义现代化国家贡献自己的智慧和力量。

2. 建立"时代楷模"精神长效育人机制

高校要完善思想政治教育新机制,积极推广"时代楷模"作为主要先进典型,开设充满活力的思想政治课,丰富课程教学。以思想政治课为教育主战场,运用"课程思政"教育,建立在线教育体系,实施长效教育机制。通过案例+模式的使用,更新教学方法,激发学生的学习兴趣;通过讲述榜样故事、播放歌颂榜样的歌曲或视频等方式,在思想政治课上调动学生积极参与课堂的主动性。此外,学校可以强化"课程思想+政策"的理念,构建一个全面、全员、全息、全过程的合作体系[①]。高校不仅要传授专业知识,还要充分利用时代的榜样,融入理想信念教育,加强学生价值观建设。

3. 牢牢把握网络育人新阵地

充分利用媒介传播,建立科学教育体系。高校可以更多通过网络新阵地,利用新兴的网络素材和网络渠道,通过采用大学生更有兴趣、更喜爱的方式丰富思政教育的内容和形式,而不是单纯地灌输或僵硬死板的流于形式地宣传"时代楷模"。通过使用社交媒体矩阵,采用微信、微博等客户端定期制作和上传有关楷模事迹的音频或视频,以期加强学生的主动性和参与性。在课堂上,根据课程知识的需要,可以通过网络创建与"时代楷模"故事的实时关系,讲

---

① 胡自爱:《"时代楷模"精神融入高校大学生理想信念教育的路径研究》,载《黑河学刊》,2020(3)。

述"楷模精神",引导学生的思维,丰富课程教学案例。可以开展与"时代楷模"相关的一系列活动,例如"楷模精神"分享会、楷模故事沙龙或相关比赛等,以期能够更广范围、更多渠道、更深层次地探索楷模的故事,发挥"时代楷模"在高等教育中的作用。深入落实立德树人的核心任务,真正把学生培养成热爱祖国、信仰热忱、政治素养和道德素养高尚、敬业精神强的高素质人才。

4. 建立与"时代楷模"对话机制

链接各类型楷模教育资源,融合当地和高校红色教育的先进实践,邀请"时代楷模"及其家人到校或组织学生与其进行面对面的交流对话。大家围坐圆桌聆听时代楷模的讲述,学习讨论楷模精神,能让学生更加生动地了解楷模榜样的事迹和精神。沉浸式移情可以避免空洞的修辞,使大学生更容易接受和融入,这对大学生将会起到更好的启发和教育作用,增加学习的情感深度,使理想信念教育更加切实有效。

五、总结

"时代楷模"是"希望的灯塔",也是指引我们前进和指引我们走向胜利的"风帆"。他们在生活中以积极的奋斗精神践行社会主义核心价值观。他们用真实的情感照亮社会,用实践诠释伟大精神,不断为我们注入正能量。心中有信念,行动有力量。黄文秀始终牢记共产党员的初心和使命,全心全意投身脱贫攻坚第一线,谱写了新时代青年之歌,成为新时代青年人的灯塔。

大学生要自觉自发地发扬和践行"时代楷模"精神,奋发图强,始终牢记为人民服务的信念,为祖国建设和民族复兴奉献自己的光和热,贡献青春力量;高校作为大学生三观塑造的主要教育阵地,应充分履行引导职能,以"时代楷模"的精神和行动为引领,加强对学生理想信念的教育,形成良好的合作机制;在社会层面,更重要的是要高度重视发扬和学习楷模精神,营造积极健康的向上向善的社会氛围。

正如习总书记所说:广大青年既是追梦者,也是圆梦人。作为新时代的大学生,需要始终将习近平总书记的谆谆教导牢记于心,对自己高标准、严要求。"时代楷模"的感人事迹和精神力量值得也需要社会中的每一个人认真地思考和学习,与此同时,我们每一个人也要在实际生活中践行"楷模精神",将实现个人价值与促进社会发展紧密相连,为实现中国梦贡献智慧和力量。

以融媒体为载体促进高校学生党员先进性建设探索

田海威

摘 要：高校学生党员先进性建设是高校思政工作的重要组成部分，是新时期高校学生党建工作的重要内容。本文意图在探讨新时代融媒体对党建工作的重要意义的基础上，探讨以融媒体为载体促进高校学生党员先进性建设的具体思路和方法，以达到促进和加强高校学生党员先进性建设的效果和目的。

关键词：融媒体；高校学生党员先进性建设；重要意义

高校学生党员具有党员、学生、青年等多重社会身份，从某种意义上来说，高校学生党员群体的先进性建设很大程度上可以影响新时代国家和民族的发展方向。因此，如何做好高校学生党员的教育工作，是当前高校思想政治工作的重中之重。融媒体是充分利用媒介载体的新型媒体，它能在人力、内容、宣传等方面进行全面整合，能够为当前高校加强和改进学生党建工作提供可行的途径。因此，立足高校学生党建工作和学生党员先进性建设的现状，以融媒体为载体促进高校学生党员先进性建设，具有可行性和有效性。

一、高校学生党员先进性建设的必要性

青年是整个社会力量中最积极、最有生气的力量，国家的希望在青年，民族的未来在青年。青年兴则国家兴，青年强则国家强。习近平总书记强调："实现中华民族伟大复兴的中国梦，需要一代又一代有志青年接续奋斗。青年人朝气蓬勃，是全社会最富有活力、最具有创造性的群体。党和人民对广大青年寄予厚望。"

高校学生党员作为青年中的先进群体，作为高校青年学生践行社会主义核心价值观的重要示范者，其理想信念、理论素养、道德情操、精神风貌、行为表现等需要切实走在广大青年学生的前面。这就对高校学生党员的先进性提出

了要求。高校学生党员是高校学生的中坚力量，他们担负着建设中国特色社会主义和实现中华民族伟大复兴的重要责任和使命，其先进性的建设对建设先进性政党具有重要的现实意义和战略意义，是实现国家可持续发展和巩固党长期执政地位的重要保证。加强高校学生党员先进性建设是党员巩固理想、坚定信念的有效方式，是高校学生党建和思想政治工作的必然要求。高校学生党员理想远大、信念坚定，对党和国家的长期发展具有重要的现实意义。

促进高校学生党员先进性建设有助于推动社会发展。高校学生党员是我国党政管理干部的主要来源。高校学生占社会工作人才队伍的比例逐年上升，他们中大部分都是党员，推动党员先进性建设，能够推动我国社会主义建设事业不断向前发展。

促进高校学生党员先进性建设有助于巩固党的执政地位，永葆党的先进性。当代大学生具有大胆创新意识及创新能力，充分重视高校学生党员工作，充分重视高校学生党员先进性的培养，能够保证国家人才资源的可持续发展，进而真正推动科教兴国、人才强国。

二、融媒体的特点

融媒体是充分利用媒介载体，把广播、电视、报刊等既有共同点，又存在互补性的不同媒体，在人力、内容、宣传等方面进行全面整合，实现"资源通融、内容兼融、宣传互融、利益共融"的新型媒体。目前新型媒体还不是一种固化的成熟的媒介组织形态，而是仍处于不断探索不断创新阶段的媒体融合方式和运营模式。

融媒体时代展开了一场传播范围广泛和形式多样的变革，媒介格局、舆论环境、话语主体、传播方式等都在发生变化，报刊、广播、电视等传统媒体与微博、微信等新兴媒体相互融合，媒介资源的功能、技术、方式、价值等得到了全面提升。这对于新闻的时效性、可读性甚至新闻内容的呈现形式都提出了新的要求。传统媒体只有不断融合新思维、新技术、新形式才能迎合受众需要，主流媒体融媒体创新发展势在必行。

融媒体时代背景下内容输出相对简短精炼，这满足了受众使用移动设备进行"浅阅读"与"轻阅读"的需求。另外，融媒体不仅具备资源共享、更新快捷、互动开放等突出优势，而且还将受众作为传播的主人公，这种传播模式打破了既有格局，信息接收者同时也成为信息传播者，甚至成为舆论热点的主导者。这也给高校学生的生活和学习带来了新的变化。微教学、微视频教学模式比重增加，这种教学更加直观形象且便捷，学生不再受教学时间、教学地点等因素的严格限制。高校学生的生活方式也逐渐零散化，在这种零碎的时间里，学生不仅能进行学习和社交，还能了解更多信息。

三、融媒体在高校学生党员先进性建设中的作用

融媒体的主要特点是资源共通和内容共融，具备传统媒体和新媒体的多重优势，它能够有效突破时间和空间的限制，具有开放性、多元性和互动性，能够增加广大学生党员对思政教育的亲近感，能够提升思政教育的实效性。利用短视频等方式呈现和传播思政学习内容，不仅能够突破时间和空间的限制，随时随地开展党课学习，还能有效激发学生党员的学习积极性，使得学生党员自发地进行党课学习。在开展党建工作方面，融媒体的开放性和多元性能够为党员教育提供丰富的手段，这对提高高校党建工作质量和提升高校思想政治教育效果有重要的现实意义。另外，融媒体还具备高效的传播能力，能够很好地发挥高校思政教育的价值，能够针对性地为学生输送正确的价值观念和思想意识，还能巩固思政教育成效，最终助力达成立德树人的目标。

北京科技大学东凌经济管理学院的辅导员刘冰就很好地利用了融媒体的作用，创立了微信平台——大冰辅导员，在此，你可以找到《起草讲话发言材料的"三有"秘诀》《受得了多大委屈，做得了多大事业》《〈党委会的工作方法〉给辅导员的九个启示》《"签"还是"等"，主要看"研值"》等，这些文章很好地利用了融媒体的力量，具有很强的针对性和时效性。刘冰说："只有紧扣学生思想的'兴奋点'，借助流行话题的'吸引点'，直面社会舆论的'争议点'，才能和学生产生思想上的碰撞，激发学生的内生动力，思想政治教育才能取得实效。"

高校思想政治教育工作说起来虚，但做起来必须实。要利用好新媒体，把握好融媒体时代带来的网络红利，有效地把立德树人的根本任务融入每一篇网络图文信息、每一个微动漫微视频作品、每一次线上互动交流之中，进而促进高校学生党员的先进性建设。

四、以融媒体为载体促进高校党建工作建议

（一）加强高校党建队伍的组织和培训

融媒体时代下，高校要想做好学生党员的思想政治教育工作，必须构建一支党性素质较高、理论水平较高、教育教学能力较强以及融媒体技术水平较高的高校党建队伍。首先，需要挑选出优秀的高校教职工党员，发挥其带头作用，引领学生党员构建思政教育平台，为高校抢占网络思政教育阵地打下坚实基础。其次，利用各种融媒体资源开展培训活动，帮助思政教育人员深入了解融媒体知识内容、操作方式，以便于顺利开展思政教育工作。另外，使用融媒体技术，于支部开展试点活动，感受融媒体在党建工作发挥的作用，进而在本专业乃至于全校展开新型思政教育工作。最后，关注学生党员群体，积极了解学生的日常思维动态，通过融媒体平台为学生纠正错误思想，促进学生健康成长。融媒体时代下高校的思政教育工作必须与新媒体相融合，创新党建和思政教育方式，提高教育质量和教学水平，为提高学生思政水平提供有利条件。

（二）搭建高校党员先进性建设新平台

在融媒体时代，应充分利用融媒体的优势，创新党建工作模式，搭建党建工作新平台，提高党建工作实效，扩大党建覆盖面及影响力。

高校可适当借鉴已成功搭建的党建工作平台，吸取相关经验，学习该平台的搭建手段、优势与方法，结合本校办学特色与党建工作特点，建设新型高校党建工作平台。在搭建过程中，应重点突出信息的真实性和及时性，采取多样化的呈现方式，以学生党员为主体，从其兴趣爱好、专业特长等方面入手，满足高校师生与党建工作者的多元化需求。另外，高校思政工作者应充分发挥本校学科优势，整合思政教育资源，鼓励马克思主义学院教师与思政工作者一同参与课程建设。最后，借助搭建的微平台定期开展主题鲜明的思政教育活动，利用微信公众号、学习强国等平台，开展多样化的主题线上活动，形成线上线下联动思政教育模式，促进高校学生党员的先进性建设。

（三）促进高校学生党员先进性教育常态化

首先，背靠融媒体建立新型考核机制，定量考核和定性考核相结合，对学生党员进行定期考评，建立有效激励机制，定期组织开展优秀党员评选表彰活

动。其次，借助融媒体平台，开展多样化的党建活动，邀请党务工作干部、优秀党员教师、辅导员以及学生党员等讲党课，组建成宣讲队伍，讲授党的基本理论知识和党务知识，碎片化学习党史，学习党的精神相关活动，在潜移默化中建设高校学生党员的先进性。最后，利用融媒体资源，拓展党建渠道，丰富思政教育内容，如参观红色教育基地、观看红色影片等。"当网络成为日常生活不可分割的一部分，辅导员与学生之间'键对键''屏对屏'式的交流就必须成为常态。"刘冰如是说道。高校学生党员先进性教育自然也应当如此。

总之，高校学生党员是未来社会的中坚力量，建设和保持其思想先进性对我国未来的社会发展有重要意义。而进入融媒体新时代，我们应以此为契机，充分利用融媒体优势，打造高校学生党员先进性建设新模式，促进高校学生党员先进性教育。

参考文献

[1] 南岱松，杨智安：《融媒体时代做好高校党建与思想政治教育工作的措施》，载《四川劳动保障》，2024（1）。

[2] 孙远平，刘少文：《关于高校学生党员先进性建设的思考》，载《新长征》，2017（9）。

[3] 宋广强，单中元：《以开展党的群众路线教育实践活动为载体加强高校学生党员先进性建设研究》，载《社科纵横》，2015，30（4）。

[4] 刘栋：《基于融媒体的高校党建和思政教育发展策略》，载《办公室业务》，2024（1）。

[5] 章洪丽：《习近平党建思想对大学生党员先进性教育的启示》，载《辽东学院学报（社会科学版）》，2018，20（4）。

研究生党员学长制在思想政治教育中的实践

宋政衡

摘 要：本文探讨了研究生党员学长制在思想政治教育中的实践及其作用，突出了该制度在高等教育中提升思想政治教育覆盖面和深度的重要性。文章分析了研究生党员学长制的三大优势：多元化视角的引入、去官方化的亲和力以及实现思政教育的日常化。进一步地，提出了优化该制度实施的策略，包括建立多层次的培训系统和反馈评估机制，以及促进学长间的经验交流和学习。这些措施旨在完善研究生党员学长制度建设并提升思政教育效果，最终促进学长的个人成长。

关键词：党员学长制；思政教育；高校党建

一、研究生党员学长制与思想政治教育

思想政治教育是高等教育的重要内容，中共中央、国务院在《关于进一步加强和改进大学生思想政治教育的意见》（中发〔2004〕16号文件）中明确指出："组织大学生党员积极参与学生思想政治教育和学生事务管理服务工作。"近年来，各高校实行的"研究生党员学长制"是实现这一思想政治教育目标的重要实践。

"研究生党员学长制"旨在选拔思想觉悟高、专业能力和沟通能力较强的高年级研究生党员，在辅导新生适应大学生活、增进学术追求和思想政治教育中发挥模范带头作用。这些优秀的党员学长不仅在生活、学习等方面给新生提供支持，更在思想等深层次方面提供指导，这一制度在助力新生更快地融入大学环境的同时，更能利用党员的先锋模范作用有效地提升思想政治教育的覆盖面和深度。"研究生党员学长制"还促进了学长自身在政治素养和社会责任感上的提升。这种互助互惠的模式不仅提高了思想政治教育的实效性，也构建了

一个积极向上的学习和成长环境。[①]

二、研究生党员学长制在思政教育中的优势

"研究生党员学长制"是实现《关于进一步加强和改进大学生思想政治教育的意见》中所提出目标的一种有效途径,这一朋辈教育形式在思政教育中具有视角多元化、去官方化和日常化的优势和特点,能够在高校的思想政治教育中发挥重要作用。

1. 多元化视角的引入

"研究生党员学长制"引入了与传统教师角色互补的独特视角。不止学习和生活方面,在思想方面,研究生学长也能够提供更接近学生经验的观点和建议。这种来自近龄辈的视角,能够给予新生更具体化和个性化的建议。因此,与教师的指导相比,学长的建议往往更加贴近学生的实际需求和心理状态,使得思想政治教育更加贴近学生的真实生活和心理发展情况。

此外,"研究生党员学长制"涵盖了不同年级和专业的研究生党员,这种多元化的信息和经验交流平台使得思想政治教育不再局限于单一的传播途径或内容。例如,来自不同背景的研究生学长可以分享他们对学习、研究和校园生活的不同见解和经验,从而帮助新生更全面地理解和适应大学生活,同时也丰富了思政教育的内容和形式。

2. 去官方化的亲和力

研究生党员学长与新生之间的关系较为平等和亲近,不同于传统的教师与学生的关系。这种以同辈身份出现的交流模式使得思政教育更为接地气,易于被学生接受。学长们以党员身份的个人经历和实践操作,增加了思政教育的真实感和感染力,从而更容易建立起学生的信任和亲密感,有效促进了思想交流和价值观的认同。

同时,研究生党员不仅是指导者,更是价值观和行为典范的体现者。这种榜样效应能够激励低年级学生积极学习和模仿,从而在无形中推广和加深了党的理念和社会主义核心价值观。通过这种方式,党员学长制不仅拓宽了传统思政教育的路径,也使其内容更加丰富和生动,更能够触及学生的内心世界,促使他们从内心接受和认同社会主义核心价值观,增强了思政教育的吸引力和影

[①] 肖小琼:《论高校优秀党员学长制》,载《教育与教学研究》,2012,26(8)。

响力。这种去官方化的亲和力为思政教育创造了一个更加开放和互动的环境，使思政教育既富有教育性也充满了人性化的关怀，极大地提高了教育的有效性和学生的参与度。

3. 实现思政教育的日常化

"研究生党员学长制"利于通过在日常生活中的互动，潜移默化地实现思想政治教育。将思政教育内容融入日常学习、生活指导和交往的方方面面，学长们能够以其自身的行为和态度，无形中传递社会主义核心价值观和党的理念。

研究生党员学长们通过分享个人的学习经验、职业规划指导以及日常生活经验，可以将抽象的政治理论与具体的生活实践紧密结合。这种日常化的互动利于降低学生对思政教育的抵触情绪，让其在轻松的环境中接受和理解相关内容。例如，在讨论学术问题时，与之相关的政策与背景也是重要内容。此外，学长更有机会利用非正式的聚会和活动，进一步将思政教育自然地融入学生的社交活动中。

通过这样的日常化实践，"研究生党员学长制"有效地将思想政治教育从教室延伸到了校园生活的每一个角落，使得思政教育更加生动、具体且易于接受。这种教育方式不仅加深了学生对党的理念的理解和认同，也促进了他们的全面发展，从而提高了思政教育的渗透力和实效性。

三、关于研究生党员学长制在思想政治教育实践中的思考

综上，"研究生党员学长制"在思想政治中存在一定的优势，为了充分发挥其作用，确保研究生党员学长在思想政治教育中的作用得到最大化，应从多个方面对其进行优化完善。

1. 建立多层次的培训系统

一个多层次的培训系统能够确保学长们具有参与思想政治教育实践的基本能力。该系统的主要目标是提升学长们的理论水平、沟通能力和心理辅导技能，以确保他们在执行任务时能够准确、有效地传达党的理念和政策。

首先，理论培训是培训系统的基础。定期组织研究生党员学长参与学习最新的党的理论和政策，如习近平新时代中国特色社会主义思想，以及对当前国内外政治经济形势的深入分析。这不仅有助于学长们准确理解党的最新方针政策，也使他们能够在与新生的交流中提供准确的信息和指导。此外，通过引入

政治哲学、社会学等学科的基本理论，学长们可以更全面地理解和解释社会现象和政策背后的深层逻辑。其次，技能培训是提高学长实践能力的关键环节。比如，提供沟通技巧培训，如有效的一对一谈话技巧、团体讨论的引导方法以及如何进行有效的公开发表等。这些技能对于学长们的日常思政教育实践至关重要。最后，跨学科的知识整合能够丰富学长们的教育视角。结合心理学、教育学等相关学科的知识，帮助学长们从多角度理解学生的需求。

通过培训提升研究生党员学长在思政教育中的专业性，还能在思政教育的过程中实现其自我成长，最终达到提升整体思想政治教育质量和效果的目标。

2. 建立反馈和评估机制

为确保"研究生党员学长制"在思想政治教育中的实施效果，建立一个系统的反馈和评估机制是至关重要的。这一机制的目标是监控和评价学长制度的执行情况，确保其教育活动能够达到预定的目标，并根据反馈进行适时的调整和优化。

首先，应定期向新生、教师和学校行政人员等相关人员收集反馈。这可以通过问卷调查、个别访谈、小组讨论等多种形式进行。特别是对新生的反馈，应关注他们对学长在提供思想政治教育方面的满意度、哪些教育内容和活动最受欢迎以及对他们适应大学生活和理解党的政策有实际帮助的方面。此外，也应收集新生对学长在沟通、支持和指导其他方面的评价，以全面评估学长们的表现。

其次，学长的表现评估是反馈和评估机制的核心部分。应设立明确的评价标准，包括学长在思想政治教育中的参与度、创新性和影响力等方面。通过对学长的定期评估，可以识别哪些学长在履行职责时表现突出，哪些需要进一步培训或指导。此评估结果不仅对学长个人的成长和发展有益，也能帮助优化学长队伍的结构。最终，基于收集到的反馈和评估结果，应制定相应的激励措施和改进策略。对于表现优秀的学长，可以通过表彰、提供更多的培训和发展机会等方式进行激励，而对于反馈中指出需要改进的地方，应及时调整思政教育的内容和方法。

3. 建设学长间的经验交流和学习平台

为了提升研究生党员学长制在思想政治教育中的实施效果，促进学长之间的经验交流和学习是一项重要的策略。这不仅有助于提高学长们的思政教育技能和理论水平，还能够通过分享不同的经验和观点，增强整个学长团队的创新性和适应性。

为了系统化地推动这一过程,应定期组织交流活动,如研讨会、工作坊和经验分享会。这些活动可以设立为面对面的会议或在线交流会议,以便于不同地区或有时间限制的学长能够参与。在这些活动中,学长们可以展示自己在思想政治教育中的实践案例,包括成功的经验和遇到的挑战,以及如何解决这些问题的策略。另外,高校可以建立一个相关的案例数据库,收集和整理学长们在实践中的具体案例和经验。这个数据库应包括详细的活动记录、实施策略、反馈结果和改进措施等,供所有学长随时查阅和学习。通过这种方式,学长们可以更方便地获取其他人的经验教训,从而避免重复工作,同时找到适合自己情境的方法。在经验交流的过程中,应鼓励学长们进行批判性思考和自我反思。通过指导学长们如何对自己的教育实践进行系统的反思,可以帮助他们从中识别出哪些做法是有效的,哪些需要改进。这种反思过程不仅能提升学长个人的教育技巧,也能为整个思想政治教育的实践带来更多的创新和进步。

四、结语

　　通过本文的分析,可以看出"研究生党员学长制"在思想政治教育中的实践不仅深化了教育内容的多元化和日常化,而且通过去官方化的手段增强了学生对这些教育活动的接受度和思政教育的亲和力。该制度有效利用了高年级研究生党员资源,为新生提供了一个全方位的学习和适应环境,同时也为学长自身提供了成长和提升的机会。然而,要充分发挥研究生党员学长制的潜力,需要学校不断优化支持措施,包括但不限于提供持续的培训、建立有效的反馈机制,并鼓励学长间的知识和经验分享。未来,高校应继续探索和完善这一制度,以实现其在思想政治教育中的最大效用。

一融双高，立德树人：高校"党建+"融合模式探索

田仕顺

摘 要：习近平总书记关于高校党的建设重要论述和党的二十大会议精神是我国高校新时代党建工作与事业发展重要的理论指引和方法遵循。高校肩负着人才培养、科学研究、社会服务、文化传承创新和国际交流合作的重要使命，是新时代新形势下落实立德树人根本任务和推进学科建设发展根基的主阵地。文章基于当前高校学生党建工作存在的现实困境和"推进党建与事业发展深度融合、高质量党建引领高质量发展"（一融双高）的宏观思路，结合学生支部日常工作经验，积极探索高校学生支部"党建+"融合互动模式的实践方案，以期提升高校基层党建工作质量和高校专业人才培养效能。

关键词：高校学生党建；"党建+中文"；融合互动；高质量发展；立德树人

习近平总书记在党的二十大报告中强调要"把基层党组织建设成为有效实现党的领导的坚强战斗堡垒"，全国组织工作会议提出要"围绕推动高质量发展、创新社会治理，增强基层党组织政治功能和组织功能"，这为加强基层党组织建设明确了目标和方向。高校基层党组织是党在高校全部工作和战斗力的基础，承担着将党的路线方针政策和党中央重大决策部署在高校贯彻落实的重要职责和使命。① 习近平总书记还指出"要把立德树人的成效作为检验学校一切工作的根本标准"。② 新时代下的高校党建工作应当充分考虑党建工作和事业工作的有机相融，推进党建与事业发展深度融合，以高质量党建引领高质量发展，而高校学生党建工作作为高校基层党建工作的重要组成部分，与新时代"立德树人"根本任务的落实密切相关。高校基层党组织应积极进行工作理论

---

① 刘素贞：《新时代提升高校基层党组织组织力探析》，载《思想理论教育》，2021（11）。
② 习近平：《在北京大学师生座谈会上的讲话》，载《人民日报》，2018-05-03。

和实践创新，疏通党建与事业融合促发展过程中的梗阻，关注自身发展过程中的现实难题与瓶颈，引导学生支部积极探索培育"党建＋事业"特色融合模式，促进高等教育高质量发展，确保落实好立德树人的根本任务，为党育人，为国育才。

一、现实困境：新时代高校学生党建工作的不足

自党的十八大以来，习近平总书记就坚持和加强党对高校的领导及高校党的建设发表了系列重要讲话，多次作出重要指示批示。全国高校各级党组织认真贯彻落实新时代党的建设总要求，坚持党的教育方针，高校党的政治建设统领作用充分发挥，党对高校全面领导的制度体系日趋完备，基层党组织体系和党员队伍建设质量持续提升，高校党建工作取得了系列成绩。[①] 但是聚焦更为基层的高校学生党建工作，由于基层组织下沉不足，仍然存在一些不足。

（一）学生支部组织活动效果有待加强

"创新组织生活形式，提高组织生活质量"是高校学生党支部的基本任务。学生支部组织活动的效果关系上级组织精神的传达贯彻和对学生党员政治教育的效果。当前高校组织工作部门组织开展样板党支部建设、特色品牌党建活动、党建课题等工作，都是为了提升基层党组织的活力，其中涌现出很多典型模范，但是从更普遍的工作情况来看，许多学生支部委员会组织活动水平能力有限，支部组织开展的活动，无论从形式还是效果来说，都有待改善加强。高校学生党支部组织活动效果受以下两个方面的影响。

1. 学生党员参与组织活动积极性不高

从主观因素来讲，参与活动的党员主体，其对待活动的态度和意愿直接影响组织活动的参与度。调研访谈发现，高校学生党员属于高校学生群体中比较优秀的部分，这部分学生学习任务繁重、内卷形势严峻，十分注重自己的专业学习和个人发展，尤其在其面对学业分身乏术之际，容易对支部组织开展的教育学习活动产生抵触情绪，倘若组织生活形式单一、内容枯燥，则更会加剧学生党员这种消极心态。

---

① 张大卫：《新时代高校基层党建高质量发展的对策思路》，载《西藏民族大学学报（哲学社会科学版）》，2023，44（5）。

2. 活动形式单一内容枯燥创新性不足

学生党员对支部组织活动积极性不高，也存在一部分客观原因。学生支部组织开展活动能力水平有限，无法创新组织活动形式，生动传达上级精神，深刻进行政治教育，往往只是进行机械性的集中阅读、视频学习、传达文件、心得分享活动，活动效果不甚理想，在一定程度上，也让支部学生党员的积极性降低。学生支部活动开展效果需要基层党组织重点关注，要提升支部开展组织活动的能力，同时也应该搭建支部交流平台，加强各个支部之间的交流合作，让好的经验在支部之间得以复制；另外，基层支部也应该做好调研工作，及时向党员了解支部的发展情况，下沉到位。

(二) 理论学习更待入脑入心联系实际

在学习贯彻习近平新时代中国特色社会主义思想主题教育中，强调理论学习要入脑入心、笃信笃行。理论学习入脑入心，首先要品味理论之甘，了解理论在历史长河和工作实际中发挥的重要作用，对理论的科学性真心信服；其次要多思多想，深刻领悟和把握理论的科学依据和底层逻辑，以思促学；而理论学习"入脑入心"的终极目标还是理论指导实践"入行"，在实际工作中不断运用和体悟理论，才能更好做到"入脑入心"。当前高校学生支部，理论学习入脑入心联系实际方面还存在许多不足。

一方面，学生党员理论学习不足。高校学生党员往往自认为学历水平较高，学习能力较强，认为党的创新理论和政策方针不需要耗费太多精力学习，没有足够重视，导致对理论的认识不足，理论水平不高；或者认为理论学习对于学生并不重要，并不上心，应付了事。另一方面，高校学生党员理论结合实际的能力也有待提升，在实际生活中存在理论实践"两张皮"的情况。学生党员理论学习未能学深悟透，在运用理论指导实践、创新工作方法方面自然稍显乏力。理论学习要做到"入脑入心"，务必坚持我党理论联系实际的思想路线，运用理论去分析解决问题，在实践中检验理论，加深对理论的体悟，不断创新工作方法，提升工作能力。

二、时代需求：新时代党建与事业发展的同频共振

在中国式现代化建设进程中，高质量发展是我们需要面对的重要课题。面对新时代、新形势呈现出的新特点，高校又当如何处理好党建与教育事业发展这二者之间的关系，以期实现二者的高质量发展？党的建设是教育事业发展的

重要内容,也是教育事业发展的重要保障;而教育事业的发展也将反哺党的建设,面对当前复杂的形势,二者更应当深入融合、同频共振、互融互促、共创共荣。

在2021年,中共中央印发了《中国共产党普通高等学校基层组织工作条例》,进一步明确了推动高校党的建设与高等教育事业发展深度融合的要求,"坚持高校党的建设与人才培养、科学研究、社会服务、文化传承创新、国际交流合作等深度融合,为高校改革发展稳定、完成党和国家重大战略任务提供思想保证、政治保证、组织保证"。[①] 但是就目前的情况,高校党建与教育事业发展的融合程度还有待深化,高校中"要么片面地抓党建、要么孤立地抓业务"[②] 的割裂情况仍然存在,这就要求高校坚持目标导向、问题导向和结果导向,基于高校教育事业高质量发展的阻力和障碍问题,不断增强基层党组织的政治功能和组织功能,不断推动党建与事业的深入融合发展,全方位提升高校党建工作质量效果,以高质量党建促进教育事业的高质量发展,让高校的人才培养、学科建设、科研工作、社会服务、文化传承等领域更上一层楼,真正意义上实现新时代党建与事业发展的交融互促。

那么,党建和教育事业应该如何有机融合,才能形成推进高质量发展的动能?党的建设是为了保证社会具体事业的发展沿着中国特色社会主义道路的方向,需要为教育事业建设提供原则性引领和方法论指导;教育事业的发展,以立德树人为根本任务,培养出德才兼备的社会主义事业建设者,也能够反哺党建,为党的建设提供人才储备和智力支持。所以,党建和事业发展深度融合、同频共振是新时代高校教育事业不断蓬勃发展的重要保障。需要注意的是,党建和事业发展也有各自具体的发展方法和目标导向,面对二者的深入融合,还需要结合具体情况进行辩证分析,寻找二者有机融合的交点,探索"一融双高"在具体组织的路径和模式。

三、路径选择:"党建+"融合模式的方案构想

针对目前高校基层学生党支部建设存在的部分问题,以及当前形势下党建与教育事业高质量发展的任务要求,"一融双高"需要作为高校发展的重要系

---

① 《中共中央印发〈中国共产党普通高等学校基层组织工作条例〉》,载《人民日报》,2021-4-23。

② 刘锦,宋晓东:《发挥基层党组织优势 推动高校学科建设》,载《上海党史与党建》,2005(3)。

统工程，高校各级组织都应该积极探索行之有效的路径和模式，以"党建＋"作为"一融双高"的重要抓手，结合形势政策以及各高校各学院具体情况，有效推进二者的深度融合。本部分将结合本单位学生支部日常工作开展经验，基于四川大学文学与新闻学院中国语言文学一级学科建设情况，积极探索"党建＋中文"融合模式，提炼"一融双高"在基层学生支部的实施方略。

（一）聚焦现实痛点，梳理融合交点

各学生支部日常应当积极主动了解社会时事热点，关注社会迫切需求，洞悉社会现实痛点，着力利用所学学科知识和专业技能解决社会发展的重点、难点以及"卡脖子"问题。基于此，梳理"党建"与"事业"的融合交点。以四川大学文学与新闻学院为例，其中国语言文学是国家重点一级学科，学院内二级学科设置完备，学科实力强劲，培育了一大批优秀的学子，在各行各业中积极承担相应的社会责任。在新形势下，学生党支部作为基层党组织的重要组成部分，应继续发扬优良传统，结合自身学科优势，思考"党建＋"的具体融合交点。

党的十八大以来，党中央国务院高度重视语言文字推广工作，语言文字事业站位更高远，内涵更丰富，取得了历史性成就。习近平总书记在党的二十大报告中强调应"加大国家通用语言文字推广力度"[①]。国家通用语言文字教育是我国民族地区教育工作中至关重要的一环，直接关系中华民族共同体意识的基础，也是我国实现区域协调发展，帮助民族地区人民提升生活水平，推动乡村振兴和实现共同富裕的重要路径。四川省作为一个多民族省份，且对我国西部地区有着较大的辐射力和影响力；四川大学又作为中国西部地区的重要高校，理应为民族地区国家通用语言文字推广献策出力。四川大学国家通用语言文字基地自获批成立以来，由我院专家教师团队主要负责相关工作，积极开展各类"推普"活动，定期定点对川西少数民族地区进行帮扶支援。我院学生支部，尤其是语言学及应用语言学、汉语国际教育、人类学专业对应支部，可以积极与基地联系，配合基地定期开展相关工作，与基地联合打造"推普"特色党建活动，既可以让学生党员深入民族地区基层，了解中国大地上真实的样貌，深刻体会党为人民服务的决心，锤炼党性和毅力，也可以帮助学生党员在实践中去提升自己的专业水平，用所学去服务社会，在实践中去体悟党的理论，真正做到入脑入心入行，进一步落实好"立德树人"的根本任务。学院学

---

① 《二十大报告全文发布，新征程上这些方面明确部署》，载《人民网》，2022年10月27日。

生党支部可以梳理"党建＋中文""党建＋新闻"等一系列"党建＋"模式的融合交点，将"一融双高"行之有效地落实贯彻。

（二）优化队伍结构，凝聚组织力量

在梳理融合交点的基础之上，高校基层党委需要结合学生支部开展"党建＋"的路径，优化调整支部的组织结构。现阶段学院支部大多是根据发展批次或相邻班级设置，会存在部分支部内学生党员专业差异过大，不利于支部委员组织开展"党建＋"特色活动，影响支部凝聚力，建议可以根据专业相关性和课题相关性优化学生支部结构，有助于支部凸显专业特色，避免党建活动同质化。另外，基层党委可以实行师生支部联建共建，提升学生支部打造特色活动的水平，同时营造良好的学习风气，以学生党员为模范先锋，在全学院起到带头示范作用。优化学生组织结构，能够更好地凝聚其学生党员和教师党员的力量，攻坚克难，突破高质量发展瓶颈。

（三）打造品牌活动，树立模范标杆

在上述两个策略布局之后，各个支部要着力结合自身支部党员、学院平台资源等情况，充分调动党员积极性，综合利用现有的平台和资源，构思培育主题鲜明、内涵丰富、措施务实、形式创新、影响广泛、党员欢迎的特色党建活动，并将其打造成为支部品牌活动，提升学生支部党建工作质效。基层党委要定期进行指导并给予关心，对学生支部培育品牌活动给予大力支持，遴选优秀的品牌活动，组织学生支部之间相互借鉴、相互分享，交流优秀的工作经验。另外，基层党委要注重对学生支部品牌活动的宣传，扩大模范标杆的影响力与示范力。

四、结语

"国无德不兴，人无德不立。育人之本，在于立德铸魂。"高校应坚持立德树人的根本任务和服务国家的最高追求，把学科建设作为发展根基，把深化改革作为强大动力，把加强党的建设作为坚强保证。在高校推行"一融双高"工作思路是当前形势下高质量发展的必然要求和应有之义，是贯彻落实立德树人根本任务的重要保证。各基层党委应积极探索以"党建＋"为核心的深度融合发展模式，将学科建设、事业建设与党建进行深度融合，引导学生支部积极打造品牌活动，提升基层党委工作质效。新时代新形势下，高校党建需要将凝聚人心、完善人格、培育人才、造福人民作为工作目标和任务，不断为社会输送德智体美劳全面发展的优秀人才，培养社会主义的建设者和接班人，为实现"两个一百年"奋斗目标和中华民族伟大复兴提供坚实的人才支撑。

人物、情境与内容：新时期高校如何创新开展党组织生活

王 孔

摘 要：青年党员是党和国家事业发展的主力军。高校各支部的党组织生活是青年党员接受理论教育和实践教育的重要方式，因此高校各党支部必须要开展好党组织生活，既要继承传统，又要根据时代特点加以创新。具体来看，新时期高校创新开展党组织生活主要围绕人物、情境与内容三个要素展开，总的基调就是既要坚持过往开展党组织生活的有效经验，又要依据当前社会生活和高校生活的特点加以创新。

关键词：高等院校；党组织生活创新；青年党员；党建路径

党建工作的开展关系党员的理论素质和作风做派，高质量地创新性地开展党建工作有助于保持党的先进性和纯洁性，提升党组织凝聚力和战斗力，推动党和人民事业的发展，因此必须加强党建工作。高校是青年党员的聚集地，是为组织培养高素质人才的摇篮。高校的党组织生活更是需要重点加强的工作，需要创新发展，走出一条不同于一般党组织生活的实施路径。就高校党组织生活的创新开展而言，要重点回答两个基本问题：第一，从时间语境下看，高校如何在新时期开展党组织生活。当前社会生活日新月异，而高校和社会生活在某种程度上而言存在着一定的隔阂，高校如何开展党组织生活才能衔接好学校和社会两个系统，才能适应新时期的要求，是亟待回答的问题。第二，高校作为主体，它和其他的责任主体存在着显著的差别。比如高校党支部成员以青年人为主，高校的主要社会职能是教书育人。这意味着高校党支部在开展党组织生活时要充分认识到高校的特殊性，形成既符合党和人民的要求，又能结合高校具体情况的创新路径。

具体来看，党组织生活的开展始终围绕着人物、情境和内容三要素，在高校中开展党组织生活也是要考虑这三方面的问题。第一，党组织生活要培养什么样的党员？要以哪些人物为榜样？如何面对与榜样人物的差距问题？第二，

将党组织生活放在什么样的情境之下？如何通过情境的选择弥补学校和社会之间的沟壑，培养"家事国事天下事事事关心"的具有社会关怀的青年党员？第三，党支部开展组织生活应当如何选择主题？如何生动讲述严肃而深刻的理论？解决这三方面问题，是新时期高校创新开展党组织生活的基本思路。

一、人物的传承创新

（一）对经典榜样的传承

在中国共产党成立和发展的过程中，出现了一大批经典榜样，比如在革命时期涌现了像江姐、刘胡兰等一批革命志士，在社会主义建设时期，出现了"铁人"王进喜、党的好干部焦裕禄等榜样人物。这些都是高校党支部开展组织活动时经常向支部成员宣传的经典榜样，对于经典榜样的学习是一项需要持续推进的工作。高校党支部开展经典榜样学习的过程中，要结合时代发展，对党员成长提出与时俱进的要求。

经典榜样的身上都突出表现了先进党员的精神品质，他们把党组织对党员的期许具象化。比如，江姐、刘胡兰等表现了共产党员无所畏惧、忠诚于党的精神，"铁人"王进喜、党的好干部焦裕禄等则是兢兢业业、自我奉献的代表人物。对于经典榜样我们要学习他们身上那种高尚的品质，以高标准严格要求自身。无论在任何时候，榜样都是需要我们学习的，他们身上的优秀品质都是需要我们传承的，因此高校党支部在开展组织活动时必须要学习弘扬好经典榜样的精神。

（二）对当代榜样身边榜样的挖掘

经典榜样的精神内核在任何时代都不过时，但是他们面临的历史情境跟我们当下所处的现实环境毕竟有所不同。因此高校党支部在开展组织生活时，一个重要的方向就是寻找当代榜样和身边榜样。通过对当代榜样和身边榜样的学习，党员同志能够更加切实地领会一个先进党员应该怎么做。

当代有大量的榜样人物值得广大党员同志学习，而且我们与他们同处于一个时代，对许多问题的体察和感受会更有共鸣。比如，在奔赴全面小康的路上诞生了一大批鞠躬尽瘁死而后已的党员干部，如黄文秀、张桂梅等。我们如果只是通过枯燥的文字描述脱贫攻坚有多伟大，对现在的年轻党员未必有所触动，但如果通过黄文秀的故事来讲述脱贫攻坚战的伟大之处，落实到具体的人物上，青年党员对脱贫攻坚的理解会更加深刻。

不仅如此，高校作为人才的摇篮，每年都有大量的青年党员从高校走向基层，为基层群众奉献自我。因此，从已毕业的校友中挖掘榜样是创新组织生活的重要方面。比如，邀请在基层工作的学长学姐分享他们在自我奉献过程中遇到的各种困难，以及他们如何应对困难，从中展示榜样的力量。不仅如此，在校学生中也可以发掘一些榜样，比如通过举办"十佳党员""十佳书记"等方式，评选出身边榜样，为青年党员提供可触碰到的学习的标杆。

二、情境的开放创新

高校党支部开展支部活动并不十分注重情境的作用，往往选择在教室里做一些领读学习活动。这一方面是组织活动的传统，说明高校党支部的组织活动长久以来一直采用"授课式"的方式，缺乏创新性、趣味性和互动性。另一方面高校作为教书育人的单位，延续了教学的传统形式，与社会的结合并不紧密，很多高校也没有鼓励学生走出校园开展组织生活的意识。要改变这种"授课式"组织生活情境，必须做到党组织生活与群众生活相结合、与地区文化相结合、与高校特色相结合，开展情境更加丰富多元的组织生活。

（一）党组织生活与群众生活相结合

所谓党组织生活与群众生活相结合，就是鼓励高校党支部到群众中开展组织生活。比如到街道办或者农村做一些力所能及的公益项目，邀请基层工作者做一些分享活动。将党组织生活与群众生活相结合，有助于帮助党员同志，特别是青年党员了解社会民情，为他们今后的人生成长之旅和服务人民之路打下坚实的基础。不仅如此，高校如果能够做到党组织生活与群众生活相结合，就能够向人民群众展示青年党员的风采面貌，维护加强党在人民生活中的地位和作用。

（二）党组织生活与地区文化相结合

每个地区都有每个地区的文化，高校党支部在开展组织生活时，要注重与地区文化相结合。高校党支部如果能够做到党组织生活与地区文化相结合，一方面能够将中国特色社会主义思想融入地区生活，避免犯下教条主义错误，另一方面也会让青年党员更加深入地沉淀到地区生活之中。

要注重挖掘地方红色文化，开展在地性的红色之旅学习。以成都为例，成都高校众多，红色旅游资源也十分丰富，比如成都市烈士陵园、十二桥烈士墓、辛亥秋保路死事纪念碑等。这些红色景点大多都有专业讲解，也保留了许多烈士遗物，而且从成都市内高校出发，基本上可以做到当日往返。通过这种在地性的学习，能够让高校青年党员更加真切地学习革命精神，更加深入地领会党员品质。

要关注地区生活，紧跟地区实事。许多高校所在城市会承办一些大型的活动，既是为了拉动地方经济发展，也是为了城市品牌建设。高校党员要积极地参与到这些与城市发展和城市生活有关的活动中，为当地城市发展贡献力量。以成都为例，2023年成都举办世界大学生运动会，川内高校纷纷开展了与之相关的党组织活动，鼓励一部分青年党员参与大运会志愿活动，邀请相关人员展开分享活动。据参与者反映，他们在这一过程中不仅增添了对成都这座城市的自豪感，也感受到了服务人民群众的充实感和满足感。

（三）党组织生活与高校特色相结合

国内有许多百年高校，这些高校的许多校友参与了历史上的革命活动，比如四川大学历史上培养了朱德、江姐等一大批优秀共产党员。许多高校在历史发展中形成了各自丰富的红色资源，如何用好这些红色资源，是高校党组织开展组织生活时需要重点考虑的问题。

四川大学在江姐原宿舍地址处修建了江姐纪念馆，收集了一大批红色遗物，并培养了高服务质量的志愿者团队，这就给各支部开展党组织活动提供了更多更好的资源。同时，四川大学英烈碑、四川大学博物馆也都是可以加以利用的学习资源。

三、内容的守正创新

（一）以经典理论原典为依据

党组织活动的形式丰富多样，既包括理论教育，又有实践活动，但无论是开展理论教育还是实践活动，都必须理解理论和实践的背后逻辑，这就要求我们要回归经典理论原典。

经典理论原典是我们理解社会主义理论的基础，解释了社会主义制度的优越性，为我们提供了丰富而宝贵的实践指导，特别是中国特色社会主义理论体系，在指导本国实践方面具有重要的历史意义和现实意义，更值得高校各支部深入学习。以经典理论原典指导党组织活动的开展，可以帮助党员更好地理解社会主义理论体系。特别是针对高校青年党员，他们的党龄较短，对理论的学习往往比较欠缺，回归经典理论原典能够为他们未来的成长打下坚实的基础。

要做到以经典理论原典指导党组织活动的开展，首先必须要做好顶层设计。学校层面必须要牢牢把握思想关卡，设计出能够融合经典理论原典内容的组织活动，并下发各支部具体执行。其次，高校各支部书记需要积极承担思想教育责任，主动学习经典理论原典，在支部党员的理论学习中，给出正确的理论指导。最后，落实到党员个人，要充分利用起各种党员学习渠道，如学习强国等。

（二）以新时代中国特色社会主义理论为内核

中国特色社会主义理论体系，包括邓小平理论、"三个代表"重要思想、科学发展观和习近平新时代中国特色社会主义思想。这一理论体系结合了马克思列宁主义、毛泽东思想以及中国式现代化的实践经验，是中国特色社会主义事业发展的指导思想，为我们提供了正确的方向和行动指南。

高校党支部以青年党员为主，他们的世界观、人生观和价值观尚且不够成熟，而对中国特色社会主义理论体系的学习，能够帮助青年党员树立正确的世界观、人生观和价值观。通过深入学习马克思主义立场观点和方法论，他们能够更全面地认识世界和中国的发展规律，从而坚定信仰、明确方向，在人生的道路上做出正确的决策。

在理论教育方面，高校各党支部可通过党日活动、三会一课等深入学习和探讨中国特色社会主义理论体系的核心内容和精神实质。通过组织专题学习会，邀请专家学者进行授课，或者开展小组讨论，让党员们深入理解和把握中国特色社会主义理论体系的基本观点、基本原则和基本方法。在实践方面，可以组织党员参与社会实践、志愿服务等活动，让他们在实践中深刻体会中国特色社会主义理论体系的指导意义和实践价值。同时，还可以利用校园文化活动，如举办讲座、展览、演出等，积极宣传和推广中国特色社会主义理论体系。通过这些活动，可以扩大理论体系的影响力，增强党员们对中国特色社会主义的认同感和自豪感。

四、结语

新时期高校要加快创新开展党组织生活的步伐，以适应青年党员的成长需求。从人物层面来说，要加强对经典榜样的学习，同时在适当的时候转变叙述方式，以适应当代价值要求。除此之外，还要加强对当代榜样的学习，他们所处的大背景与当代青年党员比较接近，青年党员也更容易理解他们的精神世界。就情境方面而言，高校在创新开展党组织生活的过程中要做到三个结合，即党组织生活与群众生活相结合、党组织生活与地区生活相结合、党组织生活与高校特色相结合。在内容方面，高校各支部在开展党组织生活时，要坚持既要学习经典理论原典，又要学习当代新理论，培养高理论素养和高实践能力的优秀党员。

高校"一站式"学生社区建设中党建引领作用的发挥、挑战与突破

袁 月

摘 要：四川大学"一站式"学生社区嵌入学生宿舍，是学生学习、生活、开展日常活动的重要场所。在党组织的政治、思想、价值等方面的引领下，"一站式"学生社区建设得以有序开展，反过来，"一站式"学生社区也为开展基层党建提供了关键场所。切实了解学生需求，依托"一站式"学生社区开展具有针对性、创新性、趣味性的活动，才能突破在"一站式"学生社区中开展党建工作的困境，推动"一站式"学生社区建设的长远发展，形成党建工作和"一站式"学生社区建设相辅相成、相互促进的良性循环。

关键词："一站式"学生社区；党建；引领作用

中共中央、国务院颁发的《关于进一步加强和改进大学生思想政治教育的意见》中明确指出："高校要高度重视大学生生活社区、学生公寓的思想政治教育工作，发挥大学生自身的积极性和主动性，增强教育效果。"据此，国务院提倡创立"一站式"学生社区，为高校学生提供更为便利的开展专业学习和思政教育的场所，帮助学生掌握专业技能、提升学科素养，引导其形成正确的人生观、价值观。党政军民学，东西南北中，党是领导一切的。党建发挥引领示范作用，推动"一站式"学生社区建设工作有更广更深的发展；"一站式"学生社区为党建提供依托，开展"党建+"系列活动。二者是相辅相成，相互促进的关系。

一、高校"一站式"学生社区的含义

为更好地开展学生工作，为学生的学习、生活、开展日常活动提供便利，促进学生的德智体美劳全面发展，高校将学生在大学校园中遇到的各种需求和服务都汇聚在一个固定的场所之中，给学生提供更加集中、方便、统一的服

务，这一固定场所就是"一站式"学生社区。[①]

以四川大学为例，"一站式"学生社区嵌入在学生宿舍中，每个围合都设有各学院相应的"一站式"办公区，能够向学生提供生活支撑、学习帮助、活动审批、心理辅导等各方面的服务。

在日常生活上，学生可以在宿舍门口的"一站式"学生社区完成饭卡充值、水费充值、缴费领款等，节约了学生前往特定窗口充值领款的时间，为学生的日常生活提供了便利。在专业学习上，"一站式"社区为学生提供了自习空间，遇到特殊情况需要熬夜甚至通宵完成学习或工作任务时，学生可在"一站式"社区自习，规避了外出自习的安全隐患。在日常活动中，四川大学为学生成长和全面发展提供了多元化的平台，学生可以通过社团活动、学院活动、学科竞赛等途径提升自我，活动需要审批时可以在"一站式"学生社区向学院辅导员申请，简化了申请流程。"一站式"学生社区既是学生活动的主要区域，也是党员活动区，学生可以在参与党组织活动的过程中提升自己的认识，形成积极进取的人生态度。在心理辅导上，也能通过和辅导员及时沟通纾解心理压力。

二、党建引领作用在"一站式"学生社区建设中的发挥

（一）党建在"一站式"学生社区建设中的思想引领

在"一站式"学生社区建设中发挥党建的思想引领作用，是"一站式"学生社区有效建设的前提。在"一站式"学生社区中开展党建工作，能够引导学生端正思想态度、用先进的思想和丰厚的理论知识武装自己，增强学生的核心竞争力，为建设社会主义现代化国家贡献自己的青春力量。

要让思想引领作用得到充分发挥，基层党组织需要通过开展理论学习、实践教育、读书分享等形式的党员活动鼓励学生自主学习理论知识，引领学生树立坚定远大的共产主义信念。在学习内容上，除了对先进思想的学习外，还要深入分析党的最新政策及重点工作中先进思想的体现，结合具体案例进行分析，向学生示范理论联系实际的学习方式。

四川大学"一站式"学生社区不仅是学生日常学习、生活的重要场所，也

[①] 简盖瑞：《高校"一站式"学生社区教育管理创新模式探索》，载《黑河学院学报》，2020，11（7）。

可以充当党员活动室，定期或不定期组织各种党员活动。无论是党员、预备党员，还是发展对象、入党积极分子、团员、群众，都可以到党员活动室参与。在党员活动中，辅导员或党员同学会围绕某一理论或某一话题带领学生进行学习、讨论，提升对党史、党章以及党的方针、政策、决议的认识，深化对习近平新时代中国特色社会主义思想的理解，帮助学生树立正确的世界观、人生观、价值观，增强他们的政治意识、大局意识、核心意识、看齐意识。

（二）党建在"一站式"学生社区建设中的政治引领作用

在"一站式"学生社区中充分发挥党建的政治引领作用，是推动高校党建工作有序开展的关键。将党建工作融入"一站式"学生社区，融入学生学习生活的方方面面，能够引导学生坚定政治立场，提高政治敏锐性。

在四川大学"一站式"学生社区举办的党员活动中，通过引导学生阅读重要讲话及政策文件、分析国际形势及社会热点事件、定期组织分享交流活动或讲座等途径发挥党建政治引领作用，在党组织的引导下，高校学生将党的理论成果转化为自觉行动，有助于形成良好的政治生态和道德风尚。学校充分重视学生党员、学生干部的示范带头作用，将学生党员、入党积极分子纳入学生社区自治管理队伍，在学生社区建立围合团支部，在团支部书记、委员的带领下常态化开展主题活动、团日活动，有效提升了学生社区自我教育、自我管理、自我服务能力，将全心全意服务人民群众的初心使命融入日常生活和学习实践中。

（三）党建在"一站式"学生社区建设中的价值引领

在学生社区开展党建，倡导务实、高效、廉洁的工作作风，鼓励党员和干部发挥模范带头作用，以身作则，为学生树立榜样，能够增强学生的责任感和使命感，使学生更好地践行社会主义核心价值观，为国家的发展和进步贡献力量。

在四川大学"一站式"学生社区中，党组织注重校园文化建设，通过举办各类文化活动、学术讲座等，丰富学生的精神文化生活，提高学生的综合素质，引导学生增强文化自信和民族自豪感，积极传承和弘扬中华优秀传统文化；党组织和团支部举办各类主题团日活动、微党课等，以学生更喜闻乐见的形式宣传党的理论和精神，形成积极向上的校园文化；开展"优秀共青团员""优秀学生干部"等评选活动，发挥模范先锋作用，激发学生的积极性和主动性。

（四）党建在"一站式"学生社区建设中的组织引领

"一站式"学生社区是基层党组织建设的重要场域，将党的纲领、历史、规章等内容的宣传教育融入"一站式"学生社区，覆盖学习、生活的方方面面，有利于发挥党组织的理论优势和组织优势，构建完善的学生组织体系，形成有党员的地方就有党组织的良性布局。

四川大学各级党组织在"一站式"学生社区中充分发挥组织作用，通过整合校内外的资源，为学生提供学业指导、职业规划、心理咨询、创新创业训练等全方位的服务，引导学生自觉主动向党组织靠拢，确保社区各项工作的有序开展。

三、"一站式"学生社区建设中发挥党建引领作用面临的挑战

（一）覆盖范围有限

在"一站式"学生社区建设中，需要整合各种资源以提供全面的服务，包括人力资源、物力资源和财力资源等。然而，对于许多高校而言，如何有效地整合和协调这些资源，确保各项工作的顺利进行，是一个无法回避的难题。在中国三千多所高校中，"一站式"学生社区开设率不足50%，大部分学校仍未开始"一站式"学生社区的建设，缺乏基层党建开展的有效载体。

（二）学生参与度低

随着学生群体的成份日益多元化，他们的需求也变得越来越复杂和多样化。如何在满足学生基本生活需求的同时，又能提供符合他们个性化需求的服务，是发挥党建引领作用时需要面临的重要挑战。在"一站式"学生社区中，如何使党建活动更具创新性和吸引力，激发学生的学习兴趣和参与度，是另一个需要解决的难题。传统的党建活动形式可能已经无法完全满足当代学生的需求，因此需要不断探索和尝试新的活动形式。

（三）长效机制建设

升学压力和科研焦虑是大学生群体普遍面临的难题，导致他们无法长期、稳定地参与到党建活动中，要解决这一难题，需要将党建工作与教育教学工作有效融合，使两者相互促进、相互支持。在"一站式"学生社区建设

中，如何建立长效的党建工作机制，确保党建工作的持续性和稳定性，建立有效的工作机制、加强监督和评估是发挥党建引领作用时需要思考的重要问题。

四、"一站式"学生社区建设中发挥党建引领作用的突破

（一）资源的虹吸与整合

无论是党建工作还是"一站式"学生社区的建设工作，都需要多元主体的参与和各方面资源的整合。在"一站式"学生社区建设中，要充分利用和整合人力、物力、财力等各种资源，与学校的其他部门，社会上的组织、企业等建立合作关系，整合资源形成合力，共同开展党建工作。对于现有资源无法开展"一站式"学生社区建设的高校，要主动探索与社会力量或企业力量合作的路径，通过校企合作、公益赞助等形式实现资源虹吸，同时注重发挥学生党员、发展对象、入党积极分子的作用，鼓励学生自主学习、实践，以学生为主体开展党建工作，让他们成为推动党建工作的中坚力量。

（二）切实关注学生需求

党建工作进行得不顺利、学生参与度不高，归根结底是没有抓住学生的实际需求，没有切实解决学生的后顾之忧。党组织要关注学生的实际需求，通过定期的学生座谈会、问卷调查等方式，深入了解学生的需求和期望。根据学生需求量身定制党建活动和服务，使党建工作更具针对性和实效性。依托"一站式"学生社区为学生提供贴心的服务，设立党员服务站、开展志愿服务、为留校学生开展春节特别活动等，增强学生的获得感和归属感。要让学生自觉主动参与党建活动，推动"一站式"学生社区建设，更为重要的是要形成良好的氛围，让学生感受到党组织的关心与温暖，为学生解决生活、学习、心理上的困扰。

（三）创新党建活动形式

对于大学生群体来说，党建活动形式吸引力不足，活动效果自然就很难达到预期。党组织要敢于打破传统的党建活动形式，结合学生的兴趣爱好和实际需求，创新出更加多元化、互动性强、富有吸引力的党建活动，组织线上线下的主题党日、志愿服务、文化交流、节日特别活动、知识竞答、摄影摄像比

赛、征文比赛等活动，提高学生的参与度和积极性。

除了趣味性与新颖性以外，党建活动还要兼顾实用性。以"一站式"学生社区为载体，探索"党建＋职业规划""党建＋心理健康""党建＋专业技能""党建＋创新创业"等系列活动，可以让学生在学习党的理论知识、提高思想觉悟的同时实现个人的提升。

（四）加强党建与教育教学融合

党的理论和先进思想的学习不只在于活动中，更在于日常学习生活的方方面面，要将党建工作与教育教学工作紧密结合起来，通过课堂教学、实践教育、校园文化、学科竞赛、社团活动等途径，将党的理论、路线、方针政策和社会主义核心价值观融入学生的日常学习和生活中。针对党建工作者和学生党员、发展对象、入党积极分子等，还应加强培训和教育，提高政治素质、业务能力和工作水平，帮助其更好地适应"一站式"学生社区建设和现代化强国建设的要求。除了对已有成果的学习，学生还可以利用"一站式"学生社区孵化创新创业项目，实现学习成果的转化，提升实践能力和创新创业意识。

"一站式"学生社区作为学生学习生活的重要场所，对于党建工作来说是一个至关重要的领域，党建工作在学生社区中的开展效果很大程度上会影响高校学生对党组织的印象。总之，高校要充分发挥党建工作在"一站式"学生社区建设中的政治、思想、价值、组织引领作用，建立长效的党建工作和"一站式"学生社区建设相互促进的良性体制机制，在做到以上突破的基础上，还需要制定和完善党建工作制度，明确工作责任和任务分工，建立工作考核和评估机制，及时发现和解决问题，不断完善和提高党建工作的质量和水平。

参考文献

[1] 王丹，任欢：《党建在高校"一站式"学生社区建设中发挥引领力作用研究》，载《行政科学论坛》，2023，10（6）。

[2] 李秀芳，王鑫：《高校思想政治教育主体协同论》，北京：社会科学文献出版社，2023年。

[3] 易亚哲：《基于党建的学生社区治理创新研究——评〈党建铸魂立德树人：厦门大学"一站式"学生社区综合管理模式建设〉》，载《领导科学》，2023（5）。

[4] 赵静:《"一站式"学生社区党组织育人路径探析》,载《党政论坛》,2022(4)。

[5] 刘宏达,韩续冰:《"一站式"学生社区:高校思想政治工作体系的末端设计及其功能实现》,载《高校辅导员》,2023年。

院系党组织推动创建党支部工作品牌的思考与实践

王家奇

摘　要：在新时代背景下，高校党组织作为培养德智体美劳全面发展的社会主义建设者和接班人的重要阵地，承担着落实党的教育方针、推进立德树人根本任务的重任。本文以四川大学文学与新闻学院学生党支部为例，深入探讨了在党的二十大精神的指引下，按照学校第九次党代会部署要求，如何结合专业特色，创新性地推动党支部工作品牌建设，旨在通过理论探索与实践案例分析，为高校基层党建工作的创新路径提供参考。

关键词：高校党建；党支部工作品牌；党员先锋模范作用

一、绪论

在新时代的浩荡春风中，高等教育作为国家发展与民族复兴的重要基石，承载着前所未有的历史使命。党的二十大开启了全面建设社会主义现代化国家的新征程，明确指出高等教育应坚持立德树人，培养德智体美劳全面发展的社会主义建设者和接班人。这不仅对高等教育提出了更高要求，也为高校党建工作的创新与深化指明了方向。学生党支部作为高校党组织的基层单元，扮演着连接青年学生与党的桥梁纽带角色，是推动党的理论与实践教育、培养具有时代责任感和专业素养的青年才俊的关键环节。

本文以此为背景，聚焦四川大学文学与新闻学院学生党支部，基于党的二十大精神及中国共产党四川大学第九次代表大会的部署要求，探讨如何在新的历史起点上，结合文学与新闻学院的独特优势，创新性地推动党支部工作品牌建设。通过对当前党建工作现状的深入剖析，识别存在的问题与挑战，如理论学习的传统模式难以满足青年学生多样化需求、实践活动与专业学习结合不够紧密等，旨在提出一系列针对性的策略与实践路径，以期在增强党组织凝聚力、激发党员活力的同时，促进学生的全面发展。

本研究的意义在于，不仅能够为四川大学文学与新闻学院学生党支部提供一套可操作性强、效果显著的工作模式，还能够为全国高校同类党组织的建设提供参考与借鉴，为新时代高校党建工作的理论创新与实践探索贡献智慧与力量。本文将依次从理论基础、现状分析、品牌创建思路与实践、特色品牌打造等多个维度进行深入探讨，最后总结成效并展望未来发展。

二、理论基础与政策导向

中国共产党第二十次全国代表大会，是在全党全国各族人民迈上全面建设社会主义现代化国家新征程、向第二个百年奋斗目标进军的关键时刻召开的一次历史性盛会。大会强调必须坚持党的全面领导，坚持中国特色社会主义道路，强调教育、科技、人才是全面建设社会主义现代化国家的基础性、战略性支撑，要求深入实施科教兴国战略、人才强国战略、创新驱动发展战略。这对于高等教育领域而言，意味着要将党的建设贯穿于教育教学全过程，以高质量的党建工作引领高质量的教育发展。

四川大学第九次党代会，是在学校加快"双一流"建设、推进高质量发展的关键时期召开的重要会议。会议强调了加强和改进党的领导，全面提升党建工作质量，要求围绕立德树人根本任务，构建高质量的教育体系。会议还特别指出，要推动基层党组织建设全面进步、全面过硬，鼓励结合学科特色创新党建工作模式，打造一批有影响力的党建工作品牌，以党建引领推动学科建设和人才培养。

近年来，随着对高校党建工作重视程度的提升，越来越多的研究关注于如何创新党建工作模式，提高党建工作实效。其中，党支部工作品牌建设成为热点话题。学者们普遍认为，工作品牌建设应紧密结合高校实际和学科特色，通过内容创新、形式创新和服务创新，增强党建工作的吸引力和感染力。例如，通过"互联网+党建"模式，运用新媒体技术拓展学习渠道，增强党员教育的互动性和时效性；通过文化引领，将红色文化、专业教育与党员教育深度融合，形成特色鲜明的党建文化品牌。此外，理论研究也强调，党建品牌的创建需注重实践性与可持续性，确保品牌活动能有效服务于立德树人根本任务，促进学生综合素质的提升。

综上所述，党的二十大精神及四川大学第九次党代会为学校党建工作指明了方向，强调了结合专业特色进行创新的重要性。当前的理论研究为党支部工作品牌建设提供了丰富的理论基础和实践案例，为笔者后续探讨四川大学文学与新闻学院学生党支部的品牌创建提供了坚实的理论支撑。

三、创新党建工作的必要性与紧迫性

创新党建工作模式，尤其是创建具有专业特色的党支部工作品牌，这显得尤为迫切和必要。首先，创新是提升党建工作实效性的内在要求，能够使党建工作更加贴近学生实际，增强教育的针对性和有效性。其次，通过品牌建设，可以更好地整合资源，形成特色，提高党支部工作的吸引力和影响力，为学生党员提供更多展示自我、服务社会的平台。最后，结合专业特色推进党建工作，有助于培养既有深厚专业知识，又具备强烈社会责任感和使命感的高素质人才，为社会输送更多德才兼备的建设者和接班人。因此，探索和实践党支部工作品牌建设，是适应新时代高校党建工作新要求，推动学院整体发展的重要途径。

四、"新品牌"创建思路与实践

（一）支部书记上党课创新

在信息爆炸和媒体融合的今天，传统党课形式已难以满足当代大学生求新求变的求知需求。四川大学文学与新闻学院学生党支部探索"新媒体＋党课"模式，支部书记上党课时结合时事热点，引入直播、微视频等新媒体技术，让党课内容生动活泼、易于接受。例如，利用直播平台邀请校外专家进行线上讲座，实时互动解答学生疑问，增强党课的即时性和互动性；制作系列微视频，每集围绕一个党的理论知识点或党员先进事迹展开讲解，短小精悍，便于分享传播，让理论学习走出教室，走进学生日常生活。这些创新不仅丰富了党课形式，也大大提高了党课的吸引力和实效性。

（二）文化活动品牌建设

四川大学文学与新闻学院学生党支部充分利用专业优势，打造"红色文艺"系列文化活动品牌。每年举办"红色经典诵读大赛"，鼓励学生党员和积极分子选取红色经典文学作品，通过朗诵、情景剧等形式演绎，让参与者和观众在艺术的熏陶中感受革命先辈的崇高精神。此外，开展"红色记忆·原创微电影大赛",引导学生以党的发展历程、英雄人物事迹为素材,自编自导自演微电影,不仅提升了学生的专业技能,更在创作过程中深化了对党的认识和情感认同,有效传播了社会主义核心价值观。

(三) 融合媒体平台

构建线上党建学习交流平台,如创建"红心向党"微信公众号和微博账号,定期发布党的理论知识、政策解读、优秀党员事迹、党支部活动动态等,形成集学习、宣传、交流于一体的网络空间。

通过上述"新品牌"的创建与实践,四川大学文学与新闻学院学生党支部成功地将理论学习与专业实践相结合,不仅提升了党员教育的实效性和吸引力,也为其他高校基层党组织提供了可借鉴的经验,展现了新时代高校党建工作的创新活力。

(四) 党建活动的创新实践

1. 专题片制作:影像中的红色印记

在党建活动创新实践中,四川大学文学与新闻学院学生党支部充分利用专业特长,发起"光影铸魂"专题片制作项目。该项目鼓励学生党员和入党积极分子深入挖掘党的光辉历程中的重大事件、优秀党员的先进事迹,通过拍摄微视频或纪录片的形式,将党的历史与现实生动展现。学生们在专业教师的指导下,从策划、脚本编写、拍摄到后期制作全程参与,不仅在实践中锻炼了采访、摄影、剪辑等专业技能,更在深度挖掘与创作过程中,深刻理解了党的奋斗历程和伟大成就,进一步坚定了理想信念,深化了爱党情怀。部分优秀作品在学校内外展播,不仅丰富了校园文化,也在更广泛的社会层面传播了正能量,提升了党建活动的影响力。

2. 入党誓词回顾仪式:不忘初心,牢记使命

为强化党员的身份意识和使命担当,学院学生党支部定期组织"重温誓词,铭记初心"仪式活动。不同于简单的室内宣誓,党支部创新性地将重温入党誓词与实地参观红色教育基地结合起来,如组织党员前往革命遗址、纪念馆等,现场举行庄重的重温入党誓词仪式。在历史的见证下,每位党员再次庄严承诺,心灵得到洗礼,信念更加坚定。结合实地参观学习,党员们通过讲解员的解说、观看历史资料,直观感受革命先烈的英勇事迹,这种体验式学习方式,极大地增强了教育的感染力和实效性。学院还鼓励党员在参观后撰写心得

体会，通过文字记录下自己的感悟与成长，进一步内化誓言的深刻含义，激励自己在学习和生活中更好地发挥党员先锋模范作用。

通过这些党建活动的创新实践，四川大学文学与新闻学院学生党支部不仅巩固了党员的理想信念，也促进了学生党员专业技能与党性修养的双重提升，实现了理论学习与实践锻炼的有效结合。这些活动的成功经验，为高校党建工作的严肃性与创新性并举提供了有益借鉴，展示了高校基层党组织在新时代背景下开展党建活动的新思路、新方法。

（五）特色品牌打造：专业方向与党建工作的深度融合

1. 文学创作与红色文化传播

四川大学文学与新闻学院学生党支部深度挖掘文学与新闻传播的专业优势，创造性地将文学创作与红色文化传播相结合，打造出一系列特色鲜明的党建品牌项目。学院发起"红色墨香"文学创作计划，鼓励学生党员和入党积极分子以党的历史、革命先烈事迹、时代楷模故事为蓝本，创作红色主题的短篇小说、诗歌、剧本等文学作品。这些作品不仅在校内文学期刊、校园网专栏发表，还通过出版"红色文学集"的方式，向全校乃至社会广泛传播，成为传承红色基因、弘扬社会主义核心价值观的生动教材。此外，学院还定期举办红色文学作品朗读会，让学生在深情的诵读中感悟革命精神，激发爱国情怀。

2. 新闻报道与社会实践

结合新闻传播专业的实践特性，学生党支部组织策划"镜头下的中国故事"系列社会实践活动，引导学生深入基层，参与乡村振兴、社区服务、环境保护等社会热点问题的调研与报道。通过撰写新闻报道、拍摄纪录片、制作专题片等形式，学生党员不仅掌握了新闻采编的实战技能，更重要的是，他们用镜头和笔触记录下了中国社会的发展变迁和人民生活的改善，直观感受到了党领导下国家取得的巨大成就。活动成果在学院网站、官方社交媒体平台以及合作媒体上展示，不仅增进了公众对国家政策和社会发展的了解，也提升了学生党员的社会责任感和实践能力，使他们在服务社会的过程中锤炼党性，树立正确的人生观和价值观。

3. 学术论坛与理论研究

学院党支部还创新性地设立了"红色论坛"，定期邀请校内外专家学者、资深记者、著名作家等，就党的理论创新、红色文化传承、新闻传播与社会责任等议题进行深入研讨。论坛不仅为学生党员提供了高端学术交流的平台，还促进了理论学习与专业研究的深度融合。通过举办学术征文比赛、红色文化研讨会等活动,学生党员深化了对党的理论知识的理解,提升了理论素养,同时也为学院乃至整个学科领域的理论创新贡献了青春智慧。

综上所述,四川大学文学与新闻学院学生党支部通过深度整合专业优势与党建工作,创新性地开展了一系列特色品牌活动,不仅丰富了高校党建工作的内涵,也提升了学生党员的综合素养和创新能力,为探索专业教育与思政教育的有机融合提供了鲜活案例,为高校基层党建工作开辟了新路径。

五、结论与展望

(一) 结论

本文通过对四川大学文学与新闻学院学生党支部工作品牌建设的深入探讨,揭示了结合专业特色创新党建工作的显著成效与深远意义。研究发现,将专业优势融入党建活动,不仅能够有效提升学生党员的理论素养与专业能力,还能极大地增强党建工作的吸引力和实效性,使党员教育管理更加贴近学生实际,更能激发学生党员的积极性与创造性。

具体而言,通过"新品牌"创建思路与实践,如支部书记上党课的创新、文化活动品牌建设、融合媒体平台的搭建,以及严肃性党建活动的创新实践,如专题片制作、入党誓词回顾仪式等,不仅丰富了党建活动的形式和内容,也促进了学生党员综合素质的全面提升。特别是在特色品牌打造方面,文学创作与红色文化传播、新闻报道与社会实践等项目的实施,实现了专业教育与党建工作的深度融合,为高校基层党建开辟了新的路径。

(二) 展望与建议

展望未来,高校党组织在推进党支部工作品牌建设的过程中,还需不断探索与实践,以保持党建工作的生机与活力。以下几点建议值得重视:

1. 持续创新,紧跟时代步伐

面对日新月异的信息技术与社会变革,高校党建应不断探索新技术、新媒介的应用,如虚拟现实(VR)、增强现实(AR)等,使党员教育更加生动、互动性更强,满足新时代学生的学习习惯与需求。

2. 深化理论与实践结合

鼓励学生党员将理论学习与社会实践紧密结合,特别是在服务地方经济社会发展、参与国家重大战略等方面,通过项目驱动、课题研究等形式,使学生党员在实践中深化理论认识,提升解决实际问题的能力。

3. 强化品牌影响力,扩大辐射面

利用网络平台与社交媒体,加强对党建品牌活动的宣传推广,不仅限于校内,更要面向社会,形成示范效应。通过与其他高校、企事业单位的合作交流,共享资源,共同提升,强化品牌影响力。

4. 建立健全评价机制

建立科学合理的党建工作评价体系,定期对品牌活动的效果进行评估,包括党员参与度、满意度、能力提升程度等,根据反馈不断调整优化,确保品牌建设的持续性和高质量发展。

5. 培养复合型党务工作者

加强党务工作者队伍建设,特别是提升他们的专业素养与创新能力,使其能够更好地结合专业特点,设计和实施党建项目,成为推动党建与业务深度融合的桥梁和纽带。

总之,结合专业特色创建党支部工作品牌,是提升高校党建工作质量、培养德才兼备的社会主义建设者和接班人的重要途径。党建工作的创新是提升我们工作能力和凸显工作效果的强大推动力。我们将致力于党支部工作品牌的创建,为党建工作提质增效、为一流人才培养、为中国式现代化建设贡献我们的青春力量。

新时代背景下大学生党员先进性教育的途径探索

舒美琪

摘 要：在新时代的宏伟蓝图中，大学生党员作为党的未来和希望，承载着重要的责任与使命。面对社会的快速发展和深刻变革，大学生党员先进性教育被赋予了新的内涵和要求。本文旨在探讨如何在新时代背景下，通过创新教育途径，全面提升大学生党员的综合素质，使其成为社会主义现代化建设的中坚力量。

关键词：先进性教育；大学生党员；新时代

一、理论之光：新时代大学生党员先进性教育的理论基石

新时代大学生党员先进性教育的理论基石，是构建在坚定理想信念、服务人民、自我革命精神、全面从严治党、伟大建党精神传承、理论武装全党、党的纯洁性建设、党性教育强化以及立德树人根本任务等核心要素之上的。这些基石共同构成了大学生党员先进性教育的理论框架，利于大学生党员能够坚定对马克思主义的信仰，全心全意为人民服务，勇于自我革命，严格遵守党的纪律，传承和弘扬党的光荣传统和优良作风，不断提升理论素养和政治觉悟，保持党的纯洁性，增强党性修养，落实立德树人根本任务，成长为既有坚定政治立场又具备全面素质的新时代优秀党员，为实现中华民族伟大复兴的中国梦贡献力量。

崇高的理想，坚定的信念，是中国共产党人的政治灵魂，是保持党团结统一的思想基础。大学生党员作为党的新鲜血液，必须坚定对马克思主义的信仰，对社会主义和共产主义的坚定信念。这不仅是党的先进性的思想理论基础，也是每个党员必须坚守的精神追求。在多元思想文化交流交融交锋的当下，大学生党员更需通过不断学习，提高理论素养，确保在思想上政治上行动

上与党中央保持高度一致。

党的根本宗旨是全心全意为人民服务。大学生党员需要深刻理解这一点，将之作为行动的出发点和落脚点。通过实际行动，解决人民群众的实际问题，不断提升服务人民的能力和水平，以实际成效赢得人民的信任和支持。

勇于自我革命，从严管党治党，是我们党最鲜明的品格，也是我们党最大的优势，对大学生党员的教育具有重要的启发和指导意义。它要求大学生党员在不断变化的社会环境中，保持清醒的头脑和坚定的信念，不断审视自身的不足，勇于正视和解决自身存在的问题。勇于自我革命的精神鼓励大学生党员在面对困难和挑战时，能够积极寻找解决问题的新思路、新方法，不断突破自我，实现自我超越。同时，这种精神也培养了大学生党员的创新意识和实践能力，为他们未来在各自的工作岗位上发挥先锋模范作用，推动社会进步和国家发展，奠定了坚实的基础。

全面从严治党是新时代中国共产党加强自身建设的重要方略，它要求大学生党员必须树立高标准的自我要求，不断提升个人的政治素养和道德水准，确保在思想上、政治上、行动上与党中央保持高度一致。通过全面从严治党的教育，大学生党员能够深刻理解党的纪律和规矩，内化于心、外化于行，从而在校园内外发挥模范带头作用。

理论是行动的先导。大学生党员要深入学习马克思主义及其中国化创新理论，提高理论素养和政治觉悟，用科学理论指导实践，推动工作。

党的纯洁性是我们党赢得人民信赖的重要保证。大学生党员要始终保持清正廉洁，坚决反对腐败和官僚主义，确保党始终成为中国特色社会主义事业的坚强领导核心。

党性是党员干部的首要品质。这要求大学生党员要不断加强党性修养，坚定理想信念，提升政治觉悟，确保在思想上政治上行动上与党中央保持高度一致。

立德树人是高等教育的根本任务。大学生党员要端正入党动机，增强"四个意识"，坚定"四个自信"，做到"两个维护"，努力成为德才兼备的社会主义建设者和接班人。

关于上述各方面的深入教育和实践，要求大学生党员务必在思想上、政治上、行动上与党中央保持高度一致，发挥先锋模范作用，为推动社会主义现代化建设贡献青春力量。

二、现状之镜：大学生党员先进性教育的现状与挑战

大学生党员先进性教育是高校党建工作的重要组成部分，对于培养社会主义建设者和接班人具有重要意义。当前，大学生党员先进性教育面临多方面的挑战，这些挑战考验着高校党组织的创新能力和实践智慧。

（一）思想观念多元化的挑战

在全球化和信息化的大背景下，大学生党员所处的社会环境日益多元化，各种思想文化交流、交融、交锋频繁，这给党员的思想政治工作带来了前所未有的挑战。

一方面，社会价值观念的多元化导致个别大学生党员在理想信念上出现摇摆，对党的理论、路线、方针、政策的理解不够深刻。另一方面，西方某些价值观念和生活方式的影响，历史虚无主义等错误思潮的冲击，也对大学生党员的理想信念构成挑战。如何在多元思想中坚持马克思主义指导地位，引导大学生党员树立正确的世界观、人生观和价值观，是当前先进性教育的重要课题。

（二）教育模式创新化的挑战

当前，传统的党员先进性教育内容和形式已经难以满足当代大学生的需求。一些教育活动仍然停留在理论灌输层面，缺乏吸引力和感染力，与大学生党员的实际需求和接受习惯存在脱节。

随着科技的发展和新媒体的兴起，大学生党员更倾向于通过网络平台获取信息和知识，传统的教育方式亟须创新和改进。如何创新教育内容和形式，提高教育的针对性和实效性，是摆在高校党组织面前的一项紧迫任务。

（三）培训质量精准化的挑战

随着高校招生规模的不断扩大，大学生党员的数量不断增加，这给党员教育培训带来了较大的压力。

由于入党积极分子和新党员的数量庞大，加之高校党建专职工作人员数量相对不足，导致教育培训的质量和效果难以得到充分保证。在实际操作中，往往采取大规模集体授课的方式，难以满足个性化教育的需求，也难以实现教育内容的深入和教育效果的内化。此外，由于课程安排、学生专业背景和个人时间安排等因素的影响，学生参与培训的时间和质量也难以得到有效保障。一些

学生可能因为课程冲突、个人事务等原因，无法全程参与培训，影响了培训的系统性和完整性。同时，培训内容与学生实际需求之间的脱节，也降低了培训的吸引力和实效性。

（四）教育体系全程化构建的挑战

大学生党员的全程化教育体系尚不完善，这种不完善主要表现在教育内容的零散性、教育形式的单一性以及教育评价机制的不健全上。

具体来说，教育内容的零散性是指，当前的教育体系尚未形成一个从入学到毕业，覆盖大学生党员整个在校阶段的系统化、连续性的教育模式。缺乏针对性和连续性的教育内容，不能很好地满足大学生党员在不同成长阶段的个性化需求，也难以实现对党员理想信念、党性修养、能力素质等方面全面而深入的培养。此外，教育形式的单一性也是一个突出问题。大多数教育活动仍然依赖传统的讲授方式，缺乏互动性和实践性，难以激发大学生党员的学习兴趣和参与热情。在新媒体时代背景下，如何利用网络平台和数字化手段，创新教育形式，提高教育的吸引力和感染力，亟待解决。同时，教育评价机制的不健全也是一个重要问题。缺乏科学、合理的评价标准和反馈机制，使得教育效果难以得到有效的评估和反馈，也难以对教育内容和方法进行及时的调整和优化。

（五）实践平台基地化建设的挑战

党员实践是党员教育十分重要的环节，也是党员先进性得以发挥的平台。但目前高校党员实践平台基地化建设相对滞后，缺乏长效机制，实践内容和形式单一，与大学生党员的实际需求存在脱节。

首先，现有的党员实践平台基地数量有限，且内容和形式较为单一，往往局限于校园内部的志愿服务和社区帮扶，缺乏与社会实际需求紧密结合的实践平台。这种情况限制了大学生党员更多更好地接触社会、了解国情、服务群众的机会，影响了对他们运用所学知识解决实际问题的能力培养。其次，实践平台基地的长效机制尚未建立，导致实践活动呈现出一定的临时性和随意性。大学生党员参与实践活动的积极性和持续性得不到有效保障，难以形成稳定的实践习惯和持久的社会责任感。此外，高校在实践平台基地建设上缺乏与社会的深度合作，导致实践资源的整合和利用不够充分。社会各界对高校党员实践基地建设的参与度不高，缺乏有效的社会支持和资源投入，使得实践基地的社会影响力和教育效果受到影响。

三、创新之翼：大学生党员先进性教育的创新途径

面对这些挑战，大学生党员先进性教育需要结合新时代的特点和大学生的实际需求，采取多样化、现代化的教育手段和方法。

（一）教育内容创新

教育内容创新对于提升大学生党员先进性教育的质量和效果至关重要。教育内容应与时俱进，结合国家发展的最新成就和最新会议要求，不断更新教学素材。同时，应将理论与实践相结合，增加关于改革开放史、社会主义发展史的教学内容，帮助学生理解国家的发展历程和党的创新理论。教育内容还应涵盖法律法规、国际视野、网络素养等，以适应新时代的要求。如设立跨学科课程，结合政治、历史、法律等多学科知识，促进学生全面理解党的理论和实践；开发案例库，收集和整理优秀党员的先进事迹，以及反面教材，用于课堂教学和讨论；定期邀请专家学者、优秀党员举办讲座，分享理论与实践相结合的经验。

（二）教育方法创新

教育方法创新能够提高大学生党员的学习兴趣和参与度。可以采用情景模拟、角色扮演、案例分析等互动式教学方法，让学生在参与中学习，在体验中提高。同时，利用现代信息技术，如在线教育平台、虚拟现实（VR）等，为学生提供更加直观、生动的学习体验。包括建立在线学习平台，提供丰富的学习资源，包括视频讲座、互动讨论区、在线测试等；利用VR技术，开发红色教育虚拟场景，让学生身临其境地体验党的历史事件。

（三）教育机制创新

为确保大学生党员先进性教育长期有效开展，应建立一套科学的评价体系，对学生的学习效果进行定期评估和反馈。并且还应建立激励机制，对学习优秀、表现突出的学生党员进行表彰和奖励。包括但不限于：建立学生党员学习档案，记录学习过程和成效，作为评价和考核的依据；设立党员学习标兵、优秀党员等奖项，对表现优秀的学生党员进行表彰；建立党员互助小组，鼓励学生党员相互学习、相互帮助，形成良好的学习氛围等。

(四) 实践路径创新

实践是检验真理的唯一标准，也是提升大学生党员先进性的重要路径。大学生党员先进性教育也应鼓励学生党员走出校园，参与社会实践，将所学知识应用于实际，解决实际问题。可以通过建立校内外实践基地，如社区服务中心、农村帮扶点等，为学生党员提供实践平台；开展志愿服务活动，如支教、扶贫、环保等，让学生党员在服务中锻炼能力、提升素质；与企业、政府等机构建立合作关系，为学生党员提供实习、实践的机会，让他们了解社会、了解国情。

在低年级本科生中发展党员的思考与实践
——以基层学生党支部干部视角展开

王佳琪

摘 要：从低年级本科生中发展党员的工作受到国家及党中央的重视。发展低年级本科生党员不仅有利于促进学生的全面发展，更有利于加强党的建设，提升党员队伍素质，从而更好发挥党员先锋模范作用。本文将从基层学生党支部干部的视角出发，结合笔者自身在工作中的实际经验和思考，探讨在低年级本科生中发展党员的实践情况、具体特点以及存在的问题。针对出现的种种问题，提出策略与建议，为高校党建工作提供有益的参考和借鉴，推动高校党建工作的创新发展。

关键词：低年级本科生；党员发展；高校党建

一、引言

2021年4月，中共中央印发新修订的《中国共产党普通高等学校基层组织工作条例》提出，要"建立从高中到大学、从大学到研究生阶段入党积极分子接续培养机制，加大在高校低年级学生中发展党员力度"①。这从国家层面肯定了从低年级本科生中发展党员的重要性以及迫切性。近年来，发展低年级本科生党员成为国家重点关注的工作。教育部思想政治工作司2022年工作要点提出，"强化高校党建工作分类指导、精准施策，进一步推动破解低年级大学生党员发展等难题"②。可见，在低年级本科生中发展党员工作受到重视的同时，也存在一定的问题。

---

① 中华人民共和国中央人民政府：《中国共产党普通高等学校基层组织工作条例》，http://dangjian.people.com.cn/n1/2021/0423/c117092-32085543.html，2021.

② 中华人民共和国教育部：《教育部思想政治工作司2022年工作要点》，http://www.moe.gov.cn/s78/A12/gongzuo/yaodian/202203/t20220303_604031.html，2022.

在新时代背景下，培养社会主义建设者和接班人是高校党建工作肩负着的重要使命。学院基层党支部基本都由各个年级的学生组成。低年级本科生党员作为大学生中的新生力量，其思想政治素质、道德品质、学业表现等方面都直接影响着党员队伍的整体质量。相较于研究生，低年级本科生处于世界观、人生观、价值观形成的关键时期，他们的思想活跃，易于接受新事物，但同时也面临着诸多诱惑和选择。在这一阶段，通过有效的党建工作和党员发展工作，引导他们树立正确的世界观、人生观和价值观，培养他们的集体主义精神和奉献精神，对于他们的个人成长和高校的整体发展都具有重要意义。

然而，在低年级本科生中发展党员并非易事。一方面，低年级学生普遍缺乏社会经验，对党的理论、路线、方针、政策理解不够深入；另一方面，部分学生对于加入党组织存在认识上的误区，认为入党只是一种荣誉或身份的象征，缺乏对党的忠诚和对党的事业的热情。发展经验不足，尚需要逐步积累。故而在发展低年级本科生党员时，需要找好"领路人"，做好"铺路人"。

因此，如何在低年级本科生中有效地开展党员发展工作，培养具有坚定理想信念和高度组织纪律性的青年马克思主义者，成为我们党员干部需要深入思考和探索的问题。

二、低年级本科生党员发展的重要性

低年级本科生党员不仅是党的新鲜血液，也是国家的新鲜血液。在低年级本科生中发展党员有利于促进学生的全面发展，更有利于加强党的建设，提升党员队伍素质，从而更好发挥党员先锋模范作用。

在低年级本科生中发展党员有利于促进学生的全面发展。低年级本科生中的一些同学存在自律能力不强、信息分辨能力较弱、网络娱乐倾向突出、自我认识模糊、功利化心理突出、承受能力较差等问题，向党组织靠拢能够使低年级本科生有可行的奋斗目标，能够端正理想信念，提升综合素质，塑造健康人格。

在低年级本科生中发展党员能够加强党的建设，为党注入新鲜血液，有利于党的时代化、年轻化发展。通过引入低年级本科生党员和干部，利于党组织在思想观念、工作方法等方面与时俱进，更好地适应时代的发展需要，并保持年轻化的活力。这能使党组织更加健全、更具凝聚力和战斗力，以应对时代的挑战和变化。

提升党员队伍素质，教育从早抓起，才能更好培育出党的接班人。从早期就开始进行对低年级本科生党员的教育和培养,培养他们的党性觉悟、思想品德和专业能力,使其成为合格的党员,为党的事业发展提供坚实的基础。要注重对低年级党员的教育和引导,培养他们成为党的优秀接班人,为党和国家的长远发展打下良好的人才基础。

鼓励低年级本科生党员发挥示范引领作用,做到言传身教,引导广大学生提高整体素质,推动党的事业不断向前发展。在低年级本科生党员队伍中重点培养一些优秀人才,注重对这些人才的培养和引导,同时要求他们发挥模范作用,带动其他党员向优秀党员学习,能够共同推动党的事业发展。

三、低年级本科生党员发展现状分析

作为学院本年级中最早发展的党员之一,笔者发现在低年级本科生中发展党员有以下特点:

1. 学生态度积极

低年级本科生具有积极的入党态度。很多学生从大学一年级入学开始就递交入党申请书,有的班级中近七成同学都是递交过入党申请书的入党积极分子。此外,部分学生不止一次递交入党申请书,在党支部组织党日活动时会申请旁听资格,积极向党组织靠拢。

2. 发展程序严谨

递交入党申请书后,辅导员老师会立马组织谈话,了解学生本人的入党动机及思想。后续包括思想汇报、函调、党校学习情况等党员材料都在辅导员老师处集中管理。支委同时严格按照发展党员工作手册和支部工作手册进行党员发展和日常党务活动。学院还统一建立了党支部交流群,在群中发布工作套表并答疑,帮助各支部完成党员发展程序。

3. 发展考察严格

为尽早适应党员生活,低年级本科生党员从发展对象时期就开始加入党组织生活,和党支部成员共同参与每月主题党日活动。对低年级本科生党员的考察会更细致,以正式党员的标准严格要求他们,以确保他们能做群众的先锋表率。

四、低年级本科生党员发展存在问题及原因分析

(一)教育引导方面的不足

在发展低年级本科生为党员时,研究者发现了对低年级本科生的党员知识教育引导存在以下不足。

首先是教育内容单一。往往简单集中在对党内外时事的了解。缺乏系统性和深度的理论内涵探讨,导致学生对党的理论、历史、宗旨等方面的理解不够全面系统。教育引导的内容覆盖面需要进一步拓展,进一步加强连贯性、深入性。

其次是教育方式较少。目前低年级本科生了解发展党员的相关内容只能通过年级大群及党团支书的通知,缺少多样化的党员知识教育形式,如讲座、报告等传统方式,同时也需要多样化、互动性更强的新型教育方式,如线上教育、小组讨论等。

最后是教育时间不足。现今没有专门针对低年级本科生设置的发展党员相关内容的讲座。其中一个很重要的原因是,低年级本科生课程繁重,难以抽出足够的时间参加党员知识教育,导致教育效果不理想。

(二)党员发展机制不完善

全面从严治党视域下,2014年重新修订的《中国共产党发展党员工作细则》(下简称《细则》)明确规定"由过去年满18周岁发展入党到现在入党申请要求年满18周岁"[①],《细则》规定的这一调整在实践中一个最直接的结果就是"高中生党员"基本成为历史,"高中生入党积极分子"也变得极为稀少。高中阶段的前期培养产生了缺失,在低年级本科生中发展党员的难度大大增加。

(三)学生自身认识不足

低年级本科生初入大学,没有丰富的社会实践经验,对党的认识、对自身的认知都处于探索阶段。

---

① 新华社:《中国共产党发展党员工作细则》,https://www.gov.cn/xinwen/2014-06/10/content_2698414.htm,2014.

低年级本科生由于年龄和阅历的限制，往往缺乏社会实践经验，他们难以将理论知识与实践相结合，导致在党员作用发挥上存在局限性。有的低年级本科生党员成为党员后仍需要提升主动性，增强责任感。同时一些低年级本科生对党的认识还停留在表面，导致入党动机不纯、党性意识不强。

部分低年级本科生对自身要求不够严格。一些低年级本科生在入党后，没有严格要求自己，缺乏自我约束和自我管理的能力，导致在思想、学习、工作等方面出现松懈现象，认为"入了党就高枕无忧"，参加党内活动的积极性降低。

五、低年级本科生党员发展的策略与建议

（一）加强思想政治教育，为发展党员"固本"

作为学生党支部的干部，首先要深入理解党员教育在大学生党建工作中的重要性。党员教育是培养学生党员的重要环节，直接关系党员的思想政治素质和党性修养的提升。因此，要注重开展系统、全面的党员教育，引导低年级本科生党员树立正确的三观，增强党性观念，不断提高政治觉悟和组织纪律性。

党员干部要制定并实施具体的思想政治教育计划，可以根据党员的学习、生活和实践情况，结合学校党建工作的实际情况，制订个性化、多样化的培养方案。结合学院特色和党的教育方针，丰富教育内容，创新教育方式，合理安排教育时间，提高教育质量，加强思想政治在专业学习、日常生活等各方面的引领。这包括开展主题教育活动、组织政治理论学习讨论、开展志愿服务等形式多样的活动，引导党员和学生树立正确的世界观、人生观和价值观。

（二）完善党员发展机制，为发展党员"培根"

党员干部要有敏锐的政治意识，利用学院特有宣传渠道（如官网、官方公众号等）进行党员发展机制的宣传，最大程度动员学生以党员的标准要求自己。同时建立健全监督机制，确保党员发展质量。

党员干部要积极交流，不能"闭门造车"。定期开展各个基层支部的交流活动，吸收各个基层支部的先进做法，统合出适合广大基层党支部使用的普适性经验。在发展党员时明确发展标准，规范发展程序，建立党员发展的标准化、规范化操作流程，提高党员发展工作的效率和质量。

(三) 提高学生自我认知，为发展党员"铸魂"

党员干部要以身作则，引导低年级本科生积极学习党史、党章以及各种党内重要讲话精神，提高党性意识。鼓励低年级本科生积极参与实践活动，提高实践能力。

同时党员干部要重视加强自我约束和自我管理能力的培养，定时定期针对低年级本科生开展心理健康教育和自我认知培训，帮助其了解自己的个性特点、优势和劣势，树立正确的自我认知和自我价值观，增强自信心和自尊心。为提升低年级本科生对于自我的认知，党员干部要积极给予正面反馈，鼓励他们根据自身情况制定个性化的发展规划，激发其内在的学习动力和成长潜力，让他们有信心、有毅力、有能力成为有思想、有道德、有文化、有纪律的中共党员。

六、结论

习近平总书记强调，广大青年要努力成为堪当民族复兴重任的时代新人[①]。在低年级本科生中发展党员，是一项既具有挑战性又具有重要意义的任务。

在低年级本科生中发展党员，有利于促进低年级本科生全面发展。同时利于加强党的建设，引入新鲜血液，适应时代发展，保持活力。低年级本科生党员培养时间早，作为选拔重点人才，能够有效提升党员队伍素质，发挥党员先锋模范作用。

身为党员干部，首先要加强思想政治教育，固本培元，提高政治觉悟和组织纪律性；其次要完善党员发展机制，培根筑基，明确责任分工，建立监督机制；最后要提高学生自我认知，铸魂强志，加强自我约束和自我管理能力。党员干部要以身作则，发挥模范带头作用，切实消除在低年级本科生中发展党员遇到的教育引导方式少、监督机制不健全、对党对自身认识不足等问题。

习近平总书记指出，各级党组织要坚持党管青年工作原则，加强对青年工

---

① 新华网：《让青春在不懈奋斗中绽放绚丽之花——习近平总书记在清华大学考察时的重要讲话激励广大青年肩负历史使命坚定前进信心》，http://www.xinhuanet.com/politics/2021-04/20/c_1127353573.htm，2021.

作的领导，关心青年成长，支持广大青年建功立业。[①] 作为基层学生党支部干部，要以高度的责任感和使命感，认真思考和实践在低年级本科生中发展党员的工作，不断提升自身的政治素质和组织能力，为学校、学院党建工作的发展贡献自己的力量。

参考文献

[1] 董禹希，吴柘锟，敖东凡等：《"三全育人"视域下行业特色高校党团班一体化育人机制的研究与实践》，载《中国地质教育》，2024（1）。

[2] 岳龙：《当代学生党员发展工作的难点与对策——以兰州工商学院为例》，载《秦智》，2024（2）。

[3] 童陈军：《新形势下低年级大学生党员发展难题及破解路径研究》，载《大学》，2024（1）。

[4] 耿倩男，王奕文，赵金丹等：《新时代加强高校学生基层党组织建设工作实践探索》，载《北京教育（高教）》，2023（12）。

[5] 王旭琳. 新时代高校学生党建研究［D］. 青岛理工大学，2023.

---

① 四川学联：《四川高校青年学子热议习近平总书记五四青年节寄语（四）》，https://mp.weixin.qq.com/s/h_cEbkvwrnxLSG0rgQIl5Q，2024。

扎根凉山，薪火相传：党的"二十大"精神引领下研究生支教团的现实意义与发展道路

王皓珂　张广权　郭嘉琛

摘　要：党的二十大是我国迈入全面建设社会主义现代化国家新征程、向第二个百年奋斗目标进军关键时刻召开的一次十分重要的大会，关系国家未来事业发展的各方面。二十余年来，四川大学研究生支教团深度帮扶西部地区教育事业，为助力当地基础教育及经济社会发展做出重要贡献。在"二十大"精神引领下，以四川大学为代表的高校研究生支教团面临新时代所赋予的新要求和新使命——未来要如何实现可持续发展道路。本文主要通过梳理研究生支教团的发展现状及存在困境，结合党的二十大相关理论，提出完善研究生支教团发展道路的策略与建议，助力项目实施优化迭代。

关键词：党的二十大；研究生支教团；现实意义；发展道路

一、引言

2022年10月16日，党的二十大在北京正式召开。习近平总书记强调，要扎实推动乡村产业、人才、文化、生态、组织振兴，激励广大青年接续奋斗逐梦前行，在中国式现代化建设中挺膺担当。西部计划是全面推进乡村振兴的重要力量。研究生支教团作为教育扶贫、巩固拓展脱贫攻坚成果同乡村振兴有效衔接的重要力量，持续深入到西部地区基础教育发展。

其中，四川大学作为全国首批参与团中央、教育部"中国青年志愿者扶贫接力计划研究生支教团项目"的22所高校之一，积极响应国家号召，二十余年扎根西部深度贫困地区，先后选派338名志愿者定点在四川省凉山彝族自治州昭觉县、美姑县、甘洛县三个国家级贫困县开展支教扶贫工作，志愿者始终坚持"扎基层，受教育，做贡献，长才干"的基本宗旨和"胸怀祖国、服务人民"的根本要求，以实际行动履行志愿者誓言，发挥党员的先锋模范作用，为

当地基础教育发展贡献青春智慧和力量。这是高校党建工作新途径，更是文化创新与立德树人的新方式。

二、助学：星光引路，理想领航

从脱贫攻坚到乡村振兴，从教育扶贫到教育振兴，研究生支教团的身影随处可见。一方面，研究生支教团志愿服务有利于夯实教育扶贫基础，通过教育防止返贫，改变教育资源发展不平衡、不充分，以及教育阻断贫困代际传递实效弱的问题；另一方面，研究生支教团是教育脱贫与乡村振兴衔接的重要抓手，以教育力量助推乡村振兴，一定程度上能缓解相对贫困问题，巩固脱贫攻坚成果。[①] 在长期的实践中，研究生支教团项目逐渐形成以"支教育人"为使命，"志愿＋接力"的实践模式[②]，不局限于传统的教育教学，其主要内容包括：

（一）思想引领，为服务地发展注入新活力

研究生支教团始终紧跟党的思想引领和政治引领，在支教生活中坚持贯彻落实党中央和国务院对研究生支教团和志愿服务工作的重要指示及讲话精神，以饱满的热情积极响应国家"到基层去、到西部去、到祖国最需要的地方去"的号召，在各项活动中不断加强价值引领，在实践中磨炼意志、培养坚毅品格，用奉献和实干诠释新时代青年的责任与担当。

（二）保驾护航，坚定服务地孩子理想信念

扶贫先扶志，志智双扶作为支教工作的另一重点，有利于激发服务地的内生动力。研究生支教团通过主题团课、知识科普、交流结对、访学体验等活动，始于当下，展望未来，致力于帮助孩子们寻找梦想、坚定梦想，为成长保驾护航。在支教接力传承过程中，研究生支教团加强正向引导和潜移默化的作用，营造良好的实践育人环境，努力让孩子们成长为社会主义核心价值观的践行者与传播者。

---

① 李晓华，黄如艳，张琼：《从教育扶贫到教育促进乡村振兴——青藏地区教育脱贫的新路向》，载《民族教育研究》，2021（5）。

② 邓宇，张静，阳琴等：《助力乡村教育振兴的研究生支教团运行机制研究——基于对四川省近5届463名成员的调查》，载《新生代》，2022（5）。

(三)物质帮扶,提升服务地基础教育条件

研究生支教团作为服务地与社会各界的桥梁纽带,积极以自身优势争取社会资源,切实提升服务地基础教育条件。例如,四川大学研究生支教团构建的"1+N"帮扶模式,从"帮助一个孩子"建立资助人与优秀贫困学子"一对一"长期助学资助,到"帮助一群孩子"面向全社会募集衣物、文具、书籍等,再到"帮助一所学校"面向社会征集建立图书室、体育角、操场及改善教育教学环境等,以此形成合力助力服务地教育、经济发展。

三、铸人:三尺讲台,一方天地

一颗支教的种子,带来大山深处的声音。

一场爱与希望的传递,一场增长阅历、磨练意志的旅途代代相承。

"生逢盛世,肩负重任",习近平总书记用这样八个字形容中国当代青年。在祖国西部广阔的土地上,有这样一群青年,他们坚守在乡村振兴的基层一线,以高昂的奋斗精神和独有的青春力量,展现出令人钦佩的青年担当。将个人奋斗更好地融入国家西部大开发及发展大局中,已成为越来越多青年学子的自觉追求。在志愿服务中彰显青春风采,在时代浪潮里续写精彩华章。

(一)授人以知识

一声"老师",意味着"德高为师,身正为范"的处身行为标准,意味着"传道授业,立德树人"的重任在肩,更意味着"用我之所能,教我之所学"的全力以赴。

将更为广阔的视野呈现给孩子们,是所有支教老师共同的责任,授孩子们以知识是所有研究生支教团志愿者最基础的目标。四川大学研究生支教团自1999年以来,已派出300余名志愿者先后在甘肃、青海、宁夏回族自治区、四川凉山彝族自治州等地开展支教工作,涵盖小、初、高三个阶段的教学覆盖,包含语文、数学、英语、政治、历史、地理、物理、化学、音乐等多门科目。

支教老师与孩子们,这对听起来就热烈得闪耀发光的组合,赋予人无限的美好遐想。作为研究生支教团的一员,和孩子们在一起的每个瞬间,都令我们无比真切地感受到,教师这个职业的使命和责任、难以言表的成就感和欣喜。帮助孩子们了解自己、发展自己、创造自己,这是我们的职责,更是我们在奉

献中能收获到的独有的幸福与充实。

（二）育人以思想

将红色的种子根植在学生心中。

作为青年党员的一分子，作为西部计划志愿者的一分子，作为支教团队的一分子，我们更需要率先加强思想淬炼，筑牢信仰之基。要自觉接受教育，勤思考，常更新，时刻保持思想的先进性，紧跟党中央的步伐，努力做党的创新理论的"播火者"。

努力打牢理论素养根基、厚实教学底蕴。对习近平总书记重要讲话精神最新观点、最新论断，我们坚持做到第一时间学习掌握，第一时间带入课堂，以身作则，让孩子们也能学习到更进步的思想。不仅加强自身学习，更在教学实践中融入党的创新理论。

（三）以爱为导向

以爱为导向是所有西部计划志愿者一直奉行的主旨。

志在心中，愿在行动，微光虽渺，万丈也成炬。志愿服务是奉献社会、服务他人的一种方式，是传递爱、希望与未来的过程。在作为支教老师的一年志愿服务中，我们不仅得到了自我提高、完善和发展，精神和心灵也得到满足。在这片饱含希望的热土上，有川大人用满腔热忱书写下的青春。走过二十五载的约定，"老师"这个令人向往的称呼，渐渐化作一份责任，落在我们共同的肩上。志愿服务既是"助人"，亦是"自助"，既"乐人"，也"乐己"，它彰显了青年的时代风貌和精神风貌，也是新时代青年应该担负的社会责任。

用双手塑造美好，用智慧服务社会，用行动传播爱心，青春的颜色，在一次次志愿服务、一场场教育教学中变得更加绚丽多彩。

四、筑梦：教育强国，中华复兴

中华民族的伟大复兴离不开基础教育建设，教育强国乃是国家必由之路。而坚持党对教育事业的全面领导是建设教育强国的根本保证。

党的二十大报告从"要深入实施科教兴国战略、人才强国战略、创新驱动发展战略"的政策角度，对"办好人民满意的教育"作出了专门部署，指出了"坚持教育优先发展、科技自立自强、人才引领驱动"的具体道路。这些重大决策与论断无一不凸显了教育基础性和战略性的作用和地位，也进一步印证了

"教育是国之大计、党之大计"的价值意义。

现有研究表明，研究生支教团目前仍面临着理想目标与现实情况不一致的矛盾，运行机制当中存在志愿者岗前培训精准性与专业性较低[①]、服务过程中监管与保障不尽完善[②]、宣传力度仍需提升[③]等问题及缺陷。但以党关于教育的战略要求为引领，研究生支教团有了新的前进方向和目标指向。基于对党的二十大精神的学习、对研究生支教团现存困境的认知，笔者提出以下三点建议与期望：

（一）全体系提供有针对性的培训

在思想意识方面，充分利用研究生支教团正式开展志愿服务工作之前的时间，举办各类思想政治课程、教学经验分享、生活技能培训等活动，使支教团成员尽早实现从高校学生到支教老师及志愿者的身份、职能、责任的转变，并不断深化志愿服务奉献精神；在实际行动方面，组织行之有效的实习活动，如利用院校现有教育资源提供见习机会，支教团成员可以根据各自即将教授的具体科目，针对性地参与备课、授课的全过程，积累实际经验、掌握扎实技能。

（二）全流程规范保障及监督工作

保障层面，高校应当建立并保持与研究生支教团成员的长效联系机制，着重关切其在投身西部计划志愿服务过程当中遇到的困难与问题，从而给予实质性的方向指导与情感关照，各级项目办应不断推进相关政策的落实，加大专项资金扶持力度，如提高志愿者的生活补贴水平、教学基础设施的投入等；监督层面，"没有规矩，不成方圆"，高校需指定人员担任项目督导员，承担相应责任、负责具体工作，当地项目办可结合相关官方政策文件，制定动态化的考核鉴定办法，以便更好地把握志愿服务的教育教学活动。

（三）全方位加强宣传提升影响力

在宣传角度，研究生支教团项目在共青团工作创新、服务西部和乡村振兴、大学生就业创业等工作当中发挥着重要的作用，使支教、公益、扶贫等众

---

① 张建，吴柳芳：《我国研究生支教团项目实施的过程机制及其优化——基于中部两所重点高校支教团的案例考察》，载《青年发展论坛》，2019（4）。
② 同上。
③ 张骞文：《研究生支教团长效工作机制构建研究》，载《学校党建与思想教育》，2015（4）。

多事业在复合联动中得以开展①,因此需进行受众广泛、方式多样的系统性宣传,让更多学子从内心深处自愿加入支教项目,投身于教育强国、中华复兴的实践当中;在社会影响力角度,需进一步厘清研究生支教团在青年学子增长才干、实践育人等方面的重要现实价值,让公众真正理解研究生支教团项目的目标与精髓,从而扩大社会影响力。

教育的意义一定不仅限于一代人,研究生支教团的意义也不仅在于某一届或某一些成员。一代人有一代人的接力棒,一届届研究生支教团将在党的领导下,在延续往届研支团活动、接续志愿服务精神的基础上,以己所学、教书育人,不断优化教学课堂、丰富学生生活,以无悔的青春与爱意,在孩子们心中播种理想,也为他们照亮前行的路。弦歌不辍、薪火相传,研究生支教团的动人故事仍在续写。

正如党的二十大报告中所强调的,"青年强,则国家强",生逢盛世当不负盛世,生逢其时当奋斗其时,以星火之名燃青春之光。在党中央、祖国和人民的深切期望当中,中国青年志愿者扶贫接力计划研究生支教团将立足教学岗位、牢记使命初心,始终坚持为党育人、为国育才的目标,响应在第一时刻、冲锋在第一队列、奋战在第一梯队,用知识搭起民族交流的桥梁、以行动展示青春的熠熠风采,将党的二十大精神扎实落到实处,为祖国的西部事业奉献青春,在党的乡村教育振兴工作中贡献力量!

---

① 李浩,张晓红:《新时代高校研究生支教团的发展与社会治理价值——以中山大学为例》,载《宁德师范学院学报(哲学社会科学版)》,2019(1)。

四川大学红色专项类实践赛道的红色文化浸润路径

——基于2023年云南省德宏傣族景颇族自治州盈江县的青年实践调查

吴翼菲

摘　要：中国式现代化是党领导全国各族人民在长期探索和实践中历经千辛万苦、付出巨大代价取得的重大成果，这意味着中国站在新的起点以及新的时代坐标上。在新时代中，青年群体是不可忽视的重要力量，高校作为青年教育的大基地，充分通过红色专项类实践活动与比赛将理想信念教育浸润到青年学生心中。一些青年志愿者在参与此类活动时，通过投入西部地区乡村教育的实践活动中，形成了更为明确的群体身份认同。一方面，青年志愿者们的教育实践体现了新时代的中国精神，具有地方性与时代性；另一方面，青年志愿者们代表了一股向上向善的力量，在服务角色的多重性中，更深刻体味到了红色文化的作用。

关键词：高校党建路径；青年志愿者；红色文化；乡村振兴

一、问题的提出

中国式现代化的提出标注了新的时代坐标，标志着我国站在了更高的发展起点，以更高的发展水平面向世界，这不仅对每一位建设者提出了更高的要求，也对全国各族人民团结共进提出了更高的要求。"青年兴则国家兴，中国发展要靠广大青年挺膺担当"，新时期高校如何通过更有效的党建活动引领高校学子的发展成为热门话题。近年来，广大青年为中国梦的实现不懈奋斗时，积极投入社会服务的大熔炉，走进实践的大思政课，这使得高校党建在社会实践方面作出了更多的努力与探索。

通过前期的调研与分析,本文将四川大学现有的红色文化相关活动机制总结为图1。高校学子通过"学校"这一核心育人主体和外界产生能量互换,并达成"校—社—政—企"的协同育人机制,以红色文化为引领开展实践活动,最终实现回馈。

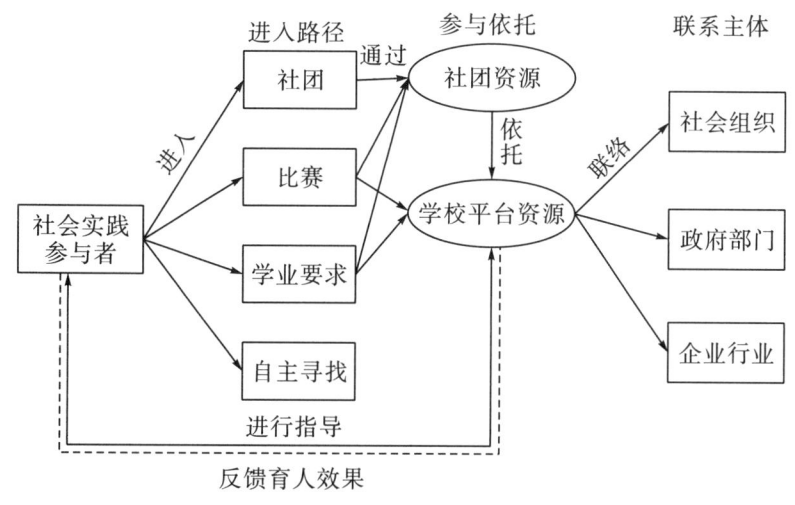

图1 四川大学红色活动机制

本文选择了投身西部乡村教育实践的红色文化专项活动参与者为研究对象,从其行为活动与反馈中挖掘高校党建通过红色专项类实践进行思想引领与思想建设的成效。

二、课程的背后:党建之下,实践之中

青年学生是受教育的主体,但随着育人模式的多元化、教育格局的更新以及现代教育的全民普及,这类青年群体在一定时空范围内又摇身一变,成为教育实践的主体"教育者"。高校的红色文化专项活动中,高校学子既是教育者,又是被教育者。

这些青年学生在教育实践中往往将教育内容分为两大板块:课业辅导与陪伴关怀。显然,在投身文化振兴与乡村振兴的文化实践中,青年学生们开始走上了一条具有教育现代化意义的中国式道路,他们站在理想信念的制高点。青年志愿者的教育实践以知识型、趣味型、思想型这三类课程类型向外呈现,其大概的课程内容划分如表1所示。

表 1　志愿服务队的课程内容划分

课程板块	课程属性	课程目标
学业课程教学与辅导	语数外等学科课程辅导以及常识性知识教学	缓解小学教育资源缺乏的压力，帮助学生完成假期学业任务
趣味型课程	实践活动课程陪伴与关怀	培养学生动手能力、寓教于乐、关注留守儿童的身心健康成长
红色文化教育	民族团结教育	宣传当地少数民族文化、推进中华民族共同体意识的构建
红色文化教育	爱国主义教育	传承红色基因，涵养家国情怀，筑牢红色信仰之基

居于首位的是与基础教育内容接轨的知识型课程。文化振兴、教育振兴，才能实现乡村振兴。除物质获得外，知识更能带给人一种精神充实感。正因如此，知识型课程的开展即成为物质文明与精神文明协调发展的重要途径。相比于坝区、城区学校，山区学校的教师资源更为紧缺，青年志愿者们在参与实践中始终坚持着"传知"这一条主线，通过基础学科知识教育外加常识性知识教学的方式补足了山区学校的短板，一定程度上提升了地区的教育水平和整体素质，为协调发展打下基础。

其次，尽管山区学校开放度不如坝区，但在地理位置上也有其独特之处：相比于坝区学校，山区学校与自然的相关度更胜一筹，所以如何通过教育实践让受教育者明晰人与自然和谐共处之道，是山区学校教育重点之一。原本的山区学校教育在基础学科教育上已然"竭尽全力"，但对于"美育"以及"德育＋美育"方面的工作就相对忽视了[①]，而青年志愿者们的假期教育实践恰恰填补了这一缺漏。相比于正课期，支教期间或夏令营期间有关此方面的趣味型课程也就占比更大。

再次，我们必须关注青年志愿者们的第三个教育课程板块：红色文化教育。如何在特殊地区塑造有时代责任、社会责任、民族责任的社会主义接班人是当地教育的重要议题。红色文化教育中的民族团结与爱国主义教育主题正迎合了家国情怀的理念，中国式现代化也要求教育者在教学实践中让受教育者增强民族身份认同、集体认同，在不同民族的交流之中树立起尊重与团结的观念。

---

① 调研结果显示，L学校缺乏音乐、体育等相关美育课程，在课程结构上相对失理。

相对共青团、学院等教育主体而言，青年志愿者在红色专项中所承担的工作实际上是对红色文化教育工作的补充。一方面，青年志愿者们运用大学生的专业知识，充分挖掘利用各地传承红色资源，以故事、舞蹈等艺术形式类实践展示和宣传相关文化知识，在传承民族文化的同时也传承中华优秀传统文化；另一方面，青年志愿者自身就是一个"活的红色文化的展示者"，在教学实践中化身为"榜样"，以身作则，潜移默化地影响着受教育者们如何团结、如何信仰、如何在学有所成之后用自己的力量反哺家乡，培养受教育者的社会责任与时代视野，修身齐家，胸怀天下，求同存异，实实在在地走和平发展的现代化道路，成为传承和平基因、赓续红色血脉、团结各族发展的守护者与先行者。

三、接受时代的共名：多重角色的代表

（一）公平力量的代表：聚焦共同富裕

中国的发展呈现出不可阻挡的势态，但发展之下的不平衡是难以避免的。东西部差异、城乡差异、山坝区差异等依然存在，这些因素直接或间接给公平带来了挑战，教育也因此面临着教育资源的平衡性挑战。如何深刻理解教育的价值，从而更深理解生命的价值，可以从青年人的选择上探得。

该地青年志愿者以山区学校为主要支教点，这一选择使他们代表着一股公平扶正的力量，聚焦于致力共同富裕的追求。

其一，这是对地区教育资源的平衡。笔者对该县坝区至山区五所具有典型性的学校进行了田野调查，发现尽管该县学校无一不存在师资力量短缺的问题，但相较于山区学校，坝区学校无论是在地理位置、教学质量、教学方法，还是教学课程类型上都更为优越。在现代化浪潮中，人口新形态的变化趋势给各方教育都造成了一定的冲击，地处山区的居民生育意愿较低，加之大量居民已经外出务工，留在本地的受教育人口较少。考虑到师生配比要求以及资源配置问题，为山区所分配的乡村教师就少。这样的情况下，对乡村学校而言，尽管"一人独校"的情况已然改善，但也很少有学校能配置可以满足所有课程的教师队伍，更遑论对应学科的专业性教师。老教师常驻岗位，新教师的补充又被限制，教师年龄结构逐渐向中老龄层靠近，加上专业的年轻教师缺乏，这些都造成了一种不平衡的教育资源分布现象。青年志愿者们代表新思想、新活力选择加入这些山区乡村学校的教育实践，这一举动就代表了一种公平力量的补充与实行。

其二，是对造就完整的人的影响。青年志愿者们尽管并非某一课程的专业老师，但以"常识"为主的教育方式也已经为该地基础教育增色不少。原处于相对封闭地区的儿童相对于坝区、县区孩子更难以亲身体验外面的世界，也较少能从丰富多彩的互联网获取新鲜的事物，加之父母多外出务工，如此一来，学校教师就成了孩子们获取知识、解决问题的主要来源。青年志愿者的加入推动了知识渠道的多元化，让这些祖国的未来有可能造就为一个完整的人。

（二）社会力量的代表：影缩多元群体

笔者在研究中将青年群体置于整个盈江县教育活动中，以一张简单的图展示盈江县教育实践的基本轨道，它反映了目前青年群体在其中所处的地位，请见图2。

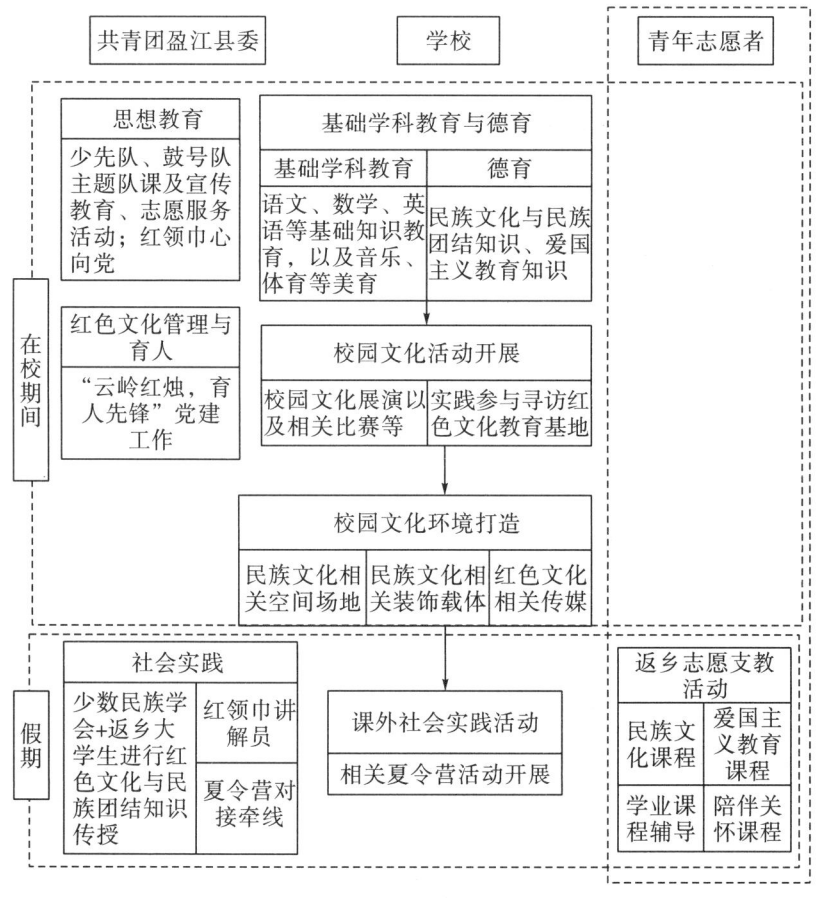

图2 盈江县教育实践基本轨道

不难发现，盈江县教育活动的主要实践者在教育中呈现出"一身两翼"的格局。学校上接教育主管部门，是开展教育活动的主阵地；共青团盈江县委则是以思想先锋引领的形式参与教育引导、培养；青年志愿者则位于学校与共青团之间，将庞大的家国叙事与知识世界浓缩到短期的假期实践中。特别是时处假期时，青年志愿者群体登场，既代表了学校的"知识传授与德育"功能，又兼携了共青团的"红色文化教育与思想引领"功能。

在共青团盈江县委，以共青团为主阵地，通过"知识学习+实践教育"模式助力教育时，主要是采用思想引领和课外教育的形式，这意味着团委在开展工作时需要其他教育主体来协助工作，青年就成了这一协助主体之一。四川大学等高校所倡导的红色专项类实践赛道就为这一需求提供了可行性与选择性，青年学生通过这一系列活动真正参与到地方的党建之中，获得真实的个性体验。

在这过程中，青年志愿者如何去传授知识、传授怎样的知识这一问题，涉及了其他不同的角色。其一是文化传播者角色，青年志愿者自各地而来，携带了不同地区、不同方面的群体的知识、经验与价值观，他们将这些东西结合本地实际传递给本地的受教育者，致力于实现了价值文化融合。其二是笼统的社会力量角色[①]。如何安全地服务教育、如何筹备物资、筹备哪些物资等，这些问题涉及他们背后的第三层社会力量角色。他们在精神上支持，也在物质上帮助，共同承担着共同富裕的责任。

外部的知识、本地的文化、政治的方向……多元群体力量浓缩在青年志愿者的身上，是时代的共名，是中国式现代化特有的现象。青年志愿者们作为城乡、区域乃至人与精神的桥梁和联结点，将不同地区、不同群体的人联系到了一起，作为一把合力之刃割掉失衡重担，极大增强了社会的凝聚力，促使当地各族人民皆能同心共进。在这一过程中，青年学生学会了承担社会责任，实现了文化创新。他们不仅在实践中立德树人，更深刻体会到不忘初心使命、助力学子成长的担当。

四、结语

青年是社会的缩影，青年一代有理想、有担当，国家就有前途，民族就有希望，实现我们的发展目标就有源源不断的强大力量。作为社会的推动者，青

---

① 这一社会力量包括慈善企业、慈善个人以及参与该实践的所有合作组织或群体。

年群体接受了全方位的培养和教育，具有创新活力与行动能力，他们在实践中展现出的是整个中华民族的力量，也是整个中国式现代化的方法论实践。

高校通过红色专项类实践，将党建延伸到实践之中，不仅是紧跟习近平新时代中国特色社会主义思想的强大引领，和时代接轨，和社会接轨，也是高校党建发展中的一次创新；不仅能优化党建引领学生成长成才的路径、过程和效果，还可以提高学生的实践能力，更好地促进学生在专业技能、社会责任感、创新能力等方面的全面发展，为国家的长远发展提供坚实的支撑与人才支持。

参考文献

[1] 习近平：《高举中国特色社会主义伟大旗帜 为全面建设社会主义现代化国家而团结奋斗——在中国共产党第二十次全国代表大会上的报告》，北京：人民出版社，2022。

[2] 陈飞，李贵仁：《乡村教师补充的时代坐标与政策走向》，载《现代教育管理》，2023（8）。

[3] 张立影，陈友力：《中国式现代化视域下教师继续教育的内涵、价值逻辑与路径探索》，载《继续教育研究》，2023（11）。

[4] 龙宝新：《中国式现代化背景下的乡村教师队伍建设》，载《教育文化论坛》，2023，15（6）。

[5] 朱兴国：《以中国式现代化创造铸牢中华民族共同体意识的新形态》，载《决策与信息》，1－10［2023－12－28］．http：//kns.cnki.net/kcms/detail/42.1128.C.20231225.1556.002.html.

[6] 大学生志愿服务西部计划累计选派46.5万余人［EB/OL］.（2022－08－13）［2023－10－24］．http：//www.moe.gov.cn/jyb_xwfb/s5147/202208/t20220815_652842.html.

[7] 国家主席习近平发表二〇二三年新年贺词［EB/OL］.（2022－12－31）［2023－10－24］．https：//www.ccps.gov.cn/xxsxk/zyls/202301/t20230106_156419.shtml?eqid=be8a685300036ee80000000464776e83.

高校红色文化传承路径创新探索

李祎薇　易　艳

摘　要：文化自信是一个国家、一个民族在发展中最基本、最深沉、最持久的力量。红色文化，作为中国特色社会主义的先进文化，承载着深厚的历史底蕴和重要的时代价值，发挥着育人功能。在新时代，红色文化成为大学生坚定文化自信的重要思想基石和坚实精神支撑。然而，当前高校在红色文化教育和宣传方面面临着一些挑战。基于此背景，本文着眼"物理—事理—人理系统方法论（WSR）"，为创新高校红色文化传承路径提出一系列建议，以期有助于赓续红色文化血脉，构建全方位育人格局，为培养坚定文化自信的新时代大学生奠定坚实基础。

关键词：文化自信；红色文化；传承路径；系统方法论（WSR）

红色文化是马克思主义基本原则与中国革命具体实践相结合的精神结晶，是对中华优秀传统文化和一切人类文明优秀成果的继承与发展。这一文化形态涵盖了思想、观念、价值、精神等多个层面，构成了培养文化自信的重要基石。习近平总书记在中国人民大学考察时，指出高校应当坚持党的领导，传承红色基因，并鼓励同学们坚定"四个自信"，这为高校传承红色文化、培养新时代青年提供了方向引领。高校应当承担起立德树人的根本任务，通过丰富多样的教育方式，让红色文化深入人心，激发青年学子的爱国情怀和民族自豪感，培养他们成为具有坚定文化自信的新时代栋梁之才。

一、红色文化：大学生坚定文化自信、塑造正确价值观的思想基石

红色文化，作为中国共产党领导中国人民在伟大实践中孕育出的先进文化，汇聚了物质文化、理论成果、制度建设以及精神财富的精髓。在中国独特的革命历史滋养下，我国红色文化独具"中国色彩"，展现出鲜明的政治性、

革命性、人民性等特点，是中华民族的精神面貌的体现。

红色文化是独具中国特色的文化，红色文化凭借其独特的魅力和价值，遵循自身发展规律，可为广大学生提供丰富的精神滋养和坚实的思想根基。它不断巩固着主流意识形态的阵地，成为提升大学生文化自信的有力支撑。一方面，红色文化为大学生坚定文化自信提供了丰富的思想来源。红色文化蕴含着中国共产党领导人民在革命、建设和改革过程中形成的宝贵精神财富。通过学习红色文化，大学生能够深入了解党的光辉历程和伟大成就，汲取革命先烈的崇高精神力量，从而坚定理想信念，增强对党和国家的认同感和归属感。另一方面，红色文化为大学生坚定文化自信提供了坚实的精神支撑。红色文化以其深厚的内涵和感染力，能够有效廓清历史虚无主义的思想迷雾，引发大学生的思想共鸣和心理共情，帮助他们形成正确的文化理念，树立高度的文化自信。

习近平总书记强调，要把红色资源利用好、把红色传统发扬好、把红色基因传承好，并指出要扎根中国大地办大学，走出一条建设中国特色、世界一流大学的新路。高校作为文化传承与发展的重镇，肩负着坚定大学生文化自信的重要使命。在当前"两个大局"的背景下，高校应继续深入传承和发展红色文化，将其作为培育和践行社会主义核心价值观的重要载体，夯实中国特色社会主义文化自信之基，为培养担当民族复兴大任的时代新人贡献力量。

二、高校红色文化传承面临着多重现实困境

（一）教育模式缺乏多样性，教学效果有待提高

现阶段，部分高校教师未能与时俱进地革新教学内容和方法，使用固化的教育和宣传模式，难以激发学生的思想共鸣和积极参与，降低了学生的学习趣味性和主动性。一些教师固守教材，教学内容片面，缺少生动的实例，难以调动学生的积极性。没有充分利用以革命情怀为主题的案例式教学，缺乏真实材料带来的情感冲击和精神共鸣。零散的教育活动难以有效引导和影响学生的思维方式、行为习惯。部分教师还忽视了文化自信教育的长期性和连贯性，将红色教育简单僵化，难以达到文化育人的理想目标。

（二）教学理念亟待创新，"全员育人"尚需融汇

习近平总书记在全国高校思想政治工作会议上指出："把思政工作贯穿教育教学全过程，实现全程育人、全方位育人。"中共中央、国务院《关于加强

和改进新形势下高校思想政治工作的意见》指出，要坚持全员育人，全过程育人，全方位育人。在全员育人方面，尽管高校已认识到红色文化教育的重要性，但由于思政工作经常被视为思政教师的专职范畴，全员共同参与度低。这种局面导致"大思政"育人主体参与不足，教育合力效果受到影响，进而降低了红色文化教育的实效性。

在育人过程中，红色文化教育内容显得较为薄弱。部分教师因教学理念革新意识不足，过于注重显性教学效果，而忽视了红色文化所蕴含的隐性文化价值。这种教学不仅难以激发学生的兴趣和共鸣，也难以实现文化自信的有效培养。红色文化教育工作在衔接性和协同性方面存在不足。部分部门在组织红色文化教育活动时缺乏统筹安排和整体布局，导致活动之间缺乏衔接性和连续性。这种局面使得红色文化教育难以形成整体性和系统性，也难以凝聚共识、多向发力，从而影响了红色文化教育的整体效果。

（三）重理论而轻实践，教学实践性需增强

当前，部分高校教师仍坚守"填鸭式"的教育方式，过度侧重于理论知识的灌输，而忽视了学生的实际参与和感受。这种教学方式在红色文化教育领域尤为明显，导致教育效果与既定目标之间存在不小的差距。单向度的知识灌输削弱了学生对红色文化的情感认同。

红色文化理论的挖掘深度亟待加强。在信息化和网络化的时代，学生的价值观念和思维方式日益多元化，然而高校在红色文化理论的解读和挖掘上却显得滞后。特别是缺乏对红色文化教育资源的深入分析和挖掘，导致学生难以全面认识和理解红色文化的精神内涵和价值。

实践教学模式在红色文化教育中尚未得到足够的重视。实践育人应是高校思政教育工作的重头戏，也是实现"三全育人"综合改革的关键。实践教学能够充分调动学生的积极性和主动性，加深他们对红色文化的兴趣。然而，在当前的红色文化教育中，实践教学环节往往被忽视，导致学生缺乏实际体验和感受，难以形成深刻的理解和记忆。这种重理论轻实践的做法削弱了红色文化教育的思想引导和精神塑造作用，可能导致学生对文化自信的理解出现偏差。

（四）深厚广博的红色资源尚待挖掘

我国红色文化资源丰富多样，为高校思政教育提供了宝贵的内容资源，有助于深化学生对文化自信自强的认识。然而，当前高校在挖掘、分析和利用这些红色文化教育资源方面存在不足，导致红色文化教育的深度和广度受限，育人作用未能充分发挥。

大学生对红色文化资源功能的认知存在误区。在新媒体技术的推动下，学生能够便捷地获取红色文化信息，但由于缺乏辨别能力和科学认知，容易在理解其深层次内涵时产生偏差，进而影响对本民族文化的自信。

思政课堂教学与红色文化资源的结合不够紧密。一些教师在选择红色文化资源时，因缺乏代表性和吸引力，与课程内容结合不够紧密，导致学生难以将文化自信内化于心、外化于行。这不仅影响了思政课程的教学效果，也影响了红色文化教育的深入发展。

三、着眼"物理—事理—人理系统方法论（WSR）"，创新高校红色文化传承路径

高校红色文化的传承关涉人、事、物等诸多方面，是一个复杂的系统工程。下面拟从"物理—事理—人理系统方法论（WSR）"出发，试图创新高校红色文化传承路径，为继承与弘扬红色文化提供一些有益的启示。

（一）高校红色文化传承的"物理"路径

郎丽娜认为，依据文化模因论，文化的内核是基因。也就是，红色文化的内核是红色基因。因此，对于红色文化而言，传承的"物理"路径，可以从生物学基因理论的角度进行阐释。

1. 红色基因的相对稳定性

基因具有相对稳定性，它能忠实地复制自己，以延续原有的基本特征。王微、刘继祥等认为，红色基因的遗传是一种文化传承，其复制和表达过程主要借助信念、符号和实践来实现。换言之，红色基因的遗传，主要通过充分利用本土红色文化资源、深入挖掘红色文化内涵、大力弘扬红色文化精神来实现。因此，高校应当重视红色文化资源的价值与意义，将红色文化资源打造成为弘扬革命传统和爱国主义精神的重要阵地，在讲好红色故事上下功夫，在发挥其教育作用上下功夫，让红色文化资源成为激励大学生不忘初心、牢记使命的精神力量；高校还应当通过开展课程拓展项目、实施红色文化研究项目，充分挖掘和利用当地红色文化中蕴含的丰富思想政治教育资源，充实大学生思想政治教育的教育内容。

2. 红色基因的变异性

基因在外部环境的影响与制约之下，也具有变异性。红色基因在新时代的

背景下，需要进行相应的调整与适应，才能迸发顽强的生命力。为顺应时代的潮流，高校应当与时俱进地创新传播教育手段，更新红色文化素材，打破故事与现实的藩篱，增强红色文化的感染力与说服力，拉近与大学生的距离，增强大学生的信仰认同。

（二）高校红色文化传承的"事理"路径

高校红色文化传承的"事理"路径，是指高校综合运用各种资源传承与弘扬红色文化，主要涉及宏观设计与微观运行两个方面。

1. 宏观设计方面

宏观设计方面，高校应当加强弘扬红色文化、承继红色基因的方针政策制定与价值引领。

高校在传播红色文化过程中，既要坚守红色文化的正确价值导向，又要对其进行适度的改革创新，避免盲目照搬照抄。因此，高校要在制定相关政策的过程中，结合本校实际情况，对红色文化进行科学定位和规范化。

首先，高校应深化红色文化理论研究，促进理论研究与社会实践紧密结合。比如"擦亮"红色文化资源、系统梳理红色文化资源，从宏观层面上为红色文化资源开发利用提供理论依据。

其次，高校应根据不同专业特点，制定具体方案，有计划、有步骤地开展红色文化教育，加强专业建设，提高专业素养。一方面，高校应主动适应时代发展要求，不断完善学科专业建设体系；另一方面，高校应在资源整合的基础上制定合作战略，加强与其他高校、地方政府、企业等联合，促进学科共建与资源共享。

最后，高校应出台相关政策以规范红色文化传播。高校要注重红色文化的传播方式与传播途径具有针对性、实效性和科学性，在对其进行宣传时要注重方式方法的创新，积极运用网络、新媒体等现代信息技术和手段进行红色文化传播。同时还应注重对红色文化在高校中的合理使用，避免过度商业化、庸俗化、娱乐化。

2. 微观运行方面

微观运行方面，高校应当在社会实践中充分落实红色文化传承工作。

一方面，高校应积极组织开展实践活动，将红色文化教育融入实践教学环节。如通过在红色革命遗址、革命博物馆等地开展参观学习和主题教育活动等，组织学生参观红色文化展馆和革命旧址等地，学习党史、新中国史、改革开放史、社会主义发展史；又如组织学生参加红色文化志愿者服务活动和社会实践活动等，引导学生在活动参与中了解红色文化。

另一方面，高校应加强校园文化阵地建设，在校园内建设红色文化教育基地，让大学生能够身临其境地接受红色文化的熏陶，激发大学生的爱国热情。通过校内宣传橱窗、校刊、广播站等渠道，进行红色文化教育宣传，营造良好的校园氛围；利用网络平台、微信公众号、微博等新媒体平台，通过线上线下相结合的方式开展红色文化教育活动；同时，还要根据大学生的需求和特点，开展形式多样、丰富多彩的红色文化教育活动，将红色文化融入课堂教学中、校园文化建设中。

（三）高校红色文化传承的"人理"路径

按照王微、刘继祥等的观点，红色文化传承中，相关参与主体的价值需求是"人理"分析的核心。高校红色文化传承主要以教师与大学生为主体。

1. 高校应当充分激发教师在红色文化传承中的效能

注重提升教师的政治素养，提高其政治站位。只有高校教师把红色文化教育贯穿到学生思想政治教育和专业知识学习中，才能充分发挥高校教师在红色文化传承中的示范引领作用。

着重增强教师的育人本领。红色文化蕴含着丰富的思想资源，这要求高校教师将这些资源与大学生的学习生活实际相结合，用理论知识去解释实践问题，用实践经验去验证理论知识，从而帮助大学生解决在思想政治教育过程中遇到的困惑。

鼓励教师积极进行课堂教学创新，提升育人实效。课堂是高校教学的主渠道，是学生接受知识的主要场所。这要求教师在进行课堂教学时要紧扣红色文化的主题和主线，讲好红色文化故事，引导学生全面了解红色文化、学习红色文化，为青年大学生成为社会主义事业合格建设者和可靠接班人奠定基础。

2. 高校应当大力提升大学生对红色文化的信仰认同

营造健康的校园文化，激发大学生强烈的红色文化情感。校园文化建设对大学生信仰认同的形成具有重要影响。因此，高校应通过丰富多彩的校园文化活动，培养大学生的红色文化情感，促进大学生对红色文化的信仰认同。

丰富实践活动，增强大学生对红色文化的亲切感和认同感。高校可以通过形式多样的实践活动，让大学生切身感受红色文化，从而提高其对红色文化的认同感，使他们在实践中自觉接受革命精神的洗礼，将理论知识与社会实践相结合；积极搭建实践平台，鼓励大学生参与社会公益活动，通过自己的双手去服务社会、回报社会。

增多宣传媒介，强化大学生对红色文化的理性认知。当今时代是一个信息大爆炸的时代，信息传播方式的变革，使得高校红色文化传播呈现出多元化、信息化、碎片化的特征。高校可以充分利用互联网这个平台，发挥网络媒体在宣传红色文化方面的优势，提升红色文化在大学生中的认知度。但互联网是一把双刃剑，它既为大学生提供了学习和交流的平台，也为不良文化提供了传播的空间。因此，高校既要坚持正确的舆论导向，及时准确地报道和传播党和国家关于弘扬红色文化的重大方针政策、重大活动以及重要典型，牢牢掌握网络话语权，也要加强对大学生在网上的思想引领，引导他们理性对待社会热点问题。

除此之外，高校还需要在进一步深化"三全育人"理念，加强思政教师队伍建设，提升专业课教师的政治意识和全局观念，提升大学生对红色文化的信仰认同的基础上，丰富红色文化教育内容，加强红色文化教育工作的衔接性和协同性，以形成全员参与、齐抓共管的育人格局，增强各主体参与红色文化传承的合力，切实提升红色文化教育的实效性。

参考文献

[1] 王淑荣，魏子青：《"大学生网红"现象中的"泛娱乐化"倾向评析》，载《思想理论教育导刊》，2022（4）。

[2] 《习近平在全国高校思想政治工作会议上强调：把思想政治工作贯穿教育教学全过程开创我国高等教育事业发展新局面》，载《教育文化论坛》，2016，8（6）。

[3] 顾基发，唐锡晋，朱正祥：《物理－事理－人理系统方法论综述》，载《交通运输系统工程与信息》，2007，7（6）。

[4] 郎丽娜：《文化基因研究的概念和历史》，载《广西民族大学学报（哲学社会科学版）》，2017，40（2）。

[5] 王微，刘继祥，马丽贞：《红色文化传承视域下高校思想政治教育创新路径研究》，载《唐山师范学院学报》，2022，44（3）。

探析红色文化精神涵养初心使命

王一霖

摘　要：初心使命是党的性质宗旨、理想信念、奋斗目标的集中体现，是激励中国共产党人为人民谋幸福、为中华民族谋复兴不断前进的根本动力。红色文化是中国共产党在革命中形成、在建设和改革开放中不断发展的极具中国特色的先进文化，具有崇高的价值取向、鲜明的政治立场、深厚的群众基础、坚决的奋斗精神，是新时代涵养中国共产党人初心使命的最宝贵精神资源。新时期充分利用好红色文化资源，发扬红色文化精神，涵养和深化初心使命，成为当前一个重要的课题。本文旨在研究红色文化精神涵养初心使命的深刻内涵、核心意义、逻辑契合和路径分析，既是对传统文化的传承与弘扬，也是推动社会文明进步的重要探索。

关键词：红色文化；初心使命；涵养；红色资源；红色基因

习近平总书记强调："共和国是红色的，不能淡化这个颜色。"[①] 在中国人心中，红色代表着吉祥、喜庆、热情、奔放、光明、斗志、温暖和希望。而红色作为革命的象征最早出现在马克思主义的经典著作之中，国际共产主义运动过程又不断推动红色作为无产阶级的象征。自中国共产党成立以后，"红色"便从色彩名词转变为一种极具中国特色的政治象征符号。[②] 红色文化以红色为标志性符号，逐渐孕育、凝结、形成于中国共产党领导人民群众的伟大斗争实践中，作为社会主义先进文化的重要组成部分，蕴含着非常丰富的精神内涵，是中国共产党人不忘初心、牢记使命、砥砺前行的不竭精神动力，同时也彰显了中国共产党的精神风范、思想理念、价值追求与政治信仰，体现了中国共产党独特的政党文化特质。

[①] 共和国是红色的！习近平总书记说英雄[EB/OL].（2019-04-03）[2021-10-01]. http://dangshi.people.com.cn/n1/2019/0403/c85037-31010716.html.

[②] 李月玲：《红色文化符号：内在表征、衍生逻辑与价值深化》，载《长江师范学院学报》，载《教学与研究》，2023（1）。

中国共产党从诞生之日起，就把马克思主义鲜明写在自己的旗帜上，把实现共产主义确立为最高理想，把为中国人民谋幸福、为中华民族谋复兴作为自己的初心使命，并一以贯之地体现到党的全部奋斗中。红色文化蕴含的理想信念力量具有导向功能，以"隐性方式"潜移默化地影响着整个社会的价值理念，能够指引共产党人铭记历史，坚定理想信念，汇聚共识，形成强大的凝聚力，更好地践行初心使命。

红色物质文化是红色文化的重要形态。红色物质文化包括中国共产党在奋斗历程中经历过的重要会议、事件、战役或其他重要活动的遗址遗迹等；还包括杰出人物的故居旧居、革命烈士陵园、纪念馆、博物馆等，是见证革命历史、承载红色记忆的红色文化遗产。红色物质文化最为直观地反映了中国革命、建设和改革的历史进程，承载着中国共产党人的革命精神、崇高理想和道德追求，是进行革命传统教育、爱国主义教育、党史教育的重要资源。[①] 习近平总书记2021年6月25日在十九届中央政治局第三十一次集体学习时指出，红色资源是我们党艰辛而辉煌奋斗历程的见证，是最宝贵的精神财富，一定要用心用情用力保护好、管理好、运用好。

一是要加强科学保护。红色资源是不可再生、不可替代的珍贵资源，保护是首要任务。要本着对历史负责、对人民负责的态度，深入开展红色资源专项调查，加强红色遗址、革命文物保护工作，统筹好抢救性保护和预防性保护、本体保护和周边保护、单点保护和集群保护等。

二是要开展系统研究。统筹研究力量，强化研究规划，积极开展革命史料的抢救、征集和研究工作，加强革命历史研究，深入挖掘红色资源背后的思想内涵，准确把握党的历史发展的主题主线、主流本质，旗帜鲜明反对和抵制历史虚无主义。

三是要打造精品展陈。坚持政治性、思想性、艺术性相统一，把好导向、聚焦主题，用史实说话，着力打造高质量精品展陈，增强表现力、传播力、影响力，生动传播红色文化。

四是要强化教育功能。围绕革命、建设、改革各个历史时期的重大事件、重大节点，研究确定一批重要标识地，讲好党的故事、革命的故事、英雄的故事，彰显时代特色，使之成为教育人、激励人、塑造人、警示人的大学校。要设计符合青少年认知特点的教育活动，建设富有特色的革命传统教育、爱国主

[①] 沈成飞，连文妹：《论红色文化的内涵、特征及其当代价值》，2018（1）。

义教育、青少年思想道德教育基地，引导他们从小在心里树立红色理想。[①]

高校是弘扬红色文化的主战场。讲好红色故事、做好红色文化资源开发，对坚定学生理想信念、加强党员党性教育具有积极的促进作用，是落实新时代立德树人要求的有效实践。[②] 四川是红色文化基因传承脉络最清晰、链条最完整的省份之一，有长征丰碑、将帅故里、川陕苏区、抗震救灾、三线建设、改革开放等丰富红色文化资源。[③] 在四川大学有"江姐纪念馆""四川大学革命英烈事迹陈列馆"，如何推动高校用好、用足这些资源，将红色文化融入思政大课堂，让学生在火热的实践中学习历史，了解社会，树立听党话跟党走的坚定信念？本文通过探析红色文化的深刻内涵、领悟初心使命的核心意义，分析红色文化精神涵养初心使命的逻辑契合机制，探索红色文化精神涵养初心使命的路径，旨在为高校立德树人、创新思想政治教育工作提供参考。

一、充分认识红色文化的深刻内涵

在革命战争年代形成的革命文化，是红色文化的重要组成部分。红色文化是中国共产党领导中国人民在革命、建设和改革的伟大实践中创造积累的先进文化，蕴含着指引我们党和人民增强信仰、信念、信心，战胜一切强敌、克服一切困难、夺取一切胜利的强大精神力量。

（一）马克思主义是红色文化的思想灵魂[④]

红色文化无论是其所包含的红色精神文化、红色物质文化还是红色制度文化，都是马克思主义中国化时代化的文化表达，是在中国化马克思主义指导下结出的文化硕果，是具有社会主义属性的文化形态。以马克思主义为思想灵魂，决定了红色文化具有鲜明的政治立场、崇高的目标追求、深厚的群众基础、博大的世界胸怀，是推进中华民族伟大复兴的强大精神力量。

---

① 用好红色资源，总书记再次强调［EB/OL］．求是网［2021－06－27］．https://news.cyol.com/gb/articles/2021－06/27/content_APEjmhzLo.html．
② 杜飞进：《在新时代大力弘扬红色文化》，载《人民日报》，2024 年 4 月 10 日。
③ 李晓东，周洪双：《"三用之道"助四川高校讲好思政课》，载《光明日报》，2024 年 3 月 18 日。
④ 段治文，陈锋：《论毛泽东的创新思维与初心使命》，载《中国浦东干部学院学报》，2020(1)。

（二）中国共产党人的精神谱系和中国精神是红色文化的精神内核

中国共产党是创造和弘扬红色文化的主导力量。中国共产党人的精神谱系深刻体现了对马克思主义的坚定信仰和共产主义的远大理想，集中体现了党的坚定信念、根本宗旨、优良作风，凝结着中国共产党人艰苦奋斗、牺牲奉献、开拓进取的伟大品格。中国人民是创造和弘扬红色文化的主体力量。以爱国主义为核心的民族精神始终是把中华民族坚强团结在一起的精神力量，以改革创新为核心的时代精神始终是激励我们在改革开放中与时俱进的精神力量。红色文化以中国共产党人的精神谱系和中国精神为精神内核，体现中国共产党人的政治本色和情怀担当，体现中国人民的伟大梦想和价值追求，是砥砺我们党不忘初心、牢记使命的不竭精神力量，是激励中国人民奋进新征程的精神动力。

（三）人民至上是红色文化的根本立场

人民性是马克思主义最鲜明的品格，人民立场是马克思主义政党的根本政治立场。无论是风雨如磐的革命岁月，还是筚路蓝缕的建设时期、心潮澎湃的改革时代，抑或是波澜壮阔的新时代，我们党领导人民进行的一切奋斗，都是为了最广大人民的根本利益，我们党领导人民所创造的一切新文化，都坚持人民至上的根本立场。以人民至上为根本立场，决定了红色文化是中国人民共有的精神家园，不断激励着中国人民为国家富强、民族振兴、人民幸福而不懈奋斗。

（四）红色资源是载体，红色精神是密码

我国的广袤大地上，红色资源星罗棋布，见证了我们党艰辛而辉煌的奋斗历程。每一位革命英雄、每一种革命精神、每一件革命文物，都让红色基因库不断丰富扩容。一个个革命博物馆、纪念馆、党史馆、烈士陵园，都在讲述着党的故事、革命的故事、英雄的故事；一条条红色旅游线路，一个个红色遗迹遗址，都在生动传播着红色文化。在长期的革命斗争中，中国共产党不断结合现实情势、历史任务和人民愿望，创造性发展了民族精神，锻造了建党精神、井冈山精神、苏区精神、长征精神、延安精神、抗战精神、红岩精神、西柏坡精神、抗美援朝精神等，它们一脉相承，构成了中国共产党人的精神谱系。红色精神和红色基因已经深深融入中华民族的血脉和灵魂，鼓舞和激励着中国人民不断攻坚克难，从胜利走向胜利。

二、深刻领悟初心使命的核心意义

"初心"的原义是"本意、本愿",它是源于个体生活的话语文本,并蕴含在个体生动多样的具体期愿中。中国共产党十九大报告提出:"不忘初心,方得始终。中国共产党人的初心和使命,就是为中国人民谋幸福,为中华民族谋复兴。"

为中国人民谋幸福、为中华民族谋复兴,是中国共产党人的初心和使命。立足于人民的主体性地位之上的,中国特色社会主义"一切围绕人民,一切为了人民"的价值准绳,是"初心"被赋予特定价值语义的根本原因,[①] 是中国共产党人始终不变的政治本色。回顾党的百年历史,中国共产党人矢志不渝、坚守初心,始终坚持为中国人民谋幸福、全心全意为人民服务,始终牢记人民对美好生活的向往就是自己奋斗的目标。中国共产党所奉行的马克思主义是以人民为主体的理论学说与社会实践,其贯穿始终的"人民主体性"特征诠释着新时代"初心"内涵的意向性和价值性。党的十八大以来,习近平总书记多次强调了共产党人坚守初心、践行使命的重要意义,目的就是提醒全党:"一切向前走,都不能忘记走过的路;走得再远、走到再光辉的未来,也不能忘记走过的过去,不能忘记为什么出发"。这个初心和使命是激励中国共产党人不断前进的根本动力。习近平总书记强调:"忘记初心和使命,我们党就会改变性质、改变颜色,就会失去人民、失去未来。"新时代,进行伟大斗争、建设伟大工程、推进伟大事业、实现伟大梦想,关键是要坚持党的领导,关键要培养锻造一支宏大的高素质专业化的党员干部队伍,自觉担负起为中国人民谋幸福、为中华民族谋复兴的初心使命。

(一)初心使命的指引与激励

领悟初心使命的核心意义在于它能够成为我们追求事业、追求梦想的指引和激励。当我们在追求某项事业或目标的过程中遇到挫折和困难时,初心使命能够提醒我们为何开始,使我们回想起初衷和动力。它让我们重新审视自己所追求的意义和价值,帮助我们坚守信念并克服困难。初心使命的指引和激励作用,使我们能够持之以恒地追求自己的目标,不断进取,不断超越自我。

初心使命是我们追求某项事业或目标时最初产生的动力和意图。它代表着

---

① 丁薛祥:《坚定理想信念 牢记初心使命》,载《人民日报》,2023年11月19日。

我们最原始的愿望和渴望,是我们内心深处对于追求真善美和实现个人价值的渴望。

在追逐梦想的过程中,我们可能会遇到各种阻碍和困境。这些困难往往会考验我们的毅力和坚持,容易使我们产生动摇和迷失。然而,当我们深刻领悟初心使命的意义时,它会成为我们坚持的动力和支撑。它提醒我们不要轻易放弃,勇敢面对困难,并助力我们克服困难,跨越障碍。

(二)初心使命的价值观引领

领悟初心使命的核心意义还在于它能够引领我们秉持正确的价值观。初心使命往往源于内心对于真善美的追求和对社会、人类的责任感。在实践初心使命的过程中,我们会更加深刻地理解和坚守核心价值观,如诚信、奉献、公正等。这些价值观将指导我们在人生道路上的选择和行为,使我们成为有担当、有责任感的人。通过领悟初心使命,我们能够更加清晰地认识到自己所追求的是一种积极向上的价值取向,这将对我们的个人成长和社会进步产生积极而深远的影响。

核心价值观是一种社会共同认可的准则,代表了人类普遍追求的道德理念和行为准则。在实践初心使命的过程中,我们会通过思考和行动,不断理解和坚守这些核心价值观。例如,诚信是建立良好人际关系和社会信任的基石,奉献是为他人和社会做出贡献的精神,公正是保障社会公平正义的基本要求。这些价值观在我们的初心使命中扮演着重要的角色,它们指导我们在人生道路上的选择和行为。

通过领悟初心使命,我们能够更加清晰地认识到自己所追求的是一种积极向上的价值取向。我们追求的事业或目标往往与社会、人类的福祉息息相关。在这个过程中,我们需要保持良好的价值取向,明确自己的责任与担当。初心使命的引领使我们更加坚定地秉持正确的价值观,不受外界浮躁和功利的干扰,始终保持自己的道德底线和原则。

(三)初心使命的实践与影响

领悟初心使命的核心意义还在于它能够引导我们将初心使命转化为实际行动,并产生积极的影响。初心使命不仅是一种信念和动力,更是一种责任和担当。通过实践初心使命,我们能够将信念付诸实际行动,为实现自己的使命而奋斗。在这个过程中,我们不断积累经验,提升能力,不断超越自我。同时,我们的行动也会对周围的人和社会产生积极的影响。我们的奋斗和付出将成为他人的榜样和鼓舞，影响和激励更多的人追随自己的初心，为共同的目标而努力。

通过领悟初心使命的核心意义，我们能够在人生的道路上找到方向和动力，坚守正确的价值观，实践自己的使命并影响他人。这将让我们的人生更加充实、有意义，同时也为社会的发展和进步做出积极的贡献。

三、红色文化精神涵养初心使命的逻辑契合

红色文化是中国共产党领导中国人民在革命、建设、改革和新时代发展过程，以马克思主义为指导，吸收和借鉴中华优秀传统文化和世界优秀文化所创造的先进文化，是中国共产党人和广大人民群众优良传统和品格风范的集中体现，是推进中华民族伟大复兴的强大精神动力。红色文化精神在其内涵构成、生成过程、创造主体等方面与中国共产党人的初心使命有着紧密的内在联系，二者之间相互对话、互相影响。红色文化精神蕴含了中国共产党生动的奋斗历程，为践行初心使命提供了历史印证；孕育了中国共产党人的精神谱系，为巩固初心使命提供了价值指引；彰显了中国共产党勇毅的自我革命精神，为涵养初心使命提供了实践借鉴。因此，红色文化精神不仅是塑造中国共产党集体人格的核心价值资源，是我们党永葆先进性、纯洁性的不竭动力，是推进党的自我革命的精神力量，是浸润滋养党内政治生态的文化基础，更是获得执政认同的重要内容指向。

（一）红色文化精神与初心使命的价值共通

红色文化精神和初心使命有着紧密的逻辑契合，它们在价值观和精神层面上有着共通之处。红色文化精神蕴含了为人民、为国家、为社会作奉献的崇高精神，意味着追求真善美、为人类进步而奋斗。而初心使命正是个体或组织在追求某种事业或目标时最初产生的动力和意图，蕴含有为人民、为社会做贡献的责任感。红色文化精神和初心使命都强调为人民谋幸福、为民族谋复兴的价值取向，它们在价值观念上有着高度的一致性。

（二）红色文化精神激励初心使命的坚守和奉献

红色文化精神具有激励人们坚守初心使命、为理想奋斗的力量。红色文化精神中的英雄主义、无私奉献、艰苦奋斗等价值观念，能够激发人们追求梦想、勇往直前的勇气和决心。在面对困难和挑战时，红色文化精神的力量能够

鼓舞人们坚守初心，勇敢面对困难，不断追求自己的使命和目标。红色文化精神以其感人至深的故事和伟大的精神典范，为人们树立了榜样，激励着每个人在实现自己初心使命的道路上不断努力和奉献。

（三）红色文化精神与初心使命的传承与发扬

红色文化精神和初心使命的逻辑契合还体现在它们的传承与发扬上。红色文化精神作为中国革命历史和中国共产党的光辉历程的重要结晶，是一种宝贵的精神财富。通过传承和发扬红色文化精神，可以让我们坚定初心使命，铭记历史，珍视革命先烈的牺牲和奉献，保持对中国特色社会主义事业的热情和执着。红色文化精神的传承与发扬，有助于唤起人们对于初心使命的思考和认同，激发人们对社会公益、国家发展的责任感和使命感，推动社会的进步和发展。

红色文化精神与初心使命的逻辑契合体现了价值观和精神追求的共通性，红色文化精神激励和引领着人们坚守初心和奉献事业，同时通过红色文化精神的传承与发扬，可以加深人们对初心使命的理解和认同，为个人和社会的发展贡献力量。

四、红色文化资源涵养初心使命的路径分析

回顾党的历史，中国共产党之所以能永葆青春活力，一次又一次走向胜利，根本原因就在于一代代共产党人始终坚守为中国人民谋幸福的初心、践行为中华民族谋复兴的使命，从而赢得了人民群众的衷心拥护。进入新时代，习近平总书记以宏阔的全球视野和深邃的历史洞见定位党的文化担当，提出"在新的起点上继续推动文化繁荣、建设文化强国、建设中华民族现代文明"这一新时代新的文化使命，为我们增强文明传承、文化创新的历史自觉，更好建设中华民族现代文明，丰富和发展人类文明新形态，指明了前进方向。新的文化使命，是新时代新征程党的中心任务在文化领域的具体体现。在新的起点上更好担负起新的文化使命，要深入学习领会习近平文化思想，把弘扬红色文化同担负起新的文化使命统一起来，大力传承红色基因、谱写红色文化新篇。

在新时代大力传承红色基因、谱写红色文化新篇，要深入学习、全面把握习近平总书记提出的"两个结合""六个必须坚持"等科学方法，更加深入挖掘红色资源背后的思想内涵，准确把握党的历史发展的主题主线、主流本质，用党的奋斗历程和伟大成就鼓舞斗志、指引方向，用党的光荣传统和优良作风

坚定信念、凝聚力量，用党的历史经验和实践创造启迪智慧、砥砺品格，教育引导全党始终坚持科学理论指导、始终坚持理想信念、始终坚持初心使命、始终坚持光荣革命传统、始终坚持推进自我革命，让红色文化焕发出更加夺目的时代光彩，在新的时代条件下不断把红色文化发扬光大。

（一）教育引导与实践：讲好红色故事从学生抓起

讲好红色故事、拓展红色文化资源是一种教育方式。讲好红色故事是领悟红色精神、传承红色基因的有效路径。四川大学以红色故事为依托，以可感可知的方式树立教育典型，把厚植师生爱国情怀融入校园精神文明建设，使其成为红色文化的生动教材；研究红色文化中蕴含的丰富思想和精神资源，建好红色基因库，打造线上线下红色文化展示宣介平台；利用现代科技手段，创新传播方式，通过举办红色文化展览、制作红色影视作品、开发红色新媒体产品等多种形式，大力讲好中国故事，把筚路蓝缕的过去、日新月异的现在、光明宏大的未来贯通起来，让红色文化更加生动、鲜活地呈现在人们面前。

四川大学结合新的时代背景，不断为红色文化资源增加新内涵，让红色教育不断鲜活生动，让红色基因不断融入青年大学生的血脉。建成了占地面积约700平方米的江姐纪念馆，由江姐事迹主展厅、川大英烈事迹展厅、江姐宿舍场景复原展厅和一个小型院落组成。近年来，学校依托纪念馆，加大校园红色文化资源开发利用力度，将红色文化教育贯穿教书育人各环节。[①] 比如，建设了3D纪念馆，拍摄《川大英烈》《川大党史》宣传片，举办川大红色文化传统专题展览、报告会、演讲比赛、知识竞答等，还组织师生团队自编自导自演舞台剧《江姐在川大》、诗意话剧《待放》，建设"江姐荣誉班"……一系列新时代青年喜闻乐见的特色活动、务实举措，给学生以心灵启迪与精神洗礼。

（二）挖掘传统文化价值：融合传统文化塑造现代价值

红色文化资源与中华优秀传统文化具有一脉相承的关系，二者可以相互融合，形成新时代的现代价值观。通过将红色文化与当代社会需求相结合，将红色文化的思想精华与现代价值观进行对接，使之更好地适应当代社会的发展需求，引导人们树立正确的世界观、人生观和价值观。

红色文化是中国革命历史和中国共产党思想光辉历程的重要组成部分，它

---

① 李鑫鑫. "一剧一馆一班"江姐精神在川大延续[EB/OL]. 光明网[2023-10-17]. https://edu.gmw.cn/2023-10/17/content_36898540.htm.

蕴含着丰富的道德和精神价值。中华优秀传统文化是中国五千年文明历史积淀下来的宝贵财富，包含着丰富的深刻的哲学、伦理和审美思想。红色文化与优秀传统文化在对待人民、国家、社会的关怀和价值追求上有着相似之处，二者具有相通的价值观基础。挖掘传统文化的价值，可以帮助红色文化找回独特的"文化底色"，使红色文化精神发挥出自己的独特功能。如学者提到的"红色文化研究的一个重要议题，就是要厘清红色文化同中华优秀传统文化、社会主义先进文化之间的密切关系。"①

这要求我们要厘清红色文化与中华优秀传统文化、社会主义先进文化之间的密切关系。这种研究有助于更好地理解红色文化的内涵和特点，使红色文化与其他文化元素相互融合、相互促进，形成更加丰富多元的文化体系，为中国社会的发展和进步贡献力量。

（三）领读经典红色文献：阅读经典书籍涵养思想境界

红色文化资源为人们提供了深刻的理论思考和强大的思想引领。通过研读党的文献和红色经典，深入理解马克思主义、毛泽东思想、中国特色社会主义理论体系，能对社会发展、人民利益等问题形成清晰的认知和思考，提高思想境界，坚定初心使命。红色文化资源中蕴含着丰富的理论思想，包括马克思列宁主义、毛泽东思想、邓小平理论等，这些理论思想是中国共产党在长期革命斗争中形成的宝贵财富。通过研读党的文献和红色经典，人们可以深入了解这些理论的内涵和精髓，掌握马克思主义的基本原理和方法论，理解中国特色社会主义的基本内涵和发展道路。

在研读党的文献和红色经典的过程中，人们可以对社会发展、人民利益等问题进行深入思考。通过学习红色文化资源中的思想理论，人们可以从历史和现实的角度审视社会问题，提升对社会现象和社会规律的认知能力。同时，通过党的文献和红色经典的思想引领，人们可以对人民利益、社会公平正义等核心价值进行深刻思考，加深对社会主义核心价值观的理解和坚守。

研读党的文献和红色经典有助于提高个人的思想境界。这些文献和经典中蕴含着丰富的智慧和思想精华，通过学习和领悟，人们可以不断提升自己的思想境界和道德水平。红色文化资源中蕴含的崇高理想、为人民服务的精神，可以激发人们的爱国情怀和奉献精神，引导人们积极向上、追求卓越。

---

① 朱新屋：《国家记忆、文化合成和传统发明——红色文化研究的三种范式及其意义》，载《福建师范大学学报（哲学社会科学版）》，2023（6）。

通过研读党的文献和红色经典，人们可以坚定初心使命。这些文献和经典中记录着中国共产党人为实现人民解放、国家独立和民族复兴而进行的英勇斗争，反映了共产党人的初心和使命。在研读过程中，人们可以深刻感受到共产党人为人民、为国家、为民族的崇高精神和无私奉献，从而坚定自己的初心和使命，为实现中华民族伟大复兴的中国梦而不懈奋斗。

数字化时代的高校党建实践路径探析

杜睿瑶

摘　要：随着信息技术的迅猛发展，特别是大数据、云计算和人工智能等数字技术的广泛应用，数字化时代为高校党建工作带来了前所未有的机遇与挑战。本文旨在探讨在数字化背景下，如何有效推进高校党建工作，以适应新时代的要求和发展。首先，文章概述了数字化时代高校党建工作的基本情况，并介绍了党建工作与数字进行结合可能面临的问题与挑战。接下来本文探讨了数字化时代高校党建的实践路径及基本原则，以期为高校党建工作的数字化转型提供参考。

关键词：数字化时代；高校党建；建设路径；信息技术

在21世纪数字化浪潮的推动下，各行各业都在经历着深刻的变革。高等教育作为培养未来社会主力军的重要阵地，其党建工作的质量直接关系党的事业传承与发展。数字化时代提供了新的工具和手段，使得传统的党建工作方式面临重构。因此，本文将探索数字化背景下的高校党建实践新路径，以期提高党建工作的科学性与精准性，培养党员干部运用数字化工具的能力，适应新时代的发展要求。

一、当代数字化高校党建工作概述

（一）数字化时代的特点

数字化时代以其独特的信息技术革新和互联网普及为标志，呈现出信息传播速度快、覆盖范围广和互动性强等特点。大数据、云计算、物联网和人工智能等技术的发展，不仅改变了社会生产和生活方式，也为党建工作提供了全新的手段和平台。在这个时代背景下，信息的获取和处理变得更加高效，为党建工作的精准化、智能化提供了可能。

（二）高校党建工作的新要求

随着数字化时代的到来，高校党建工作面临着更新观念、创新方法和提高效率的要求。一方面，需要充分利用数字化手段加强党的理论学习、政策宣传和组织生活，另一方面，也要通过数字化管理提高党务工作的透明度和科学性。此外，还需关注提升党员的信息化素养，确保党员能够适应数字化时代的发展趋势。

（三）当前数字化高校党建面临的主要问题

尽管数字化为高校党建带来了诸多便利，但也存在不少问题和挑战。首先是技术应用层面的问题，如何将先进的数字化技术与传统党建工作有效结合，以及如何保证技术更新的速度与党建工作需求同步，是有待解决的问题。其次是组织管理层面的问题，包括如何构建高效的数字化管理体系、如何提升党务工作者的信息化管理能力等。最后是意识形态和文化层面的问题，即如何在数字化环境中坚持正确的政治方向，防止不良信息的侵入和扩散等。

二、数字化高校党建面临的挑战

（一）技术更新迭代的挑战

随着数字化技术的快速迭代，高校党建工作面临着持续的技术更新压力。为了保持党建工作的先进性和有效性，必须不断引入和应用最新的技术。这不仅需要大量的资金投入，还需要党组织成员具备相应的技术知识和更新意识。除此之外，高校还需要加强与科研机构、企业等的合作，争取更多的资源支持。

（二）数据安全与隐私保护

在使用数字化技术进行党建工作时，数据安全和隐私保护是不容忽视的问题。党员个人信息的泄露可能会导致安全风险，而数据的不当使用也可能侵犯党员的隐私权。因此，建立健全的数据安全机制和隐私保护政策是数字化党建必须解决的问题。高校需要建立完善的信息安全管理制度，采取有效的技术手段，如数据加密、访问控制等，以保障数据安全。

（三）党员信息化素养的提升

数字化时代的高校党建工作要求党员不仅要有坚定的政治立场，还要具备一定的信息化素养。这意味着党员需要掌握基本的信息技术知识，能够熟练使用数字化工具参与党建活动，因此加强党员的信息化教育和培训尤为重要。高校需要加强对党员的宣传和培训，提高他们的信息技术素养和使用能力，以更好地推动数字化党建的开展。

三、数字化高校党建的实践路径

（一）利用数字化平台提升组织效率

数字化技术可以优化党建工作流程，减少繁琐的手工操作，提高数据处理速度和准确性。高校可以通过建立和完善数字化平台来提升党建工作的组织效率，包括开发和使用专门的党建管理系统，集成党员管理、活动组织、信息发布等功能。通过这些平台，可以实现党员信息的数字化存储、快速检索和实时更新，从而提高党建工作的效率和质量。同时，数字化平台还可以支持线上投票、讨论等活动，使党内民主更加便捷和透明。这类智慧党建平台可以实现党务、党群、活动、宣传等工作的一体化管理，有助于强化学校党组织建设，增强党组织凝聚力。通过数据分析，可以更加精准地掌握党员的思想动态和行为表现，为党建工作提供科学依据。

（二）强化党员教育与管理模式

数字化手段可以通过在线教育平台、虚拟教室等形式，为党员提供丰富的学习资源和灵活的学习方式。通过智慧党建平台，可以开展在线学习、在线考试等党员教育活动，提高党员的政治素质和业务能力。同时，可以加强对党员的日常管理和考核，确保党员队伍的纯洁性和先进性。此外，该类系统可以优化党组织结构，通过设置不同权限和管理层级，形成更加灵活和高效的党建工作新模式，确保党建工作的有序进行。

（三）创新网络宣传与教育模式

网络宣传和教育是数字化时代高校党建的重要方面。引入新技术或新方法可以推动党建工作的理念创新、模式创新和实践创新，为高校党建工作注入新的活力和动力。通过利用社交网络、在线教育平台等工具，可以创新党建宣传和教育的内容与形式。例如开发微课程、在线讲座和互动问答等形式，既丰富了教育手段，也拓宽了宣传渠道，还可以提高党员的学习积极性，拓宽宣传覆盖面。同时数字化党建鼓励创新思维和方法，有助于培养党员的创新精神和实践能力。通过数字化项目的实施，党员可以学习新知识、掌握新技能，从而提升自身的综合素质。

（四）强化数据分析支持决策能力

数据分析在高校党建工作中的应用可以显著提升决策的科学性和准确性。数字化技术的应用有助于收集和分析大量数据，帮助高校更合理地配置党建资源，为党建工作提供科学的决策支持。通过对党建活动数据的收集、分析和挖掘，可以及时发现问题、总结经验、预测趋势，并为制定相关政策提供依据。此外，数据分析还可以帮助识别党建工作中的优秀实践和典型案例，为其他党组织提供可借鉴的经验。

四、数字化高校党建的基本原则

（一）整体性原则

高校党建数字化建设需要有一个全局性的规划和设计，确保各个部门和环节能够协同工作，形成一个有机整体。其应涵盖高校的所有领域，包括教学、科研、管理等各个方面，确保党的领导和党建工作在校园内形成一个完整的体系。同时，数字化党建不仅仅是技术的应用，更应将党的理论和政策深度融入高校的办学理念和实践活动中，使党建工作与高校的核心业务紧密结合，确保数字化建设能够服务于党建工作的全局。

（二）先进性原则

高校数字化党建应当以先进的理念为指导，明确数字化转型的目标和方向。这意味着党建工作要紧跟时代发展的步伐，将现代信息技术与党建工作深度融合，以提升党建工作的质量和效率。同时应明确目标导向，充分利用现代信息技术，不断创新实践，持续优化过程，实现党建工作与高校业务的全面融合，为高校的发展提供坚实的政治保障和组织基础。

（三）易用性原则

数字化建设应注重用户体验，确保所有党员和相关工作人员，能够便捷、高效地完成党建相关的任务和活动。应做到用户界面直观、简洁，平台功能模块划分明确，技术支持及时有效，同时提供个性化的服务选项，满足不同用户的需求。这有助于降低用户的学习成本，提高用户的使用积极性，从而更好地发挥数字化建设在高校党建中的作用。

（四）稳定性原则

数字化系统应具有良好的稳定性和可靠性，能够承受大量的数据和访问请求，确保在高峰时段或紧急情况下能够正常运行。数字化党建应与传统党建工作相结合，确保线上线下工作的无缝衔接，保证党的建设工作的连续性，避免因系统崩溃或工作转接而对工作造成损失。

（五）安全性原则

数字化党建中，会涉及大量的党员个人信息、组织活动记录等敏感数据。因此，确保这些数据的安全是至关重要的，可以通过建立完善的安全防护体系，采取多种技术手段和措施，确保高校党建数据的安全性和保密性，防止数据泄露和非法访问。定期对数字化党建平台进行风险评估，识别潜在的安全威胁，并制定相应的预防和应对措施。建立应急响应机制，一旦发生安全事故，能够迅速采取措施，减少损失，并尽快恢复正常运行。

（六）以人为本理念

数字化建设应坚持以人为本的理念，注重满足师生员工的实际需求。在设计和开发过程中，应充分考虑用户的使用习惯和需求，提供个性化的服务和支持，增强用户的获得感和满意度。同时，技术的发展和应用应该与人的主体地位相结合，即技术的使用和发展应该以人的全面发展为目标，而不是单纯追求系统的提升与技术的进步。

五、结语

数字化时代为高校党建工作带来了转型升级的历史机遇。高校应当抓住这一机遇，积极拥抱和应用数字化技术，不断提升党建工作的科学化、精准化水平。但同时需注意，数字化建设是手段，党建才是最终目的。在数字化建设过程中，应始终坚持正确的政治方向，确保党的建设在党建智能化工作中的主导性。同时，要处理好高校党建传统优势和数字技术手段创新之间的关系，让人工智能服务于高校党建，而不能让高校党建依附于人工智能。

在未来，我们可以进一步关注数字化技术在党建具体领域的应用效果，以及如何构建长效的数字化党建发展机制，为高校党建工作提供更加坚实的理论和实践支撑。

参考文献

[1] 程田玉秀，刘懿：《高校党建工作的创新发展与优化进路》，载《北京教育（高教）》，2024（5）。

[2] 万深艳，魏林：《"智慧党建"视域下高校学生党建和思政教育协同育人模式的探索》，载《学园》，2024，17（13）。

[3] 杨悦心：《数字媒介在高校党建工作中的运用与实践》，载《传播与版权》，2024（8）。

[4] 赵静：《高校数字党建的实践原则与进路》，载《思想理论教育》，2024（2）。

[5] 梁佳煦：《数字技术赋能高校党建工作的实践路径》，载《黑龙江日报》，2023年12月22日。

[6] 孔晓莹：《数字化背景下高校智慧党建提升策略研究》，载《中国军转民》，2023（23）。

[7] 吴雪飞，王晓艳：《全媒体时代高校党建质量提升研究》，载《辽宁师专学报（社会科学版）》，2023（5）。

[8] 陈晓敏：《新时代高校大学生党员档案数字化管理的现实意义、发展困境及实践进路》，载《湖北开放职业学院学报》，2023，36（13）。

基于党史创新传播的高校智慧党建研究

康馨怡

摘 要：为贯彻落实党的关于"推进智慧党建"的要求，"智慧党建"已逐渐形成完备的模式，赋能企业、高校、社区等基层党组织管理，但仍存在不足。本文以高校智慧党建中存在的技术与内容融合不足的问题为切入点，通过借鉴智慧党建赋能党史传播的实践案例，提出高校若要进一步发挥智慧党建的作用，需深化对技术与内容的有机融合，也重视内容传播的赋能，并探研了在党史创新传播的基础上的高校智慧党建三条路径：创新内容生产形式、创新内容呈现形式和打通内容传播链路。最后提出展望：高校智慧党建除了对技术的利用，更多的应是数字化思维的转变和升级，高校智慧党建仍需继续探索创新。

关键词：党史传播；高校党建；智慧党建

为深入贯彻落实习近平新时代中国特色社会主义思想和党的十九大精神，切实加强党的政治建设，坚持和加强党的全面领导，《中共中央关于加强党的政治建设的意见》指出要主动适应信息时代新形势和党员队伍新变化，积极运用互联网、大数据等新兴技术，创新党组织活动内容方式，推进"智慧党建"。党的二十大就党的建设继续提出了新部署新任务新要求，强调"必须持之以恒推进全面从严治党，深入推进新时代党的建设新的伟大工程，以党的自我革命引领社会革命"。在新时代、新形势下，依托互联网、大数据、云计算、人工智能等技术的"智慧党建"成为党的建设新的伟大工程之一，是推进全面从严治党向纵深发展、提高党的执政能力和领导水平的关键高效的路径。

经过几年的发展，智慧党建已经逐渐形成完备、高效的模式，赋能企业、高校、社区等基层党组织管理，发挥出独一无二的作用，且仍在不断探索、创新中。除了技术革新带来的智慧党建的工作效率提升，更应该重视让内容传播赋能，使智慧党建带来的高效不仅是形式上的，更是思想上的。

一、基于党史创新传播的高校智慧党建的意义

(一) 前提与必要：智慧党建赋能高校党建工作

数字技术基础上的智慧党建工程不仅是党的建设的伟大工程，当其赋能高校党建工作，也是推动国家教育数字化的伟大工程。中共中央、国务院印发的《数字中国建设整体布局规划》中明确要求"大力实施国家教育数字化战略行动，完善国家智慧教育平台"，高校智慧党建是高校教育数字化、现代化转型的重要组成部分。将数字技术与高校党建工作深度融合，不仅能提高日常事务的处理效率和质量、提升高校师生参与的体验感，更能激发高校师生在党建工作中发挥主观能动性和创造力，不断创新高校党建中思想教育、政治教育等方面的形式和内容。

当前高校的智慧党建已初有成效，在党员教育管理、党建信息传播、党员互动交流、组织生活创新及党建工作监督上都发挥着重要作用。高校智慧党建目前主要形成了三种较为成熟的模式：智慧管理平台、智慧资源平台、智慧互动平台。智慧管理平台依托大数据将党员信息进行整合，以便高效完成对党员信息的录入、导出、整理、查阅等功能，提升对党员信息的统一管理、自我管理的效率。智慧资源平台依托大数据、云计算、VR、可视化交互等技术打造党建资源共享平台，如四川大学的数字党校培训平台，就包含有入党知识和思想提升培训课程、考试与评估系统、党情动态、党史微课堂等板块，让学生在进行课程学习和考试的同时进一步拓展知识面、开阔思维。智慧互动平台依托互联网社交媒体平台及互动平台，如 QQ、微信、钉钉、腾讯会议等，建立线上党员组织社群，进行党建信息发布与传播、加强党员合作与联系，提升党员内部互动沟通效率，如 QQ 群聊中的作业、打卡、投票、接龙等功能，在提升工作效率的同时也更好地减少甚至避免了工作失误，激发党建工作活力。

但通过梳理，不难发现高校的智慧党建工作存在不足。有学者总结出此前高校党建工作普遍存在的问题：基础数据集成度不高、传统思政工作协同创新度不够、评价体系科学性有待提升等问题。智慧党建的建设可以较大程度上解决这些问题，但并不意味着这些问题的消失，特别是与传统思政工作协同程度不高，党建的线上与线下较为割裂，存在完全依赖于线上党建平台或者线上线下党建内容各自独立成体系的问题。而作为串联起线上线下党建工作的线索，具体的党建内容成为问题解决的重要突破点，比如对党史的传播。

（二）经验与效果：智慧党建赋能党史传播

党史传播是党建工作的重要内容，也是重要的思想指引，加强党史传播是推动全面加强党的思想建设、理想信念教育的重要路径，是贯彻落实习近平总书记在党的二十大报告中强调的坚持不懈用新时代中国特色社会主义思想凝心铸魂的重要体现。

在高校党建工作中，党史教育是党员教育极关键的一环。为加强党史学习，各高校纷纷建设起自己的党史学习教育基地。有学者对京津冀15家"双一流"高校图书馆的党史学习教育基地进行了调研，总结了其现状及存在的问题，指出当前高校借助图书馆的党史学习基地建设在学习资源丰富度、线上学习便携度、线下形式多样性上发展较完善，但在利用新技术赋能、红色资源传播力上明显存在不足[1]。这也显示了目前高校党建在内容建设上的问题，即技术与内容的非深度融合导致的传播力不足。

因此智慧党建成为增强党史传播力的重要切入点。通过研究智慧党建赋能的党史传播实践，发现以技术赋能党史传播，不仅能丰富传播内容和形式，还能丰富受众的传播体验，加深印象。如"红色云展厅"的智慧党建平台，借助5G+数字化技术，将党史中的场景、人物故事用具有交互性的数字化形式呈现出来，为受众带来身临其境之感，这种沉浸式的体验提升了党史传播的效率与生动性[2]。

总之，高校若要进一步发挥智慧党建的作用，则需深化对技术与内容的有机融合，在创新党史传播的基础上探研高校智慧党建新路径。

二、基于党史创新传播的高校智慧党建的路径

深化技术与内容的有机融合，需要发挥技术的活力，创新内容生产和呈现形式，打通内容传播链路，使党史教育深度渗透至内容传播的每一个环节，激发技术活力。

（一）打造高校党建共创平台，创新内容生产形式

要提升师生在党建中的参与感，让他们参与到内容生产中是一个有效的办

---

[1] 李娟娟：《高校图书馆党史学习教育基地建设理路——以京津冀15家"双一流"高校图书馆为例》，载《图书馆工作与研究》，2024（2）。

[2] 唐霞，田谧：《智慧党建赋能党史传播——以红色云展厅为例》，载《传媒》，2023（13）。

法。通过打造线上高校党建共创平台，让师生参与到党建内容创作中。

各高校打造自己的党建平台，一方面立足于各高校所在地红色文化传统和高校特色，举办内容共创活动，如活动策划、征文、创新项目等比赛，不断创建具有高校自身特色的党史文化板块，构建高校党建品牌；另一方面允许各支部或党员个人进行学习成果上传，将共创内容进行整合，利用大数据为受众推送感兴趣的内容，鼓励互动交流，完善高校党建品牌。

（二）探索线上线下协同形式，创新内容呈现形式

"红色云展厅"打通了线上线下的协同形式，最主要的效果在于创新了党史传播的呈现形式，制造"沉浸感"，借鉴于此，各高校也可以打造自己的党史传播数字展厅。党员们可以通过登录网站、扫码等方式进入数字展厅，以主体视角展开故事回溯、人物互动等，沉浸式穿梭时空、阅读历史。这对数字展厅的基本要求有两点：一是需要通过视听结合、利用VR等数字技术进行立体化故事场景再现，让受众身临其境进入历史背景；二是需要设计交互效果，如点击滑动等触发与历史革命先烈的对话、游戏互动完成任务等，能提升受众的参与感，也能在交互中加深党史细节的记忆。

除了线上数字展厅的打造，还可进一步强化线下党史学习基地建设，利用VR、投影交互、AR等技术提升线下师生参与感。目前的高校党史学习基地基本已经建立起由多媒体展现的党史内容再现模式，包括文字叙述、海报呈现、历史物件展览、解说装置设置，但交互性并不强，对数字技术的应用也较为落后。因此，可借鉴目前众多艺术、美术等展馆的交互设计，如利用VR进行场景重现、利用交互投影打造大型实时视听互动、利用AR技术实时召唤讲解员进行互动讲解等。

通过一系列强化交互和沉浸感的项目，受众们可以更强烈地感受到党的波澜壮阔的历史，形成更深度的记忆，加强党员们的凝聚力、坚定的意志力。

（三）建设党建案例共享平台，打通内容传播链路

目前缺乏各高校优秀党建成果的聚合平台，因此各党组织之间的交流和互相学习的形式单一、效率不高。而通过打造聚合平台，可以打通自上而下、一对多、多对多的内容传播链路。

第一，可由上级党组织在平台上统一发布党建活动，如党史学习、党史讲座以及其他围绕党史学习的比赛，由各下级党组织领取任务，组织党员开展活动，并上传活动材料，完成任务，对任务完成情况进行面向所有党员的线上评

选投票，获得相应积分，根据积分定期进行先进党组织的评选。

第二，可由各组织自行上传自己的党建成果，在平台上创建自己的党建品牌，通过不断的活动工作积累，完善充实自己的党建主页，自行设计主页板块和内容排布，可面向所有党员开放，供各党员、党组织访问、学习，加深党员之间、党组织之间的互相学习、互相交流、共同进步。

第三，可开设公开交流社区，供党员进行学习交流、点赞评论转发收藏等互动，在加强党员互动的同时为党员提供内容检索，可对社区的历史互动记录进行查询，更高效地解答党员问题。

三、结语

"以史为镜，可以知兴替"，对历史的学习，我们从不应该停止脚步，熟知历史才能更好地展望未来，因此党史学习是党建工作关键且重要的一环。通过对党史的不断学习，党积极分子能更全面地了解党的发展历程和组织全貌，熟知党的使命任务，坚定入党决心；新党员们能够从革命先辈的光荣事迹中受到鼓舞，更深刻理解党的优良传统和作风，传承红色基因，坚定信仰不动摇；老党员们能够进一步把握历史发展规律，总结吸取教训，保持初心不忘，坚定为中国人民谋幸福，为中华民族谋复兴的使命与初心。

基于党史创新传播的智慧党建，不仅能更大程度地发挥技术的活力，更能激发党史传播的情感赋能，达到技术与内容的深度有机融合。这于高校而言尤为重要，因为高校聚集了入党积极分子、新党员及老党员等各类党建受众，也是党员年龄普遍最小的聚集群，创新化、高效化、数字化的党建方式更切合年轻化的受众特点。高校智慧党建仍处于初步成型阶段，但许多工作仍停留在传统思政模式，除了对技术的利用，更多的应是数字化思维的转变和升级，高校智慧党建仍需继续探索创新。

参考文献

[1] 武晶晶：《数字技术赋能高校智慧党建工作体系建设》，载《中国高等教育》，2023（12）。

[2] 高盛楠，刘超."智慧党建"：大数据赋能高校学生党建工作探析［J/OL］．重庆邮电大学学报（社会科学版）：1-15［2024-05-09］．

[3] 杨悦心：《数字媒介在高校党建工作中的运用与实践》，载《传播与版权》，2024（8）。

[4] 唐霞，田谧：《智慧党建赋能党史传播——以红色云展厅为例》，载《传媒》，2023（13）。

[5] 魏兵海：《智慧微党建赋能基层社会治理创新研究》，载《河北开放大学学报》，2024，29（1）。

[6] 焦学发：《以智慧党建赋能社区治理的路径探究》，载《人民论坛》，2024（4）。

[7] 商爽：《人民网智慧党建体验中心"内容科技"与全效传播》，载《传媒》，2023（13）。